華格納・《指環》・拜魯特

羅基敏、梅樂亙(Jürgen Maehder) 著

高談文化音樂館

Ich glaube an Gott, Mozart und Beethoven, in Gleichem an ihre Jünger und Apostel; — ich glaube an den heiligen Geist und an die Wahrheit der einen, untheilbaren Kunst; — ich glaube, daß diese Kunst von Gott ausgeht und in den Herzen aller erleuchteten Menschen lebt; — ich glaube, daß wer nur einmal in den erhabenen Genüssen dieser hohen Kunst schwelgte, für ewig ihr ergeben sein muß und sie nie verläugnen kann; — ich glaube, daß Alle durch diese Kunst selig werden, und daß es daher Jedem erlaubt sei, für sie Hungers zu sterben; — ich glaube, daß ich durch den Tod hochbeglückt sein werde; — ich glaube, daß ich auf Erden ein dissonirender Accord war, der sogleich durch den Tod herrlich und rein aufgelöset werden wird. Ich glaube an ein jüngstes Gericht, das alle Diejenigen furchtbar verdammen wird, die es wagten, in dieser Welt Wucher mit der hohen keuschen Kunst zu treiben, die sie schändeten und entehrten aus Schlechtigkeit des Herzens und schnöder Gier nach Sinnenlust; — ich glaube, daß diese verurtheilt sein werden, in Ewigkeit ihre eigene Musik zu hören. Ich glaube, daß dagegen die treuen Jünger der hohen Kunst in einem himmlischen Gewebe von sonnendurchstrahlten, duftenden Wohlklängen verklärt, und mit dem göttlichen Quell aller Harmonie in Ewigkeit vereint sein werden. — Möge mir ein gnädig Loos beschieden sein! — Amen!

— Richard Wagner, *Ein Ende in Paris*. —

我信上主、莫札特與貝多芬，也信他們的門徒與使徒。我信聖神和一個不可分割的藝術之真理。我信藝術出自上主，並生活在所有被開啟的人們心中。我信只要有過一次沈浸於這個高尚藝術崇高享受的經驗，將會永遠委身於它，並且永遠不否認它。我信所有人類都會經由藝術感到幸福，它會容許每個人，為它飢渴而亡。我信我會經由如此的死亡而高度地快樂。我信我是地上一個不和諧和絃，會經由死亡，愉悅且純淨地解決。我信最後的審判，那些敢在世上利用這個高尚純潔藝術獲利的人，那些侮蔑它的人，那些居心不良以及卑劣貪求感官刺激，而對它不敬的人，都會遭到可怕的詛咒。我信他們會被判決，永遠聽他們自己的音樂。相反地，我信高尚藝術的忠實門徒在陽光燦爛、芳香撲鼻的完美聲響之天堂織物裡，將會昇華，會與上主的和諧之泉永遠地結合。願我蒙主寵召！阿們！

— 華格納，《終站巴黎》。—

給

豪豪、平平、安安

以及

那段他們和我一同聽《指環》的日子！

目次

前言

Die Kunst des Hörens aber, die verlangt wird und die lernen muß, wer das Werk begreifen will, ist, wie schon an gewissen Stellen der *Götterdämmerung*, eine des Nachhörens: des Lauschens.

— Theodor. W. Adorno, "Zur Partitur des *Parsifal*" —

聆聽的藝術是要被要求的，想要瞭解作品的人，必須要學習聆聽的藝術，就像《諸神的黃昏》的某些段落一般，它是要仔細聽的藝術：要諦聽。

—阿多諾，〈談《帕西法爾》的總譜〉—

古典音樂史上，德意志音樂開始佔有一席之地，嚴格來說，是十九世紀裡的事。在這一個世紀裡，先有貝多芬(Ludwig van Beethoven, 1770-1827)的九大交響曲，在管絃樂的創作上，領先法、義，打下了天地。之後有華格納(Richard Wagner, 1813-1883)，一生致力於思考、開拓歌劇的天地，終能以其「樂劇」(Musikdrama)的「總體藝術」(Gesamtkunstwerk)理念與實踐，讓德語歌劇能與法、義語歌劇形成三分天下的局面。作品中，以四部歌劇構成的《尼貝龍根的指環》(*Der Ring des Nibelungen*)更是前無古人的創作。

華格納作品的成就，對於其當代及後世的藝文界，有著全面的影響；無論當事人是否知曉。即以《指環》言之，他的時代雖有不少以同一尼貝龍根題材寫作的文學作品，在華格納的《指環》問世後，鋒芒立刻蓋過了它們。今日，除文學界專業人士外，一般人只知道華格納的《指環》，它帶給後世的影響，不僅在歌劇創作和演出上，也在文學寫作上，至今依然。這一部要演出四晚的鉅作，作品的高難度，卻並未反應在演出率上。相反地，在今日歌劇界，《指環》不僅經常被重新製作、搬演，它的錄音、錄影產品，版本出奇地多，難以勝數。若再加上受到它影響而完成的繪畫、建築、雕刻、各式文學作品以及拍攝的電影，甚至電視廣告的配樂，要說《指環》無所不在，並不誇張。

1876年八月十三日，《指環》全本於拜魯特音樂節首演，這是為演出該作品而成立的音樂節。這個首演卻不僅是一個單純的《指環》首演，它同時也是第一個與哲學理念結合的音樂節／藝術節的誕生，華格納帶給參與者一個革命性理念：「沒有思考，是不可能有真正的藝術印象」，換言之，藝術不是為休閒而存在的，包括觀衆在內的參與者，都要思考。一百卅年來，這個充滿烏托邦色彩的理念，已成為歐洲各大音樂節／藝術節之共同標的。

以一本書談《指環》是不可能的，書名「華格納·《指環》·拜魯特」意味著，將本書定位在對《指環》做一導覽，以為日後進一步探討四部作品之基礎。諸篇文章皆以華格納的音樂藝術理念為經，以他的人生、作品和音樂節為緯，期能為讀者編織一個《指環》天地，領會華格納追求的音樂戲劇世界。書中選譯三篇華格納文字著述，一為他年輕時首次指揮演出貝多芬第九號交響曲的記述，二為《尼貝龍根神話》，係《指環》最原始的出發點，以與最後的鉅作對照；三為《指環》劇本於1863年單獨出版的〈前言〉，文中道出華格納的音樂節理念，其中的烏托邦性質，可與《指環》作品多方面相互輝映；至於作品的烏托邦特質，則可經由梅樂亙一文，管窺全貌。音樂節的烏托邦，在華格納生前踏出了第一步；《指環》作品的烏托邦，無論在舞台演出以及音樂實踐上，在華格納逝後，亦都陸續地實現。羅基敏以「百年指環」介紹「歌劇導演」概念一文，僅是華格納全面影響的一個小例子。

爲便於閱讀順暢，書末之〈華格納歌劇作品簡表〉，列出作品重要資訊，相關內容不在正文中重覆。同樣地，《指環》全劇角色中譯名，亦在書末之〈本書重要譯名對照表〉羅列，文中不再重覆原文。有關華格納《指環》的研究資料，多如天上繁星，本書僅列出與《指環》全劇相關的最重要資訊，故稱之爲「小集」。

2004年五月廿二日，華格納一百九十一歲冥誕，筆者受邀於一場合發表演講，講題自是華格納。演講結束後，高談文化許麗雯總編再次建議筆者，將多年累積的講稿和各式文章，如音樂會節目單、專欄寫作等等，集結整理出書，提供國內愛好音樂藝術者，最基本的參考。2006年春天，個人休假研究期間，得以好整以暇，重新閱讀華格納及其《指環》之相關研究資料，得以在昔日基礎上，將新的心得梳理一番，讓此書在拜魯特音樂節一百卅歲之際，得以問世。

華格納當年，以沾水羽毛筆書寫一個個字母，留下了至今難以流覽全貌的文字著述。一百卅年之後的高科技，讓這本書基本上以電子檔傳送往來完成。雖然如此，科技依舊需要人操作。感謝于眞在台北幫忙校對工作，以及處理煩瑣的譯名對照表。亦感謝高談文化同仁在多年合作的基礎與默契上，經由電子郵件往來，隔海完成此書。

羅基敏

柏林，2006年六月十一日

（另一位理查的生日）

參考資料縮寫表

縮寫	完整資料
GSuD	Richard Wagner, *Gesammelte Schriften und Dichtungen*, Leipzig (Siegel) 1907, 16 vol.; 第一個數字爲冊數，第二個數字爲頁數。
L. II_BW	*König Ludwig II. und Richard Wagner. Briefwechsel.* Mit vielen anderen Urkunden in vier Bänden herausgegeben vom Wittelsbacher Ausgleichs-Fonds und von Winifred Wagner, bearbeitet von Otto Strobel, 5 Bände, Karlsruhe: G. Braun, 1936; 第一個數字爲冊數，第二個數字爲頁數。
《愛之死》2003	羅基敏／梅樂亙(編著)，《愛之死─華格納的《崔斯坦與伊索德》》，台北(高談) 2003。

本書圖片出處

Bayreuther Festspiele, Jahreshefte 1952-2005.

Bayreuther Festspiele. Die Idee, der Bau, die Aufführungen, 26. Auflage, ergänzt von Peter Emmerich, Bayreuth 1991.

Markgräfliches Opernhaus Bayreuth, Amtlicher Führer, bearbeitet von Luisa Hager und Lorenz Seelig, München (Bayerische Verwaltung der staatlichen Schlösser, Gärten und Seen) 1987.

Oswald Georg Bauer, *Richard Wagner. Die Bühnenwerke von der Uraufführung bis heute*, Frankfurt am Main (Ullstein) / Berlin/ Wien (Propyläen) 1982.

Martin Geck, *Die Bildnisse Richard Wagners*, München (Prestel) 1970.

Martine Kahane & Nicole Wild (eds.), *Wagner et la France*, Paris (Herscher) 1983.

Jordi Mota & María Infiesta, *Das Werk Richard Wagners im Spiegel der Kunst*, Tübingen (Grabert) 1995.

Wolfgang Storch (ed.), *Die Nibelungen. Bilder von Liebe, Verrat und Untergang*, München (Prestel) 1987.

Wolfgang Storch (ed.), *Die Symbolisten und Richard Wagner / Les Symbolistes et Richard Wagner*, Berlin (Hentrich) 1991. 【法德對照】

封面：1876年《指環》拜魯特首演投影用玻璃片，都普勒(Karl Doepler, 1823-1905)繪：四位女武神。

封底：1876年萊比錫畫報(Leipziger Illustrierte Zeitung)有關拜魯特音樂節的漫畫。

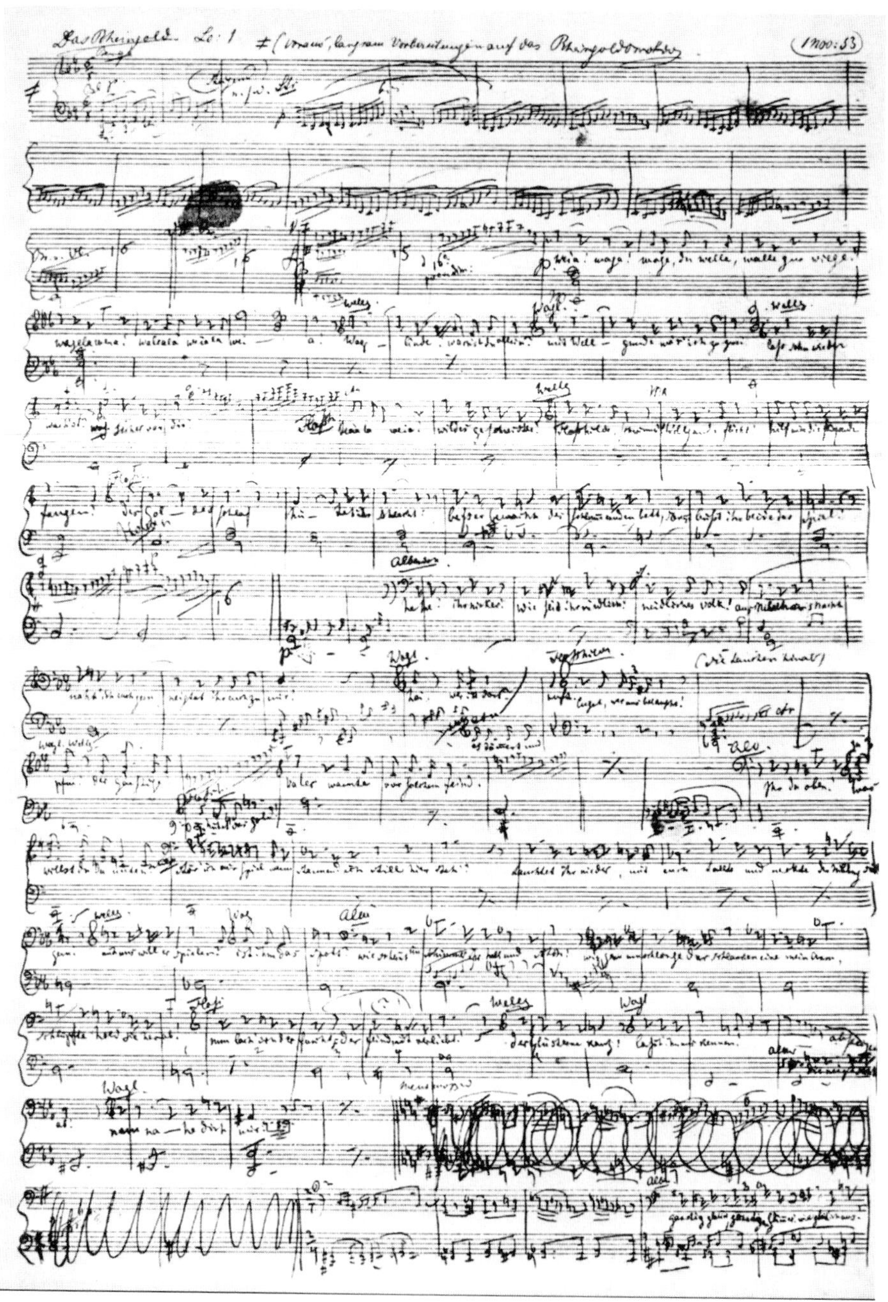

《萊茵的黃金》第一景譜曲草思。右上方註有日期：1853年十一月一日。

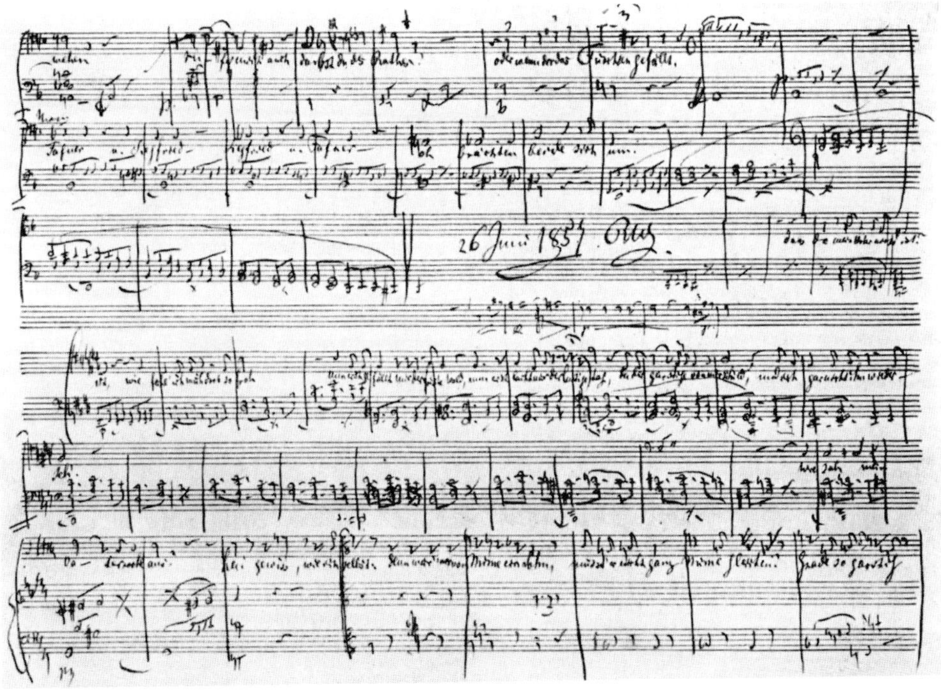

《齊格菲》譜曲草思第十二頁。頁面上方中間偏右處，有華格納的筆跡，註明暫停譜曲的日期：1857年6月26。

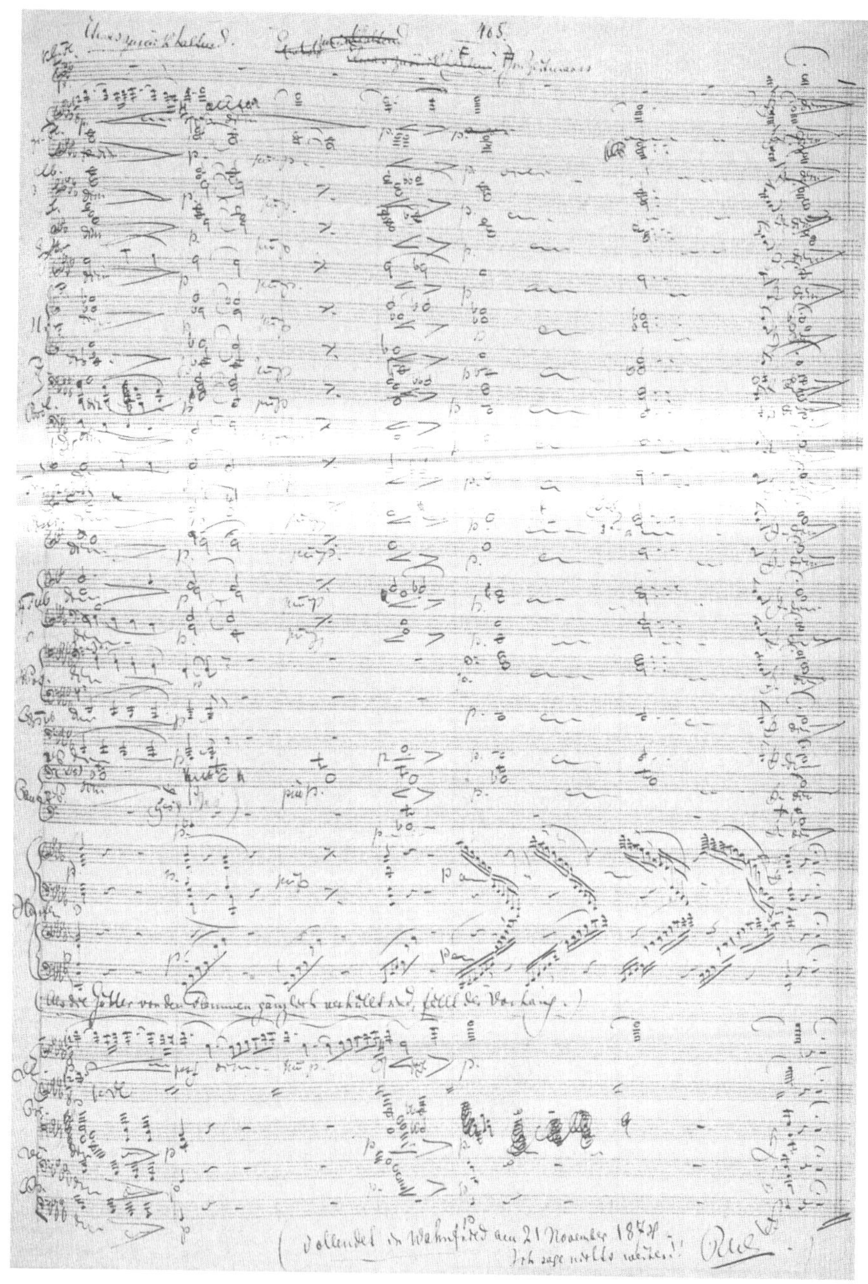

《諸神的黃昏》總譜最後一頁，上有Vollendet in Wahnfried am 21. November 1874. / Ich sage nichts weiter!! RW字樣 (1874年十一月廿一日完成於癲寧居／我不再說什麼了！！RW)

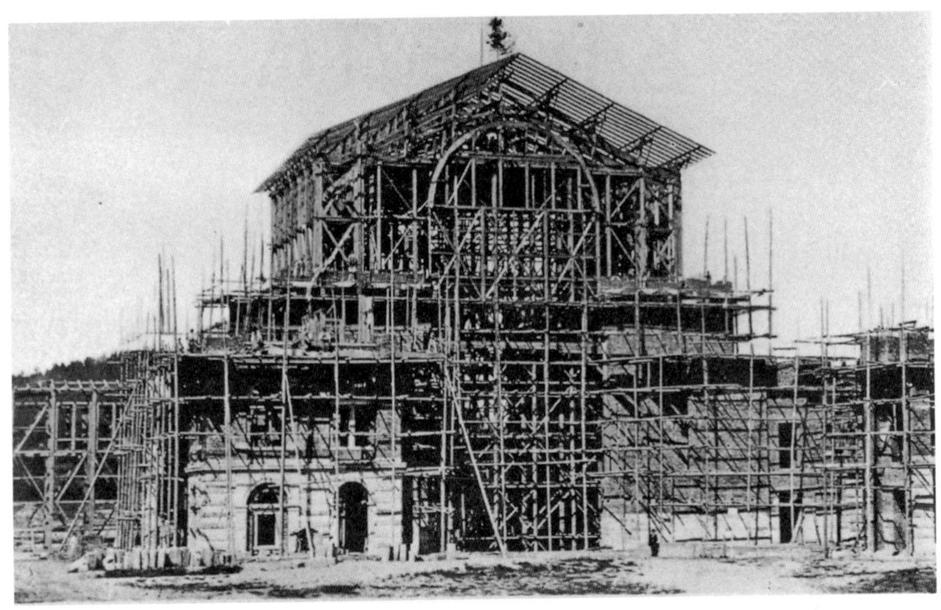

建照中的拜魯特慶典劇院，1873年。

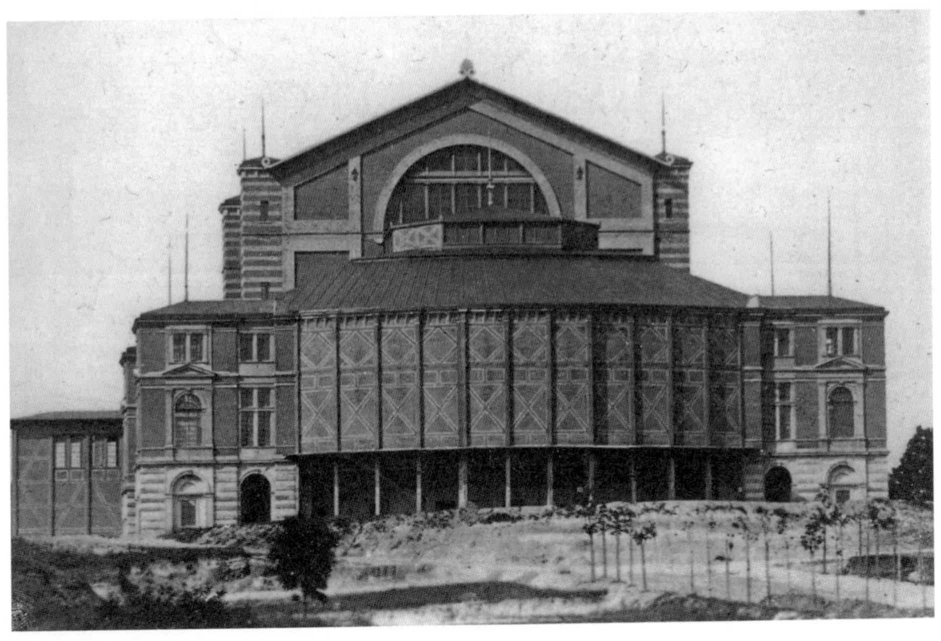

拜魯特慶典劇院，1876年。

Beilage zu den „Kölner Nachrichten."

Bühnenfestspielhaus
in Bayreuth.

Aufführungen am 13.—17., 20.—24. u. 27.—30. August

von

Richard Wagner's Tetralogie
Der Ring des Nibelungen.

Erster Abend: Rheingold.

Personen:

Wotan, Donner, Froh, Loge,	Götter	Herr Betz von Berlin. „ Elmblad „ „ Unger v. Bayreuth. „ Vogl v. München.
Fasolt, Fafner,	Riesen	„ Eilers v. Coburg. „ Reichenberg v. Stettin.
Alberich, Mime,	Nibelungen	„ Hill v. Schwerin. „ Schlosser v. München.
Fricka, Freia, Erda,	Göttinnen	Fr. Grün von Coburg. Frl. Haupt von Cassel. Fr. Jaide v. Darmstadt.
Woglinde, Wellgunde, Floßhilde,	Rheintöchter	Frl. Lehmann I v. Berlin. „ Lehmann II v. Cöln. „ Lammert v. Berlin.

Nibelungen

Ort der Handlung: 1. In die Tiefe des Rheines.
2. Freie Gegend auf Bergeshöhen a. Rhein.
3. Die unterirdischen Klüfte Nibelheims.

Zweiter Abend: Walküre.

Personen:

Siegmund . . . . Herr Niemann von Berlin.
Hunding . . . . „ Niering von Darmstadt.
Wotan . . . . „ Betz von Berlin.
Sieglinde . . . . Frl. Scheffzky von München.
Brünnhilde . . . . Fr. Materna von Wien.
Fricka . . . . Fr. Grün von Coburg.
Acht Walküren.

Ort der Handlung: 1. Das Innere der Wohnung Hundings.
2. Wildes Felsengebirge.
3. Auf dem Brunhildenstein.

Dritter Abend: Siegfried.

Personen:

Siegfried . . . . Herr Unger v. Bayreuth
Mime . . . . „ Schlosser v. München.
Der Wanderer.
Alberich . . . . „ Hill v. Schwerin.
Fafner . . . . „ Reichenberg v. Stettin.
Erda . . . . Fr. Jaide v. Darmstadt.
Brünnhilde . . . . „ Materna von Wien.

Ort der Handlung: 1. Eine Felsenhöhle im Walde.
2. Tiefer Wald.
3. Wilde Gegend am Felsenberg.

Vierter Abend: Götterdämmerung.

Personen:

Siegfried . . . . Herr Unger v. Beyrenth
Gunther . . . . „ Gura von Leipzig
Hagen . . . . „ Kögl v. Hamburg
Alberich . . . . „ Hill v. Schwerin.
Brünnhilde . . . . Fr. Materna von Wien.
Gutrune . . . . Frl. Weckerlin von München
Waltraute . . . . Fr. Jaide v. Darmstadt
Die Nornen.
Die Rheintöchter.
Mannen. Frauen.

Ort der Handlung: 1. Auf dem Felsen der Walküren.
2. Gunther's Hofhalle am Rhein
Der Walkürenfelsen.
3. Vor Gunther's Halle
4. Waldige Gegend am Rhein
Gunther's Halle.

Eintritts-Karten (1/3 Patronatschein) zu beziehen durch den

Kölner Richard Wagner-Verein.

W. 502.

Druck und Verlag der Langen'schen Buchdruckerei (Albert Ahn), Köln.

《尼貝龍根的指環》1876年首演海報。

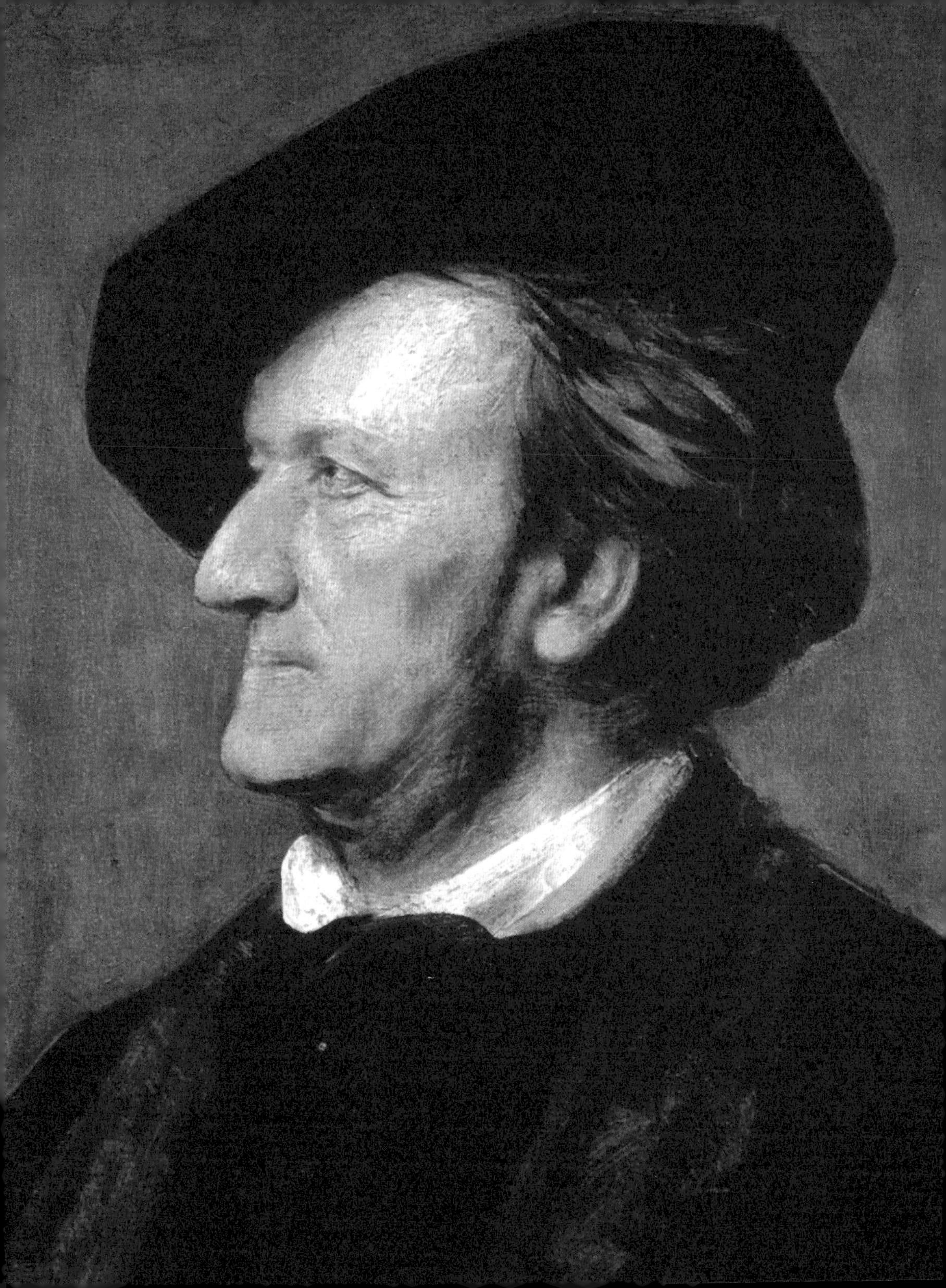

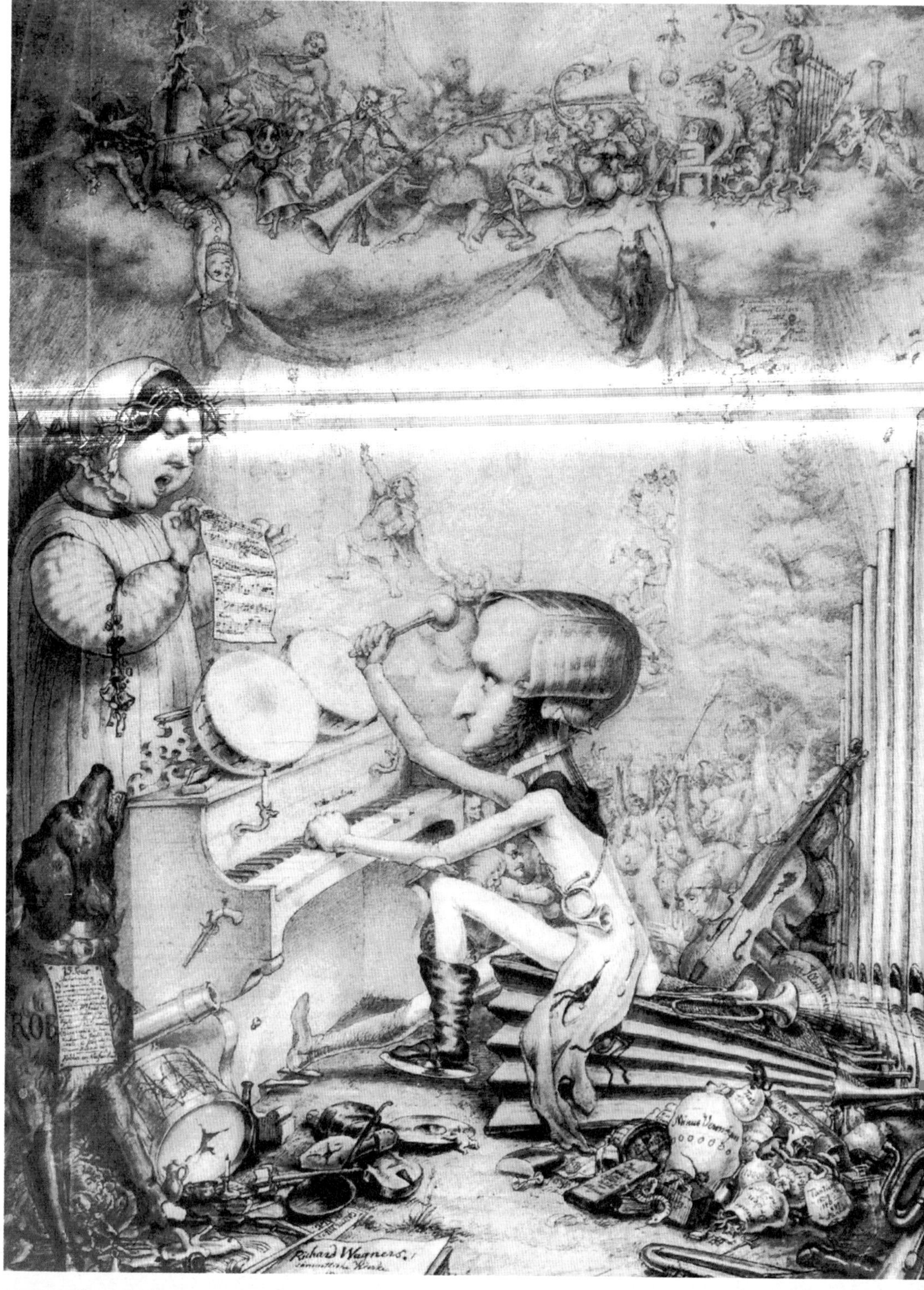
Richard Wagners

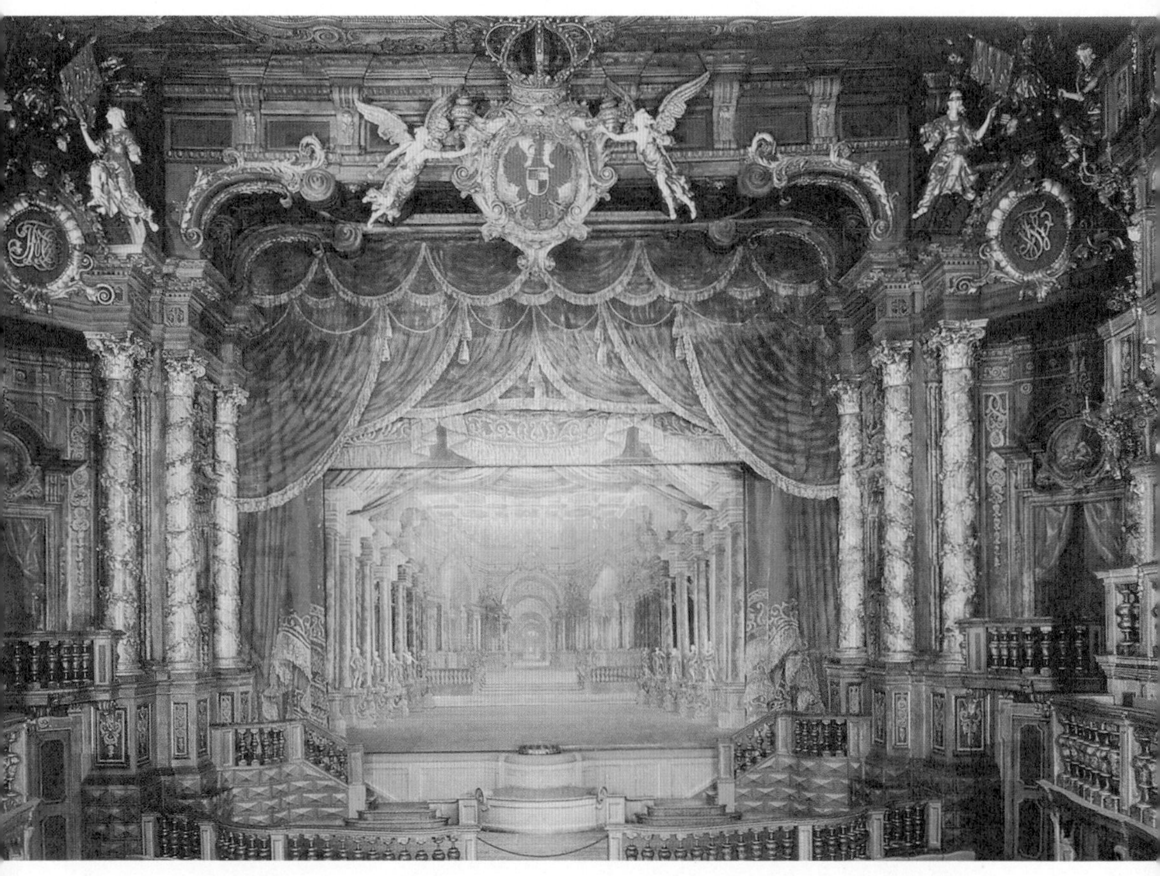

拜魯特領主夫人劇院舞台。該劇院係今日少數仍保留著巴洛克景片舞台的劇院之一。

左頁：華格納漫畫，1840/41年，濟慈(Ernst Benedikt Kietz)繪。

前頁：華格納，1871年，慕尼黑，油畫，稜巴何(Franz von Lenbach)繪。

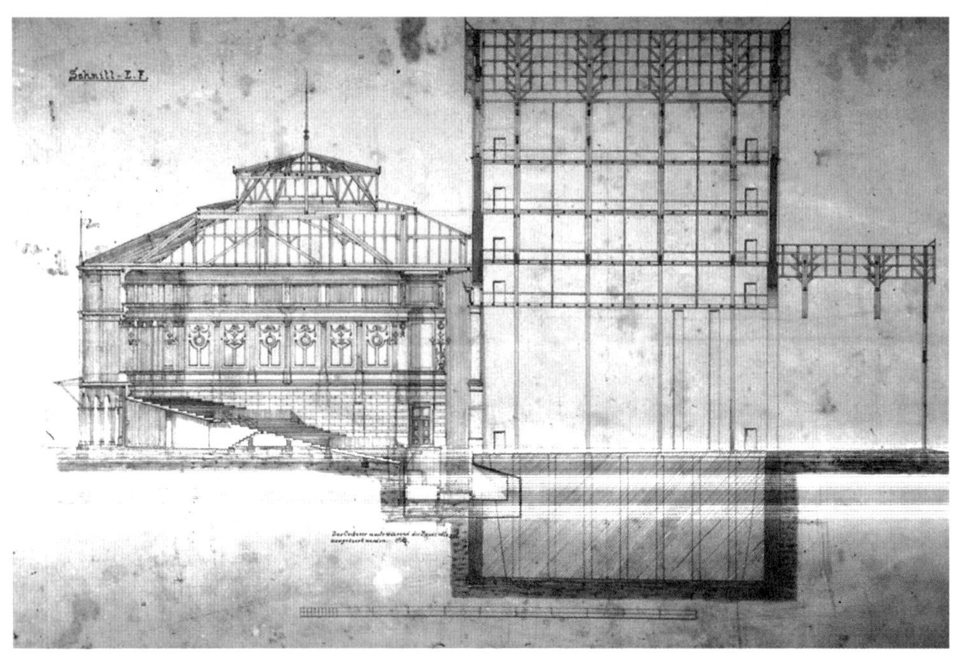

拜魯特慶典劇院結構設計圖。

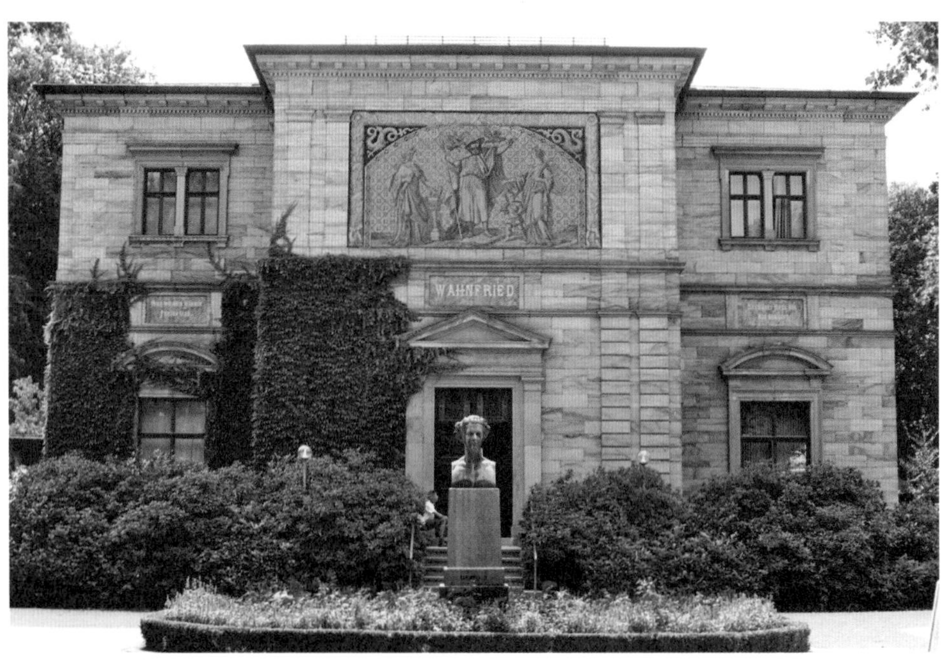

華格納居所「癲寧居」(Villa Wahnfried)。現為華格納博物館。梅樂亙攝。

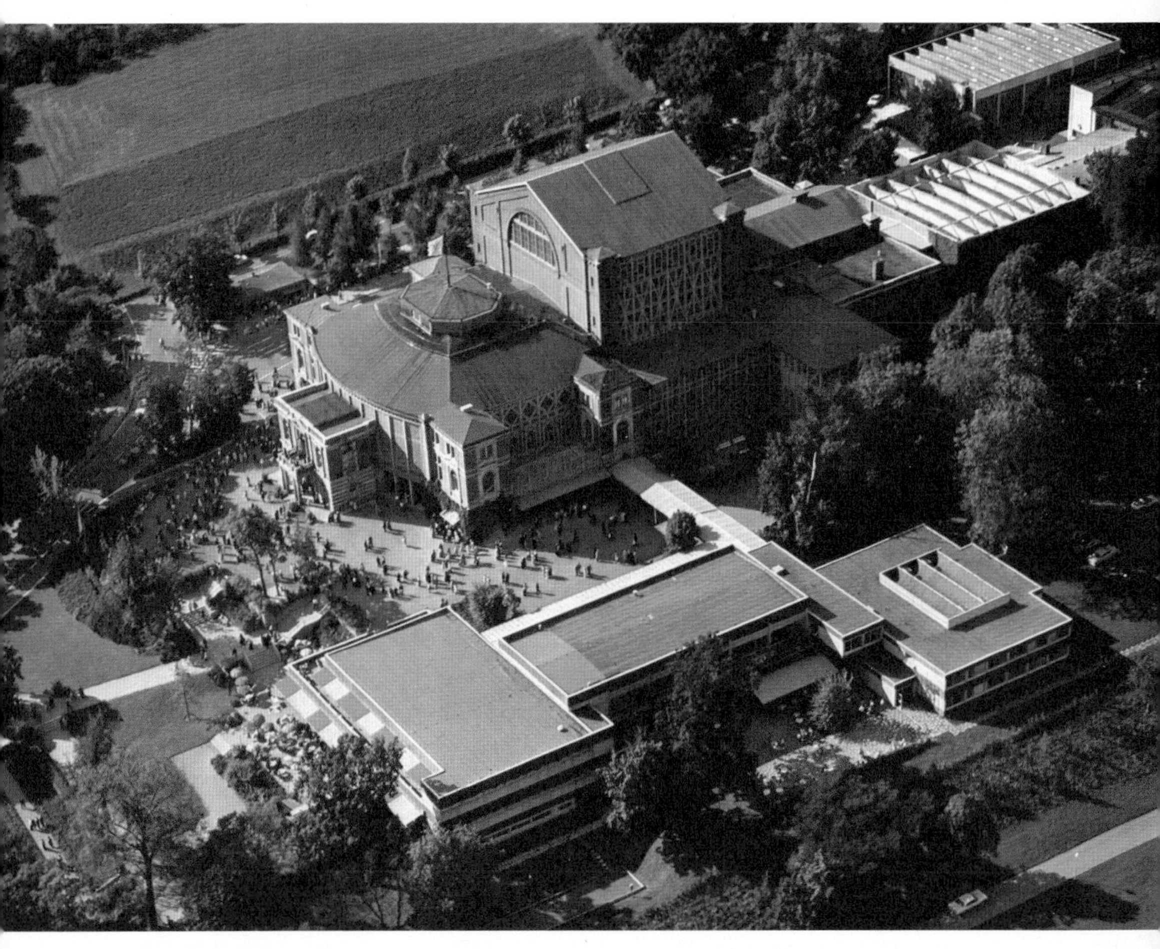

拜魯特慶典劇院，空照圖。1976年。

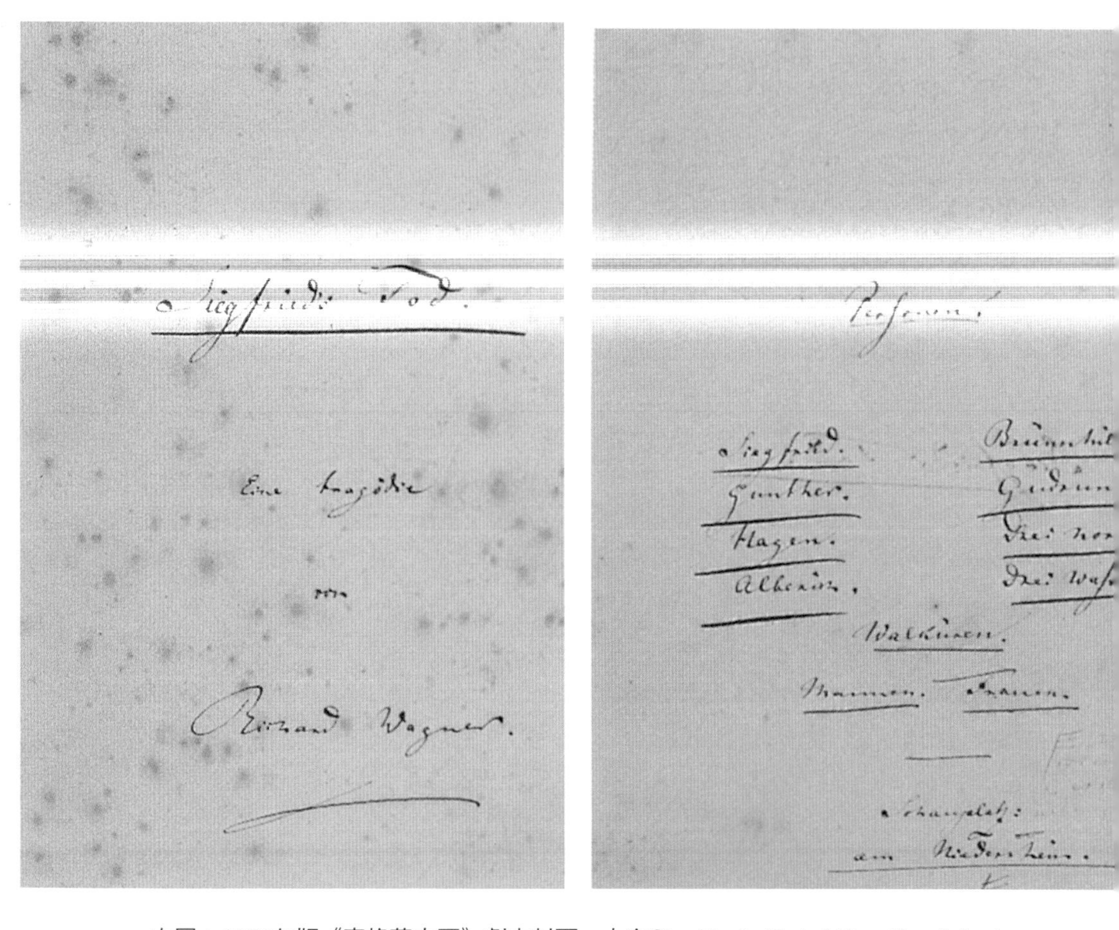

左圖：1850年版《齊格菲之死》劇本封面，上有Siegfried's Tod. / Eine Tragödie / von / Richard Wagner (齊格菲之死／一部悲劇／由／理查・華格納)字樣。

右圖：1850年版《齊格菲之死》劇本，人物表。

Dritter Tag:

Siegfried's Tod

Personen.

Siegfried. Brünnhilde.
Gunther. Gutrune.
Hagen. Waltraute.
Alberich. Die Nornen.
Die Rheintöchter.
Mannen. Frauen.

Vorspiel.

Auf dem Walkürenfelsen.

《齊格菲之死》劇本謄寫版封面，約1852年十二月至1853年元月。

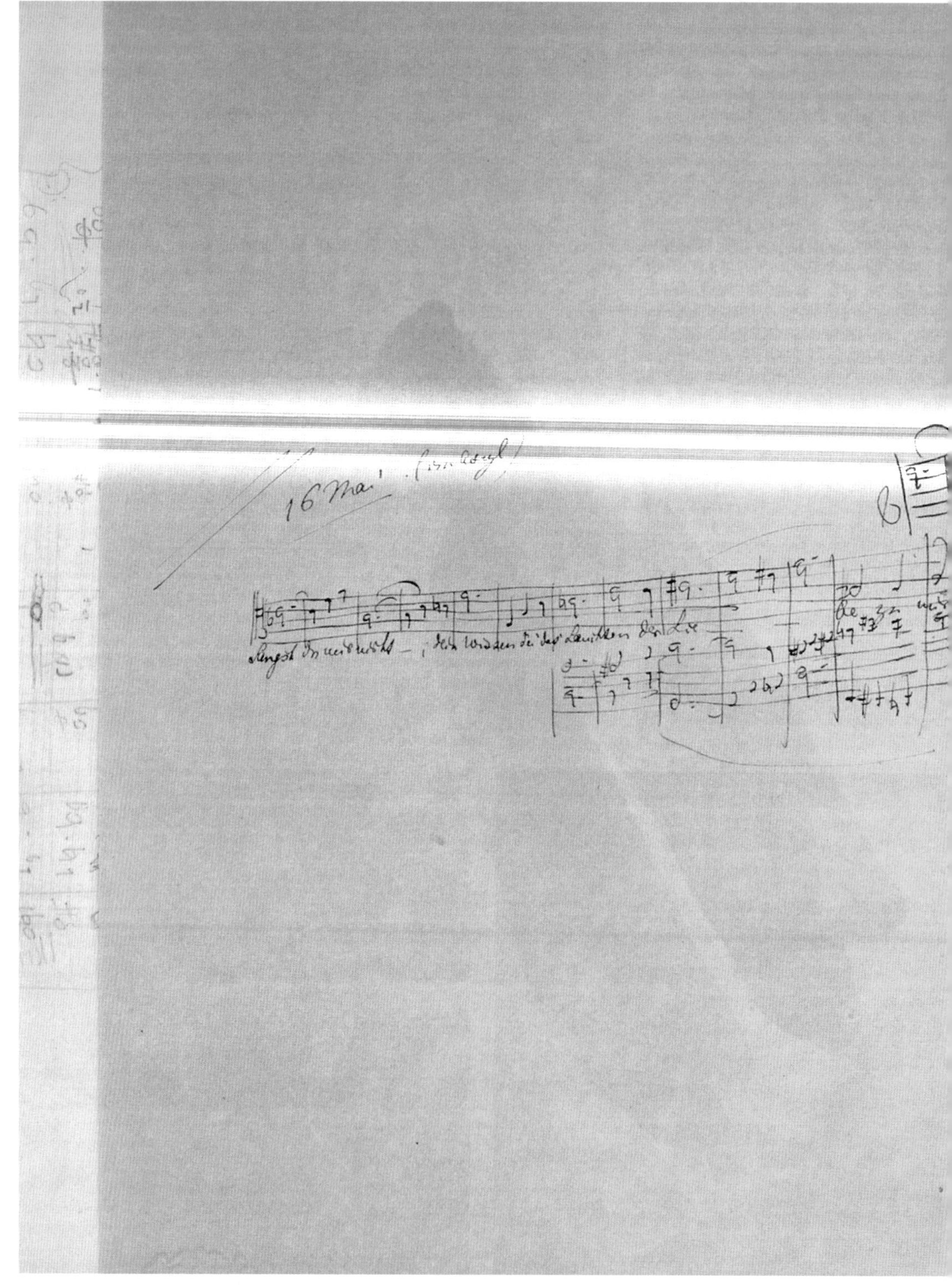

《年輕的齊格菲》譜曲草思。該內容後用於《崔斯坦與伊索德》中。

Wehe! Wehe!
Wehe der Schmach,
der fchmählichen Noth!
Verwundet hat mich,
der mich erweckt!
Er erbrach mir Brünne und Helm:
Brünnhilde bin ich nicht mehr!

SIEGFRIED.

Noch bift du mir
die träumende Maid:
Brünnhilde's Schlaf
brach ich noch nicht.
Erwache! fei mir ein Weib!

BRÜNNHILDE.

Mir fchwirren die Sinne!
Mein Wifsen fchweigt:
foll mir die Weisheit fchwinden?

SIEGFRIED.

Sang'ft du mir nicht,
dein Wifsen fei
das Leuchten der Liebe zu mir?

BRÜNNHILDE.

Trauriges Dunkel
trübt mir den Blick;
mein Auge dämmert,
das Licht verlifcht:
Nacht wird's um mich;
aus Nebel und Grau'n
windet fich wüthend
ein Angftgewirr!
Schrecken fchreitet
und bäumt fich empor!

Sie birgt heftig die Augen mit den Händen.

SIEGFRIED

löf't ihr fanft die Hände vom Blicke.

Nacht umbangt
gebundene Augen;
mit den Fefseln fchwindet
das finft're Grau'n:
tauch' aus dem Dunkel und fieh —
fonnenhell leuchtet der Tag!

BRÜNNHILDE,

in höchfter Ergriffenheit.

Sonnenhell
leuchtet der Tag meiner Noth! —

O Siegfried! Siegfried!
Sieh' meine Angft!
Ewig war ich,
ewig wäre ich,
ewig in füfs
fehnender Wonne —
doch ewig zu deinem Heil!

O Siegfried! Herrlicher!
Hort der Welt!
Leben der Erde!
Lachender Held!
Lafs', ach lafs'!
lafse von mir!
Nahe mir nicht
mit der wüthenden Nähe!
Zwinge mich nicht
mit dem brechenden Zwang!
Zertrümm're die Traute dir nicht! —

Sah'ft du dein Bild
im klaren Bach?
Hat es dich frohen erfreut?
Rührteft zur Woge
das Wafser du auf;
zerflöfse die klare
Fläche des Bach's:
dein Bild fäh'ft du nicht mehr,
nur der Welle fchwankend Gewog'.
So berühre mich nicht,
trübe mich nicht:
ewig licht
lachft du aus mir
dann felig felbft dir entgegen,
froh und heiter ein Held! —
O Siegfried! Siegfried!
leuchtender Sprofs!
Liebe — dich,

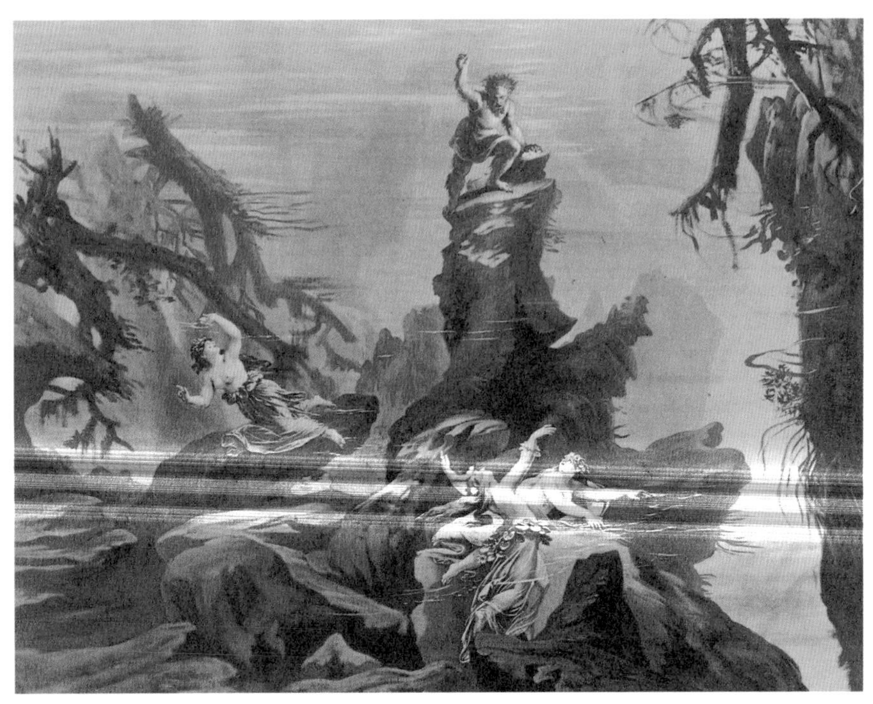

1876年拜魯特《指環》首演，霍夫曼(Josef Hoffmann, 1831-1904)之舞台設計圖。「上圖」：《萊茵的黃金》第一景。「下圖」：《萊茵的黃金》第三景。

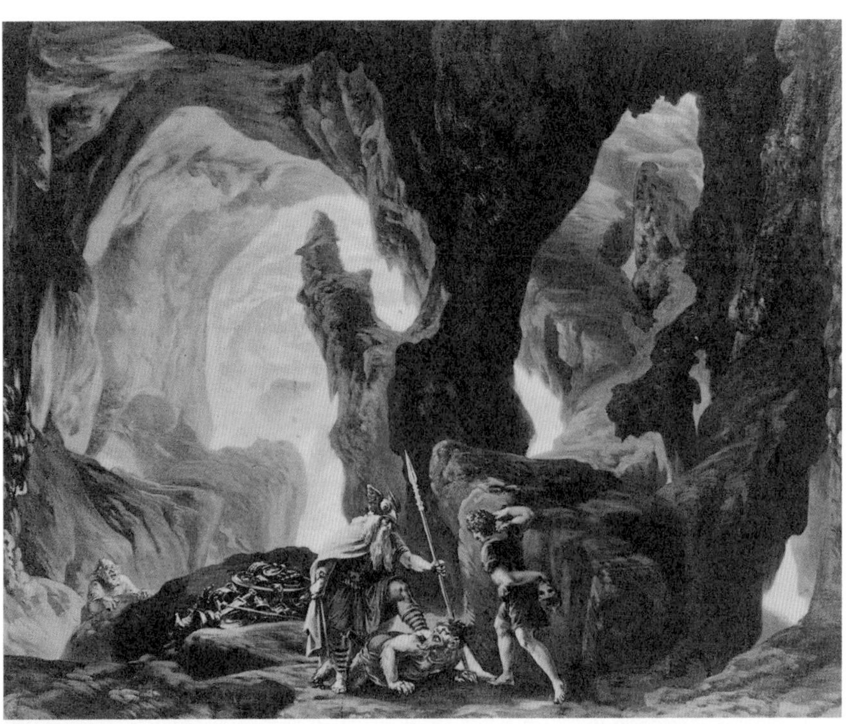

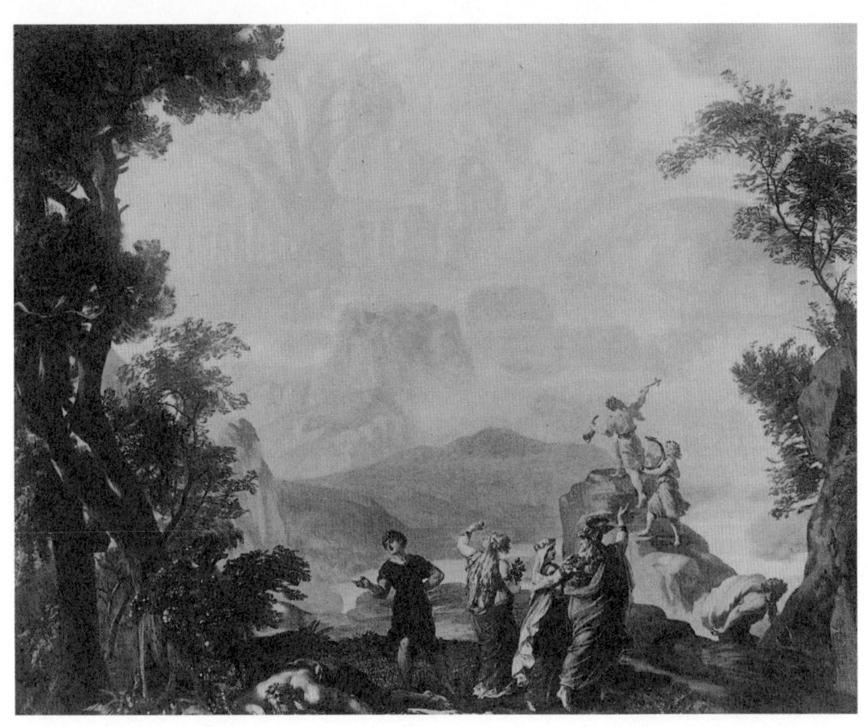

1876年拜魯特《指環》首演，霍夫曼(Josef Hoffmann, 1831-1904)之舞台設計圖。「上圖」：《萊茵的黃金》第四景。「下圖」：《女武神》第一幕。

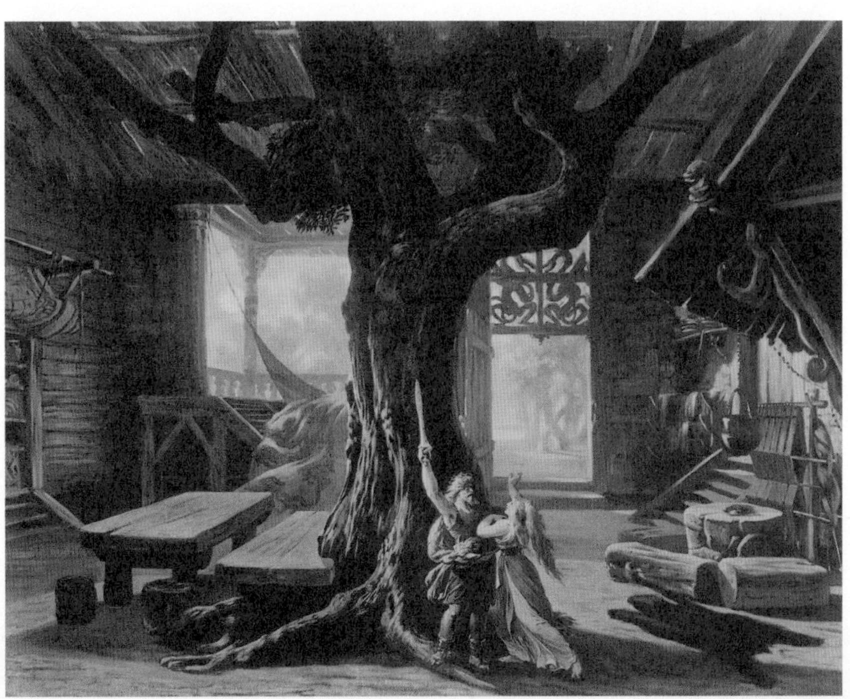

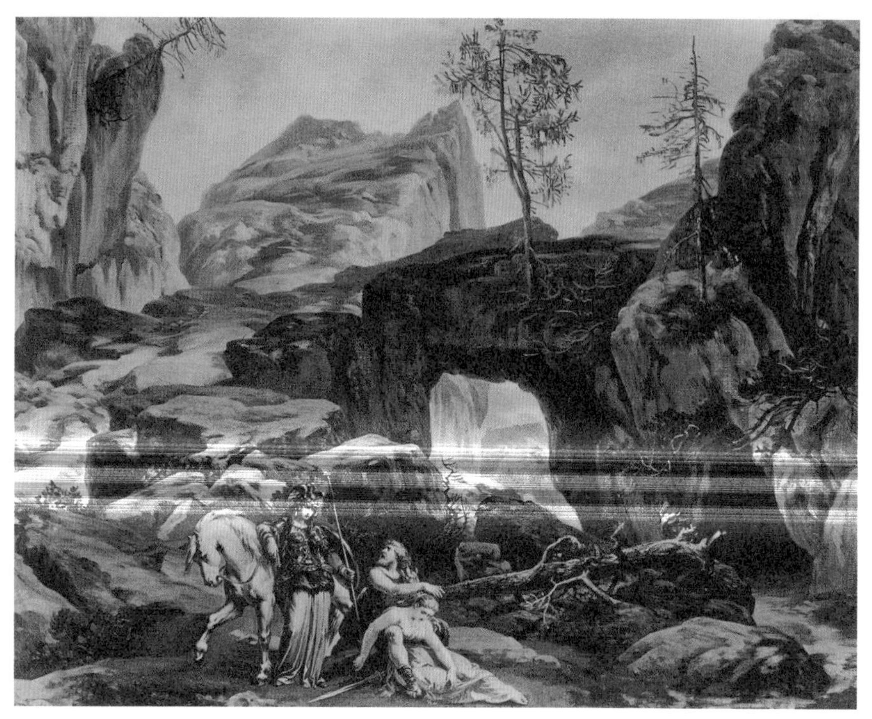

1876年拜魯特《指環》首演，霍夫曼(Josef Hoffmann, 1831-1904)之舞台設計圖。「上」：《女武神》第二幕。「下」：《女武神》第三幕。

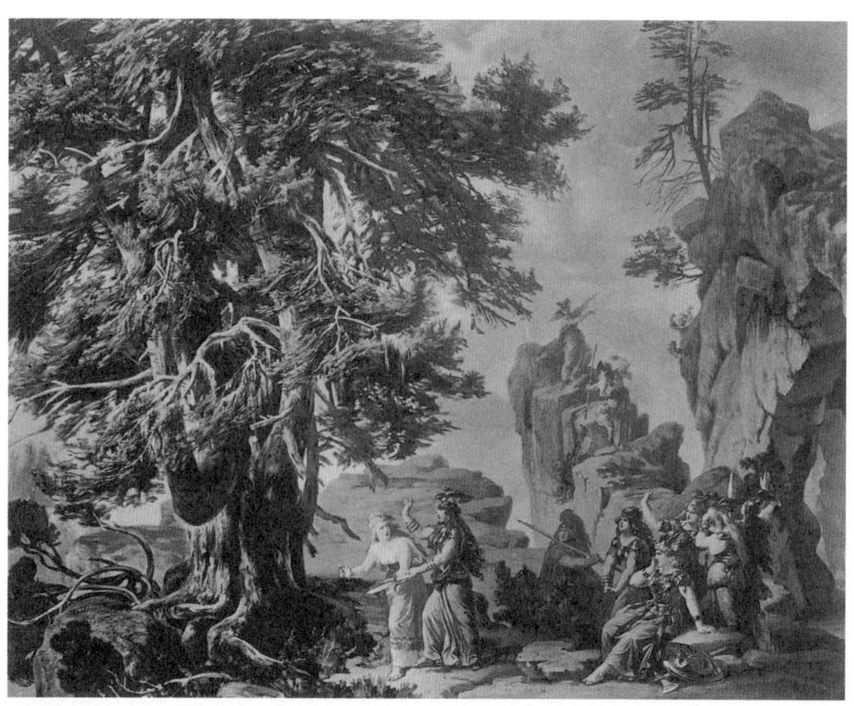

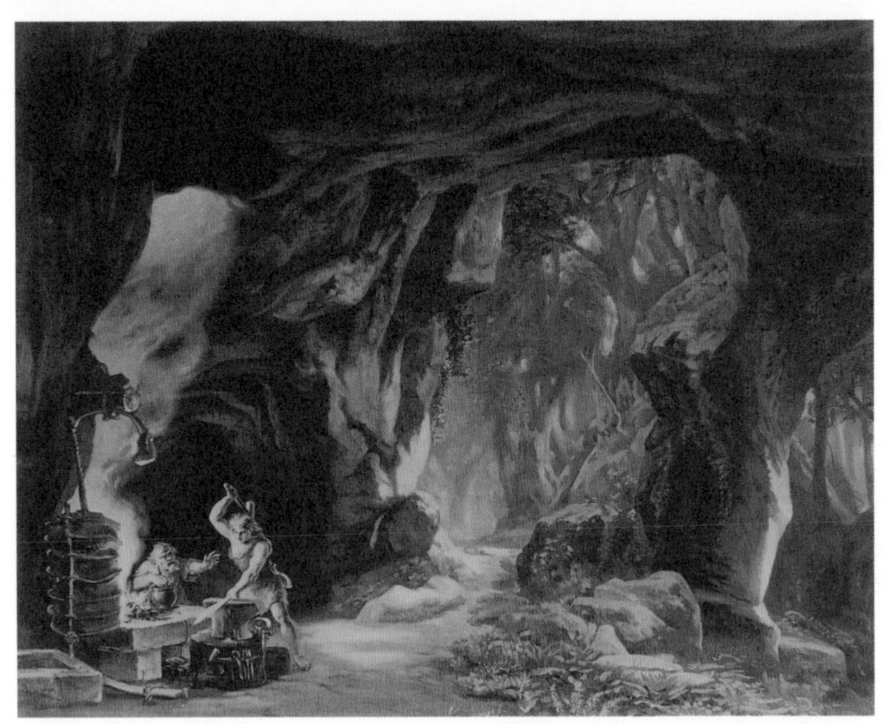

1876年拜魯特《指環》首演，霍夫曼(Josef Hoffmann, 1831-1904)之舞台設計圖。「上」：《齊格菲》第一幕。「下」：《齊格菲》第二幕。

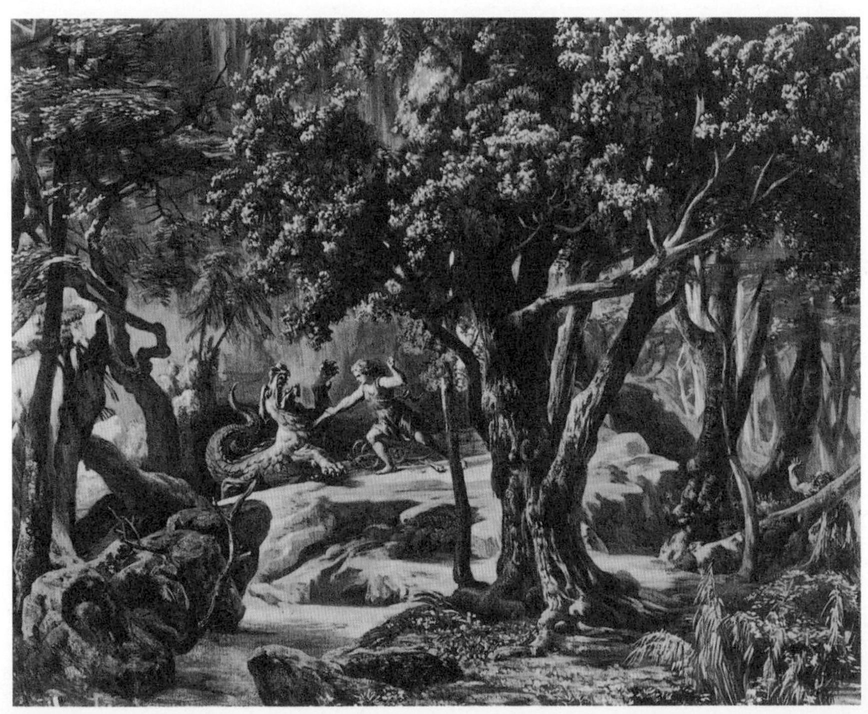

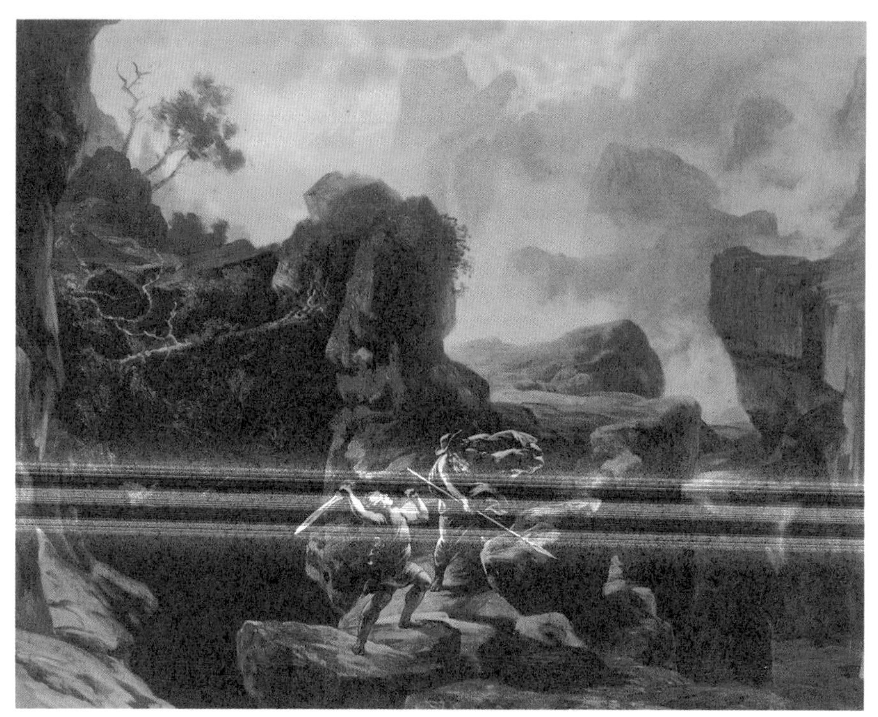

1876年拜魯特《指環》首演，霍夫曼(Josef Hoffmann, 1831-1904)之舞台設計圖。「上」：《齊格菲》第三幕第一景。「下」：《齊格菲》第三幕第二景。

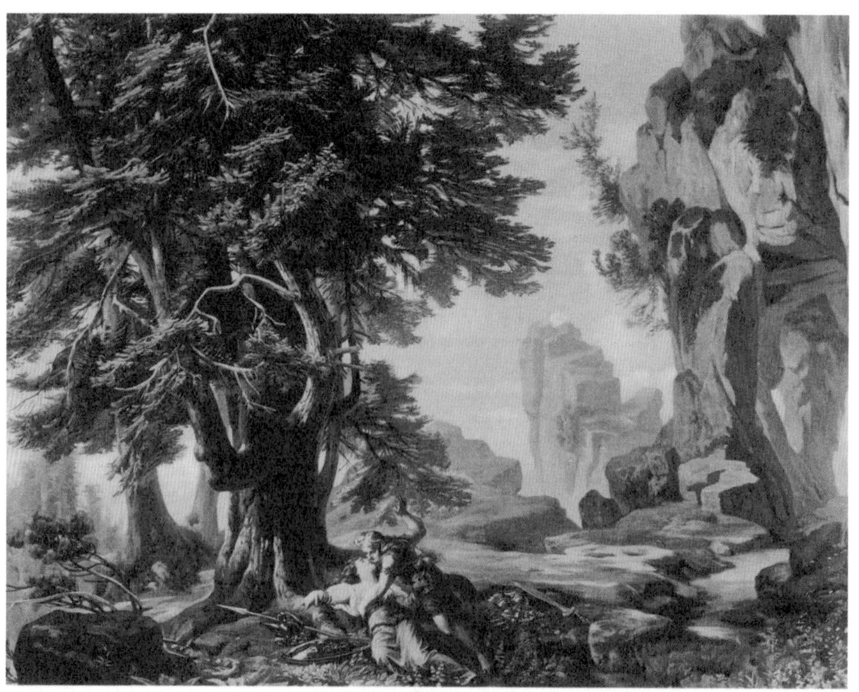

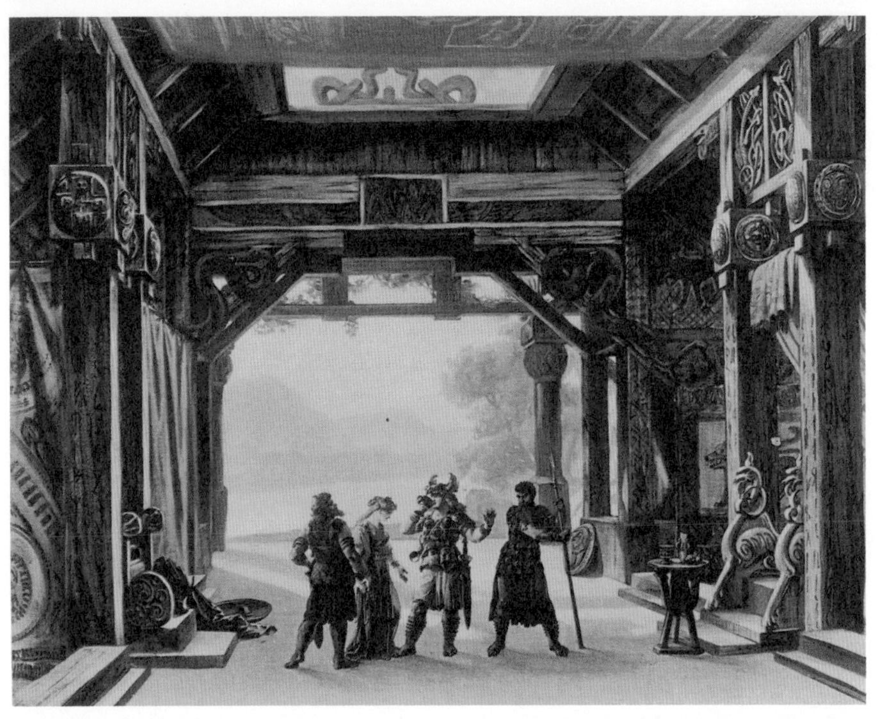

1876年拜魯特《指環》首演，霍夫曼(Josef Hoffmann, 1831-1904)之舞台設計圖。「上」：《諸神的黃昏》第一幕。「下」：《諸神的黃昏》第二幕。

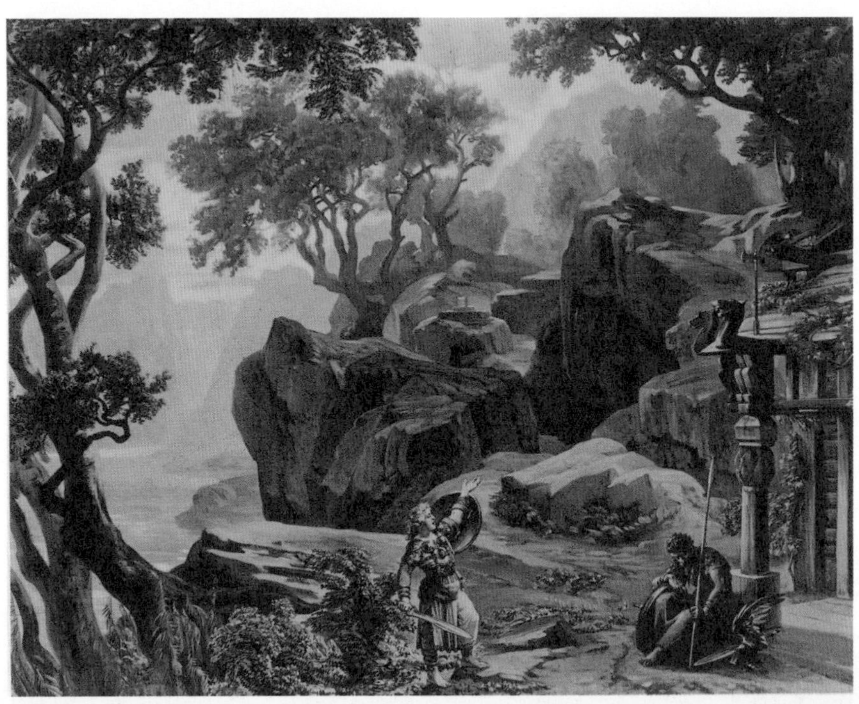

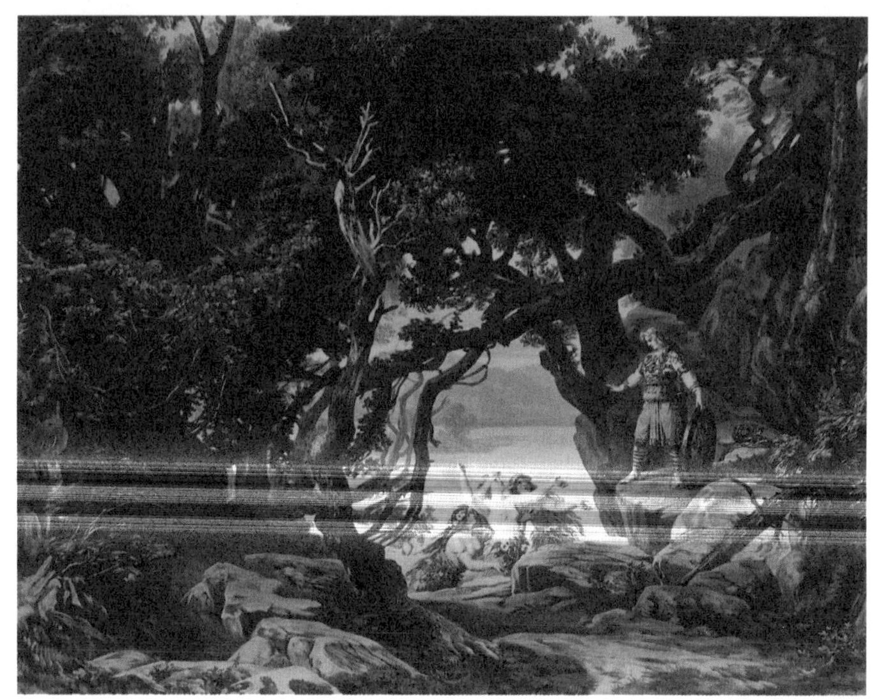

1876年拜魯特《指環》首演，霍夫曼(Josef Hoffmann, 1831-1904)之舞台設計圖。「上」：《諸神的黃昏》第三幕第一景。「下」：《諸神的黃昏》第三幕終景。

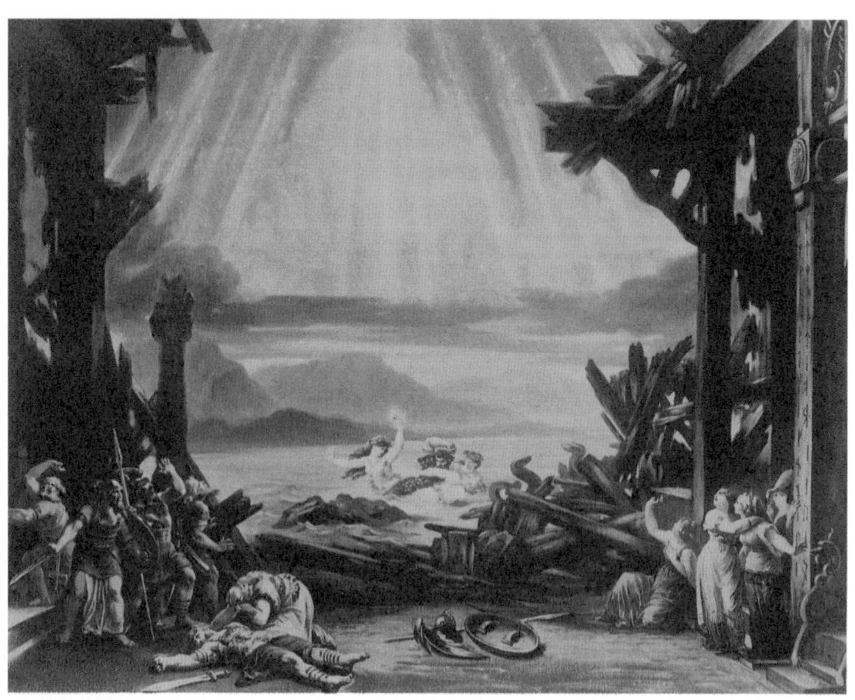

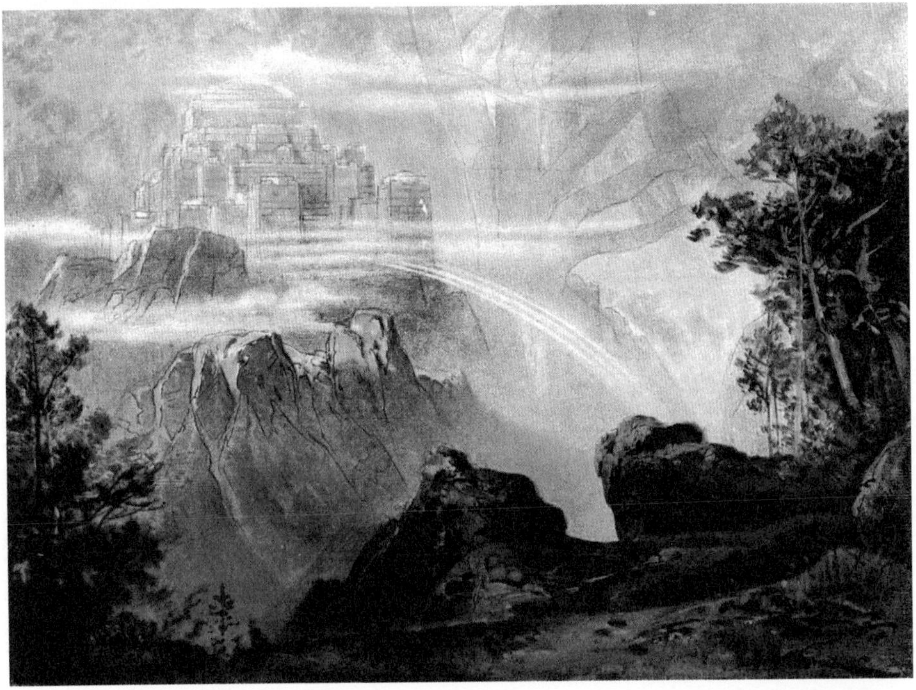

上圖：《萊茵的黃金》，1876年，拜魯特音樂節，布里克納(Max Brükner)舞台設計圖。

下圖：《諸神的黃昏》，1879年，維也納，布里歐斯基(Carlo Brioschi)舞台設計圖。

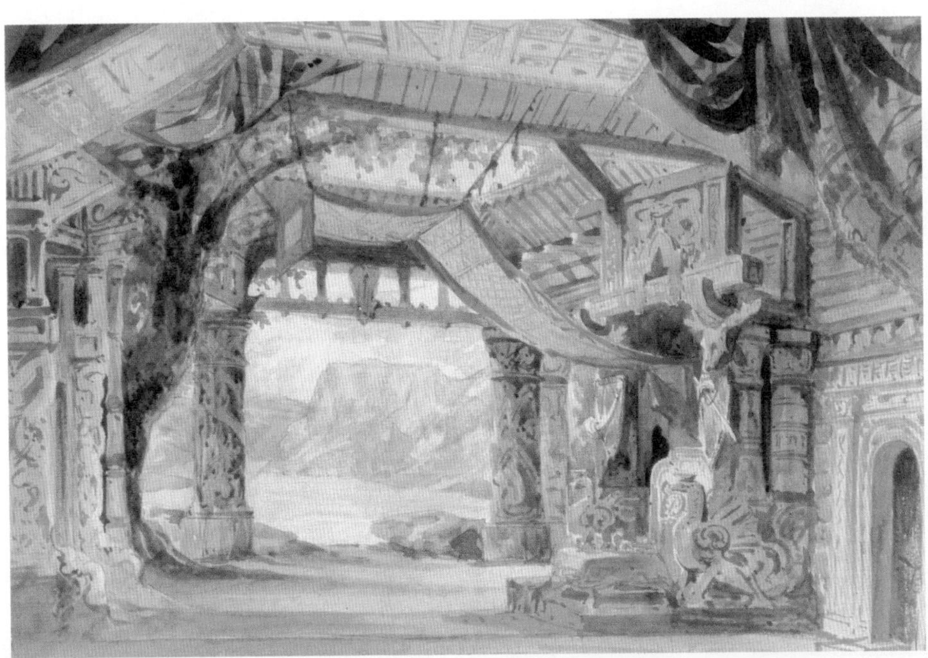

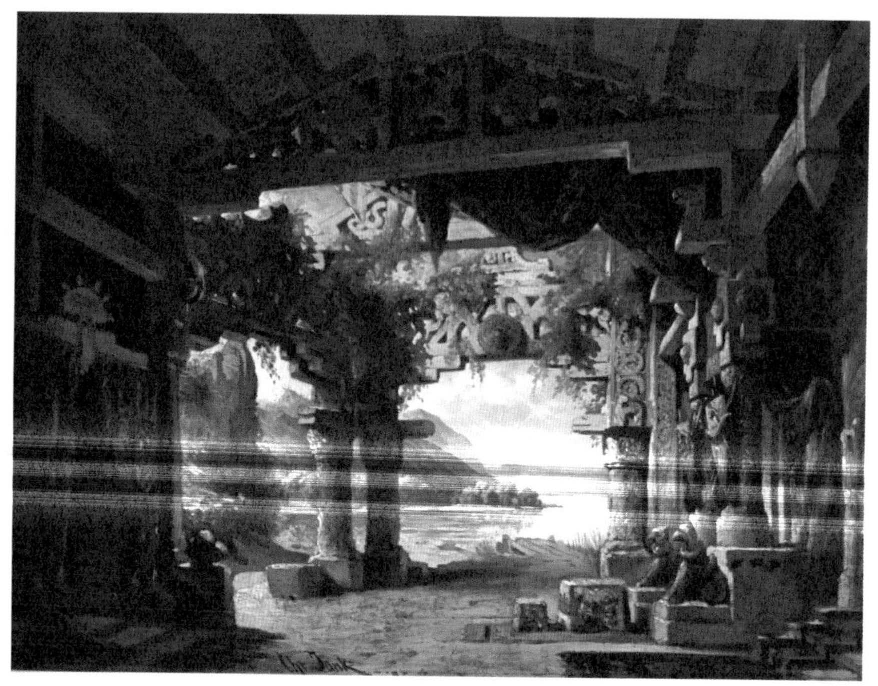

上圖：《諸神的黃昏》第一、第三幕，1878年，慕尼黑，楊克(Christian Jank)舞台設計圖。

下圖：《諸神的黃昏》第二幕，1890年，卡賽爾(Kassel)，鄂爾投(Oertel)舞台設計圖。

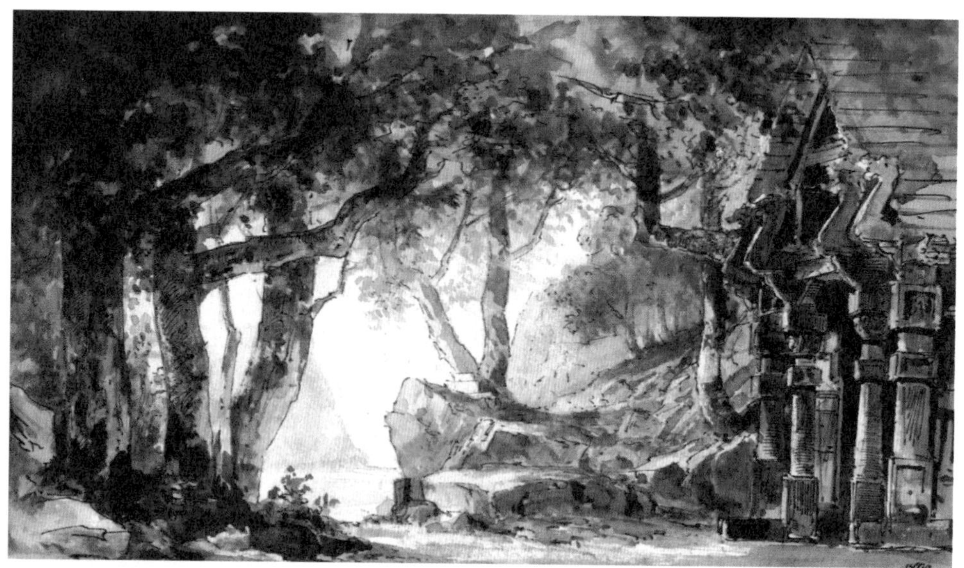

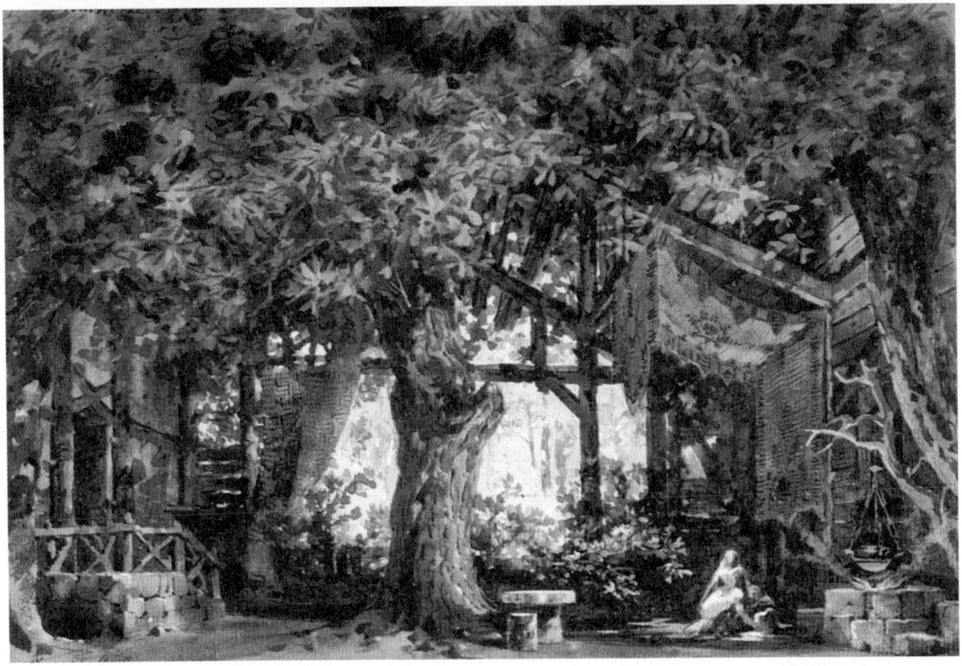

《女武神》，1893年，米蘭(Milano)，祖卡瑞利(Giovanni Zuccarelli)舞台設計圖。上圖：第一幕。下圖：第二幕。

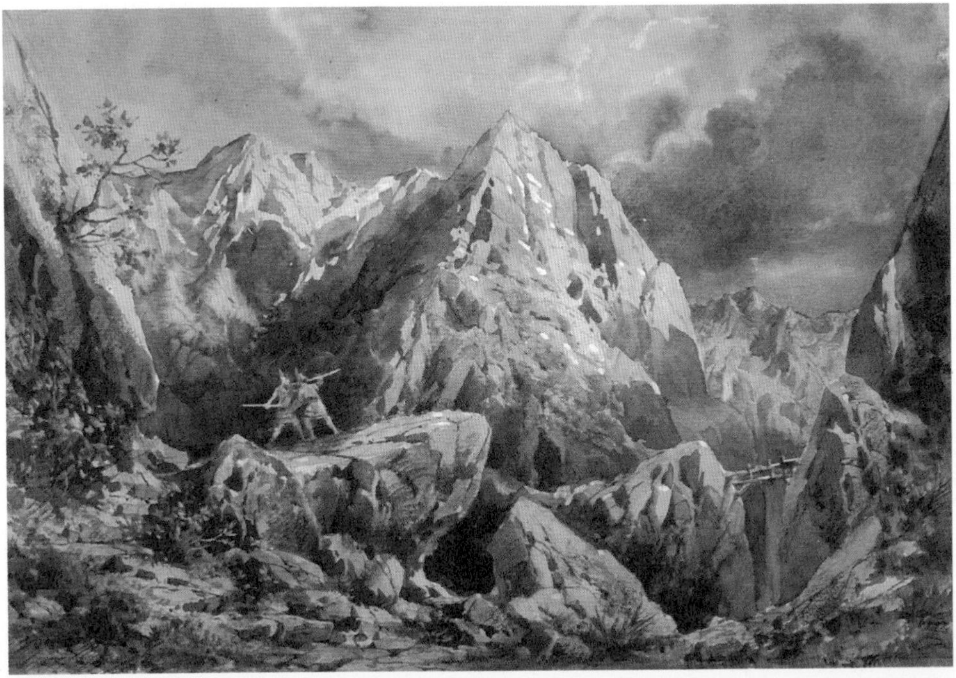

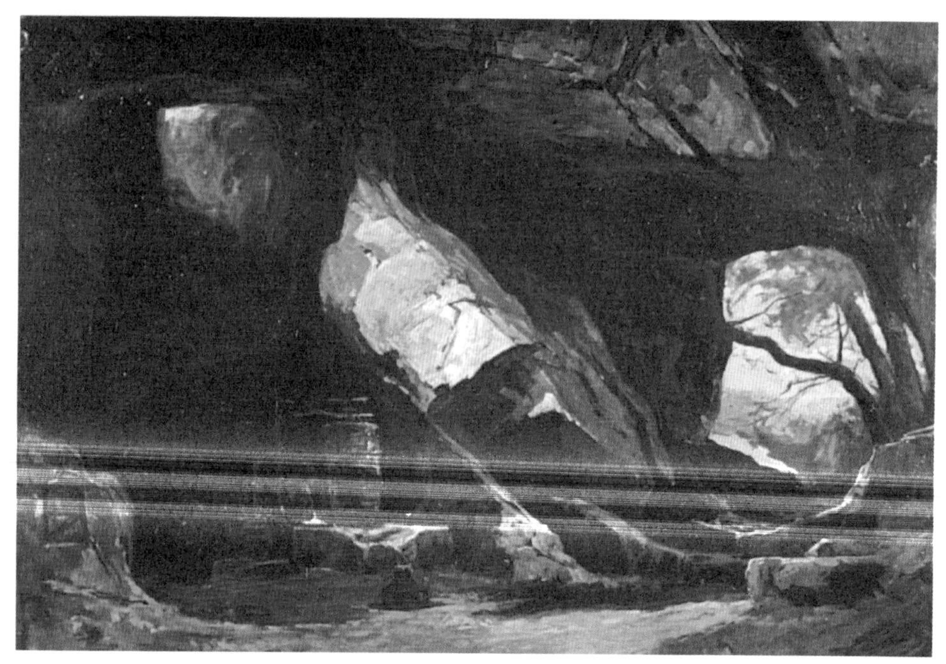

《齊格菲》，1904年，圖林(Torino)，給杜齊(Ugo Gheduzzi)舞台設計圖。上：第一幕。下：第二幕。

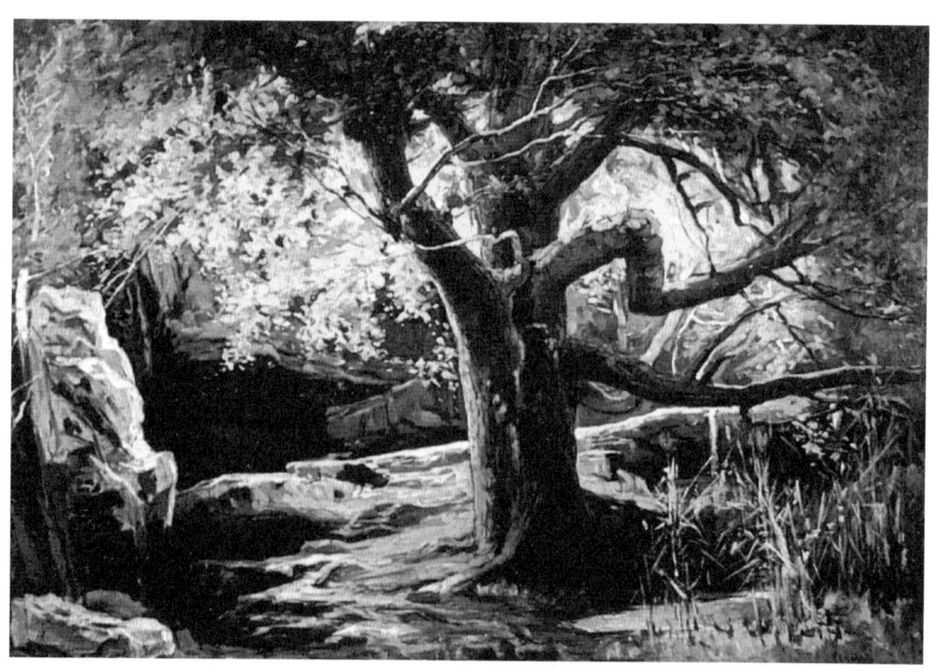

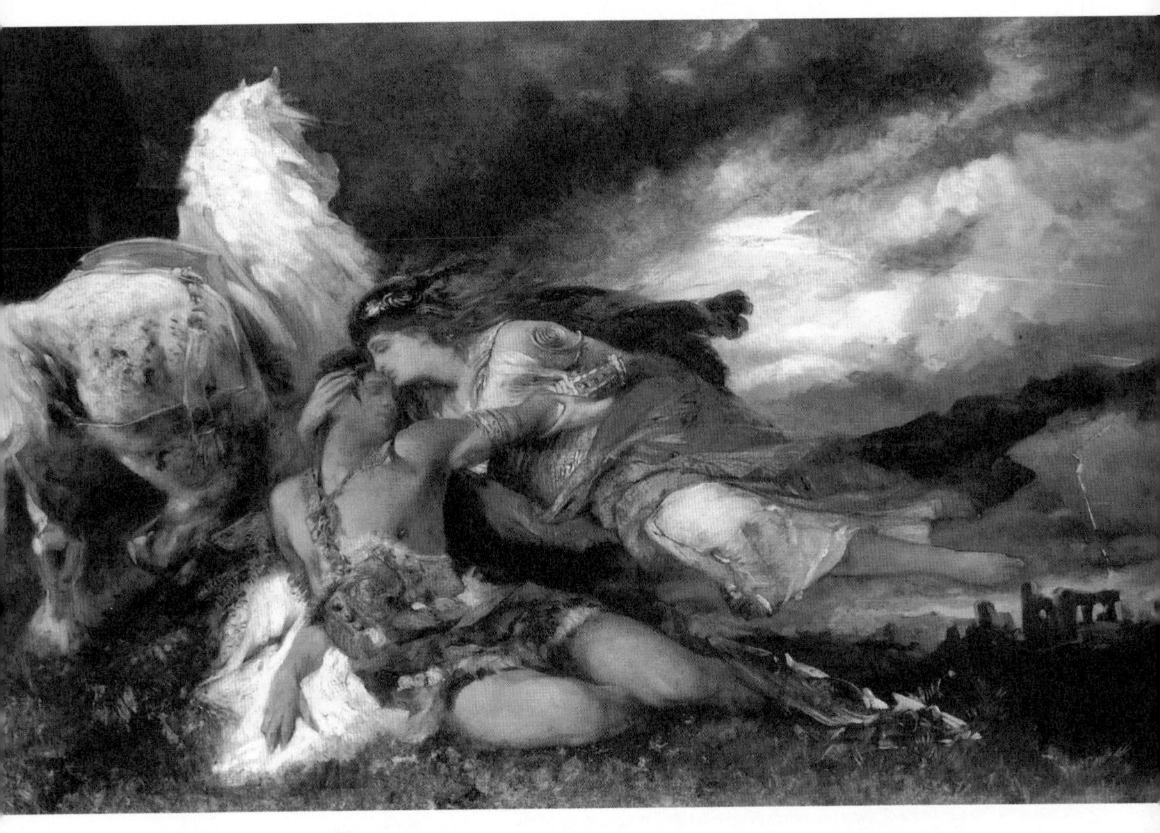

馬卡特(Hans Makart)，《女武神之吻》(*Der Kuß der Walküre*)，成於1880年之前；油畫，130 x 200公分。

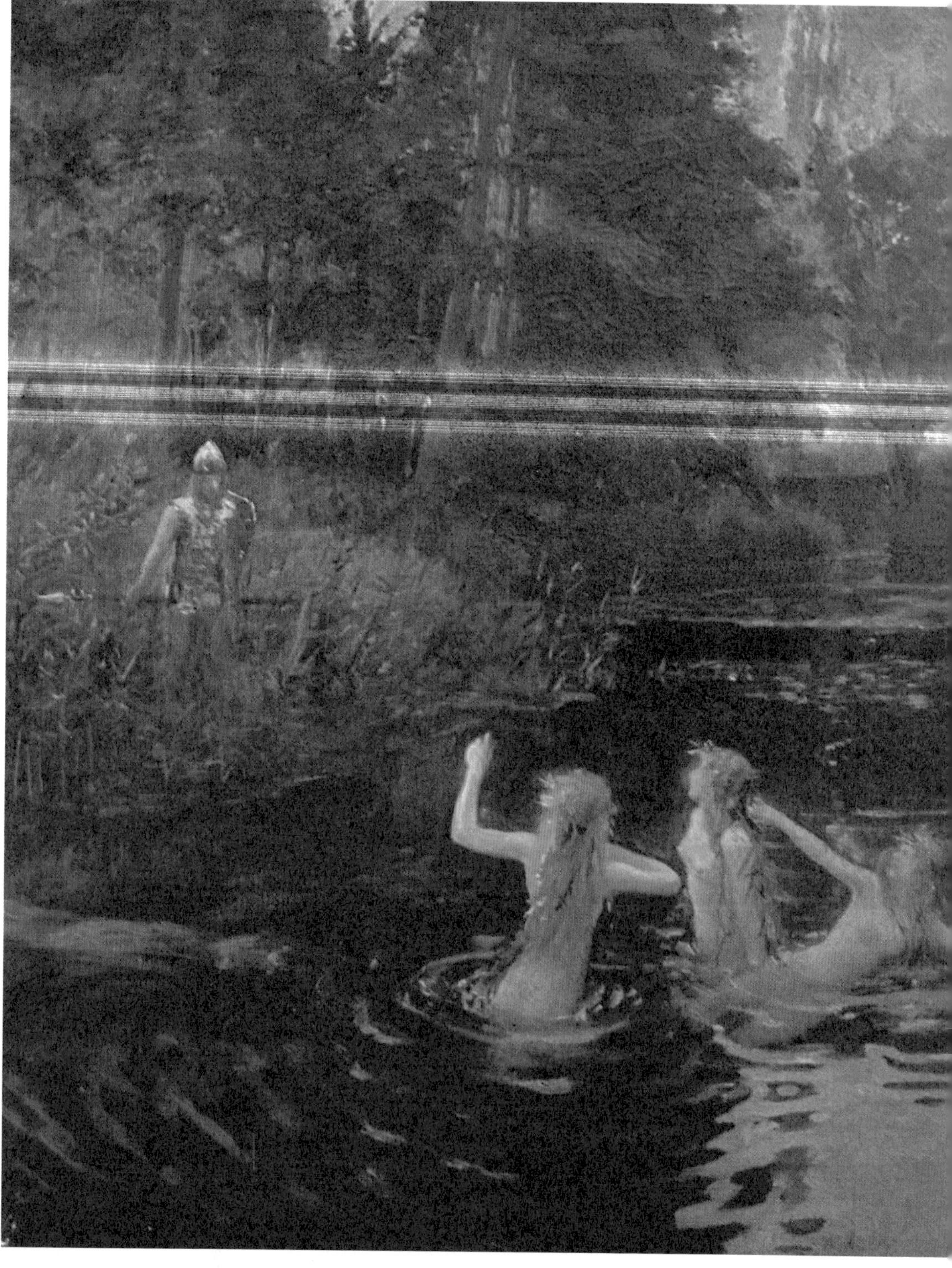

左頁：
標西埃(Gaston Bussière)，《萊茵的女兒》(*Les Filles du Rhin*)，1906年；油畫，61 x 50公分。

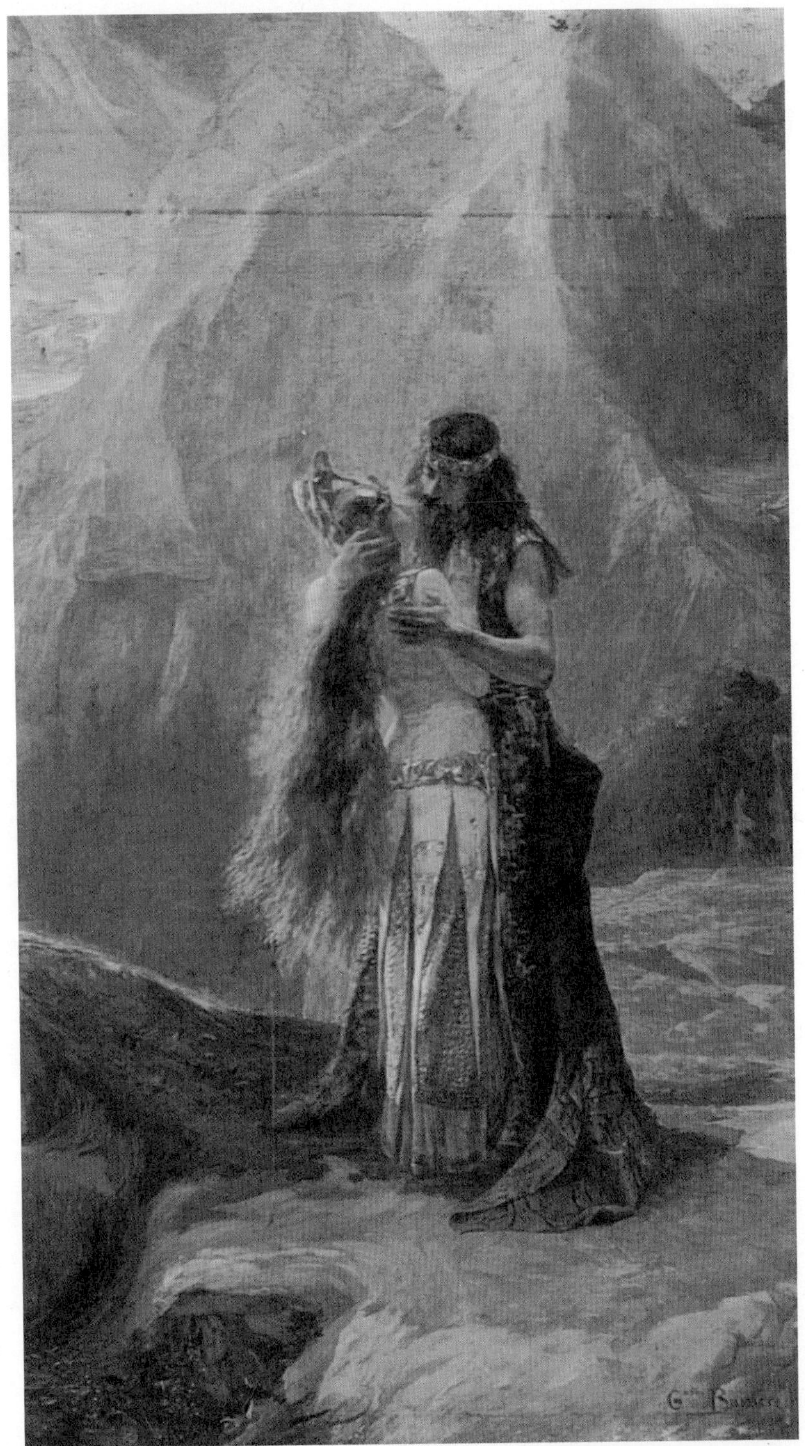

標西埃(Gaston Bussière)，《告別》(*L'Adieu*)，1895年；油畫，180 x 300公分。

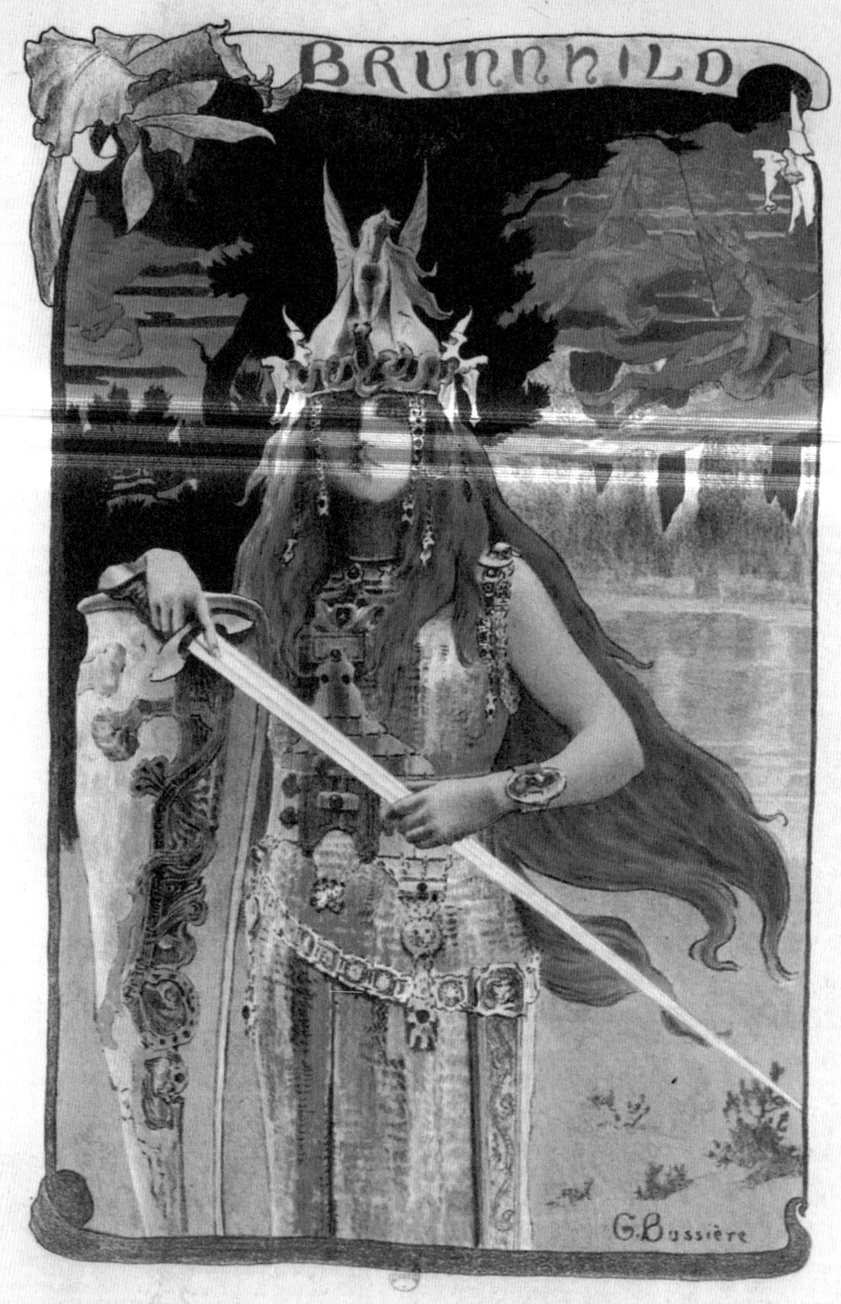

標西埃(Gaston Bussière)，《布琳希德》(*Brunnhilde*)，彩色版畫，50 x 32公分。

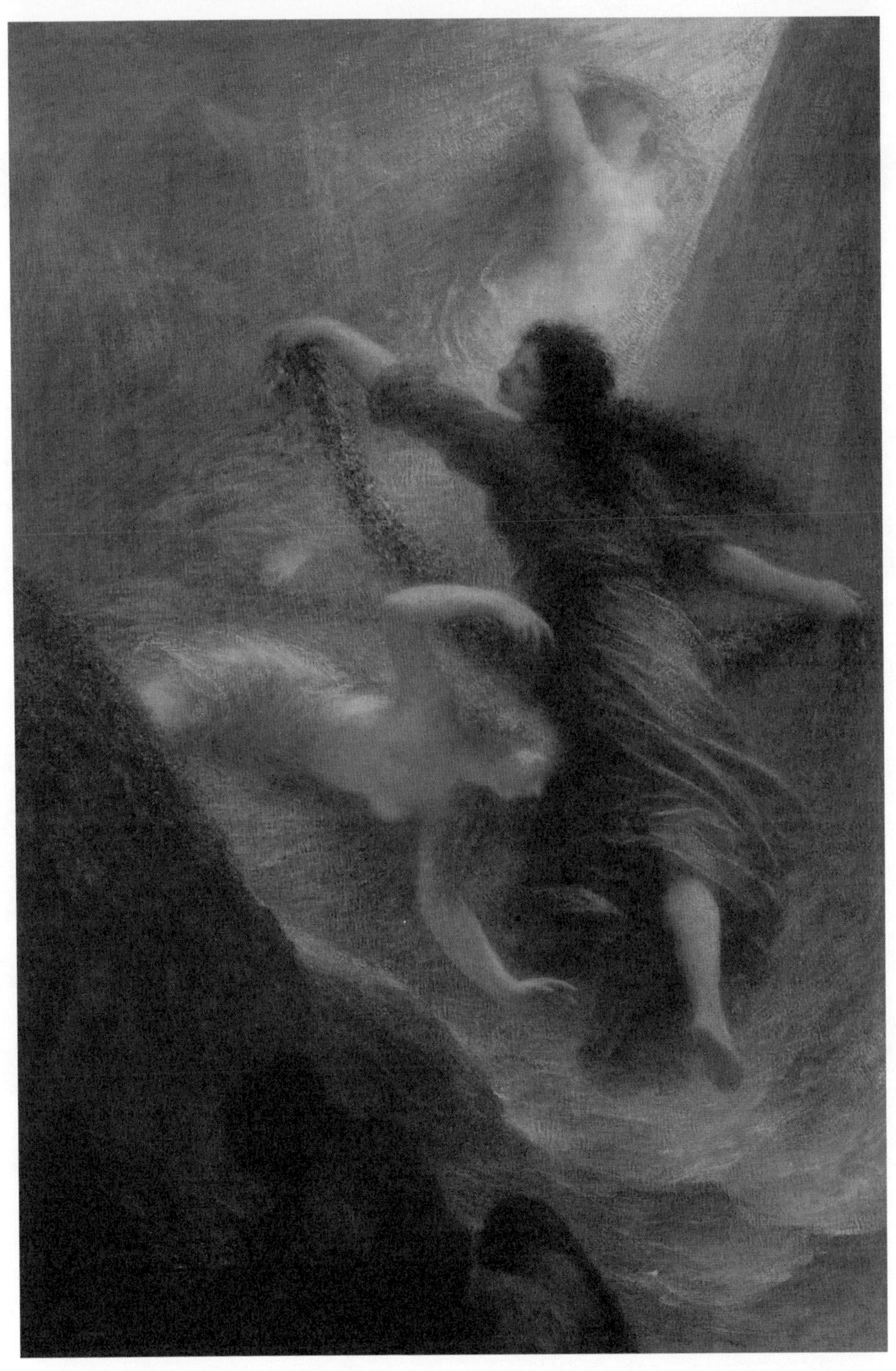

方登拉度兒(Jean Théodore Fantin-Latour)，《萊茵的黃金第一景》(*Scène première du Rheingold*)，1876年；石版畫，51 x 33.7公分。

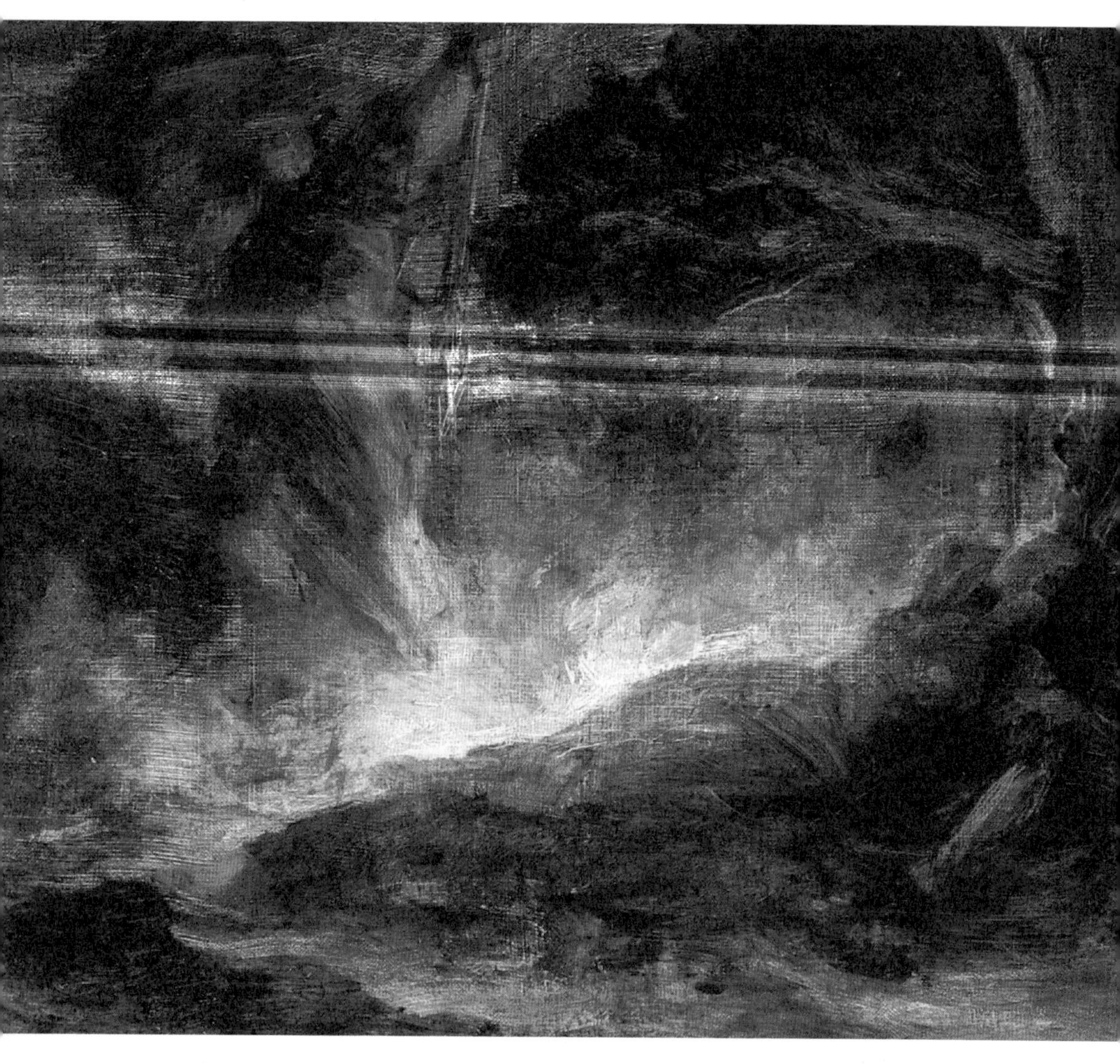

方登拉度兒(Jean Théodore Fantin-Latour)，《女武神終景》(*Finale de la Valkyrie*)，1879年；石版畫，22.5 x 27.5公分。

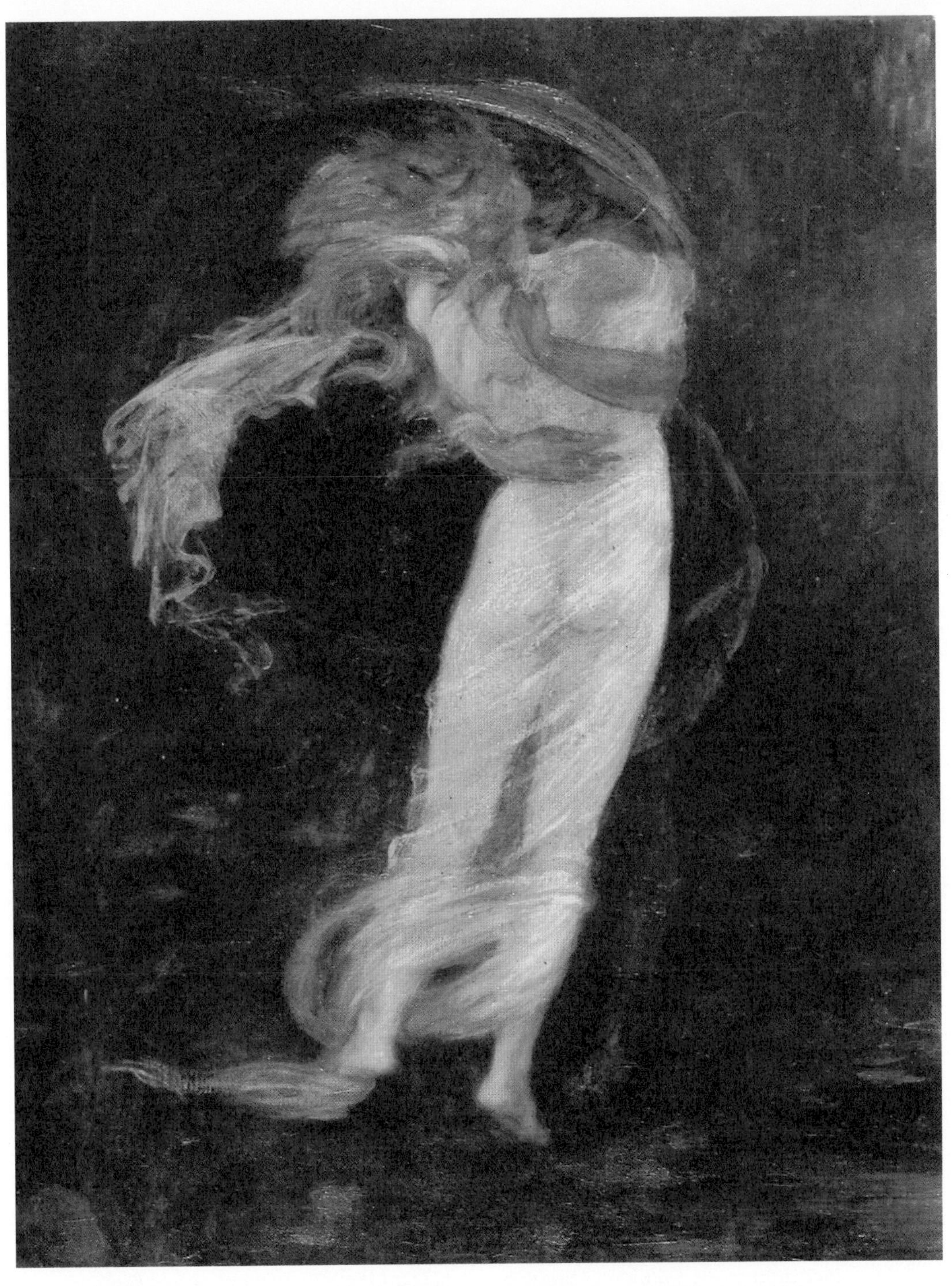

佛突尼(Mariano Fortuny i Madrazo)，《齊格蒙與齊格琳德》(*Sigmund e Siglinde*), 1893年；蛋彩畫，78 x 61公分。

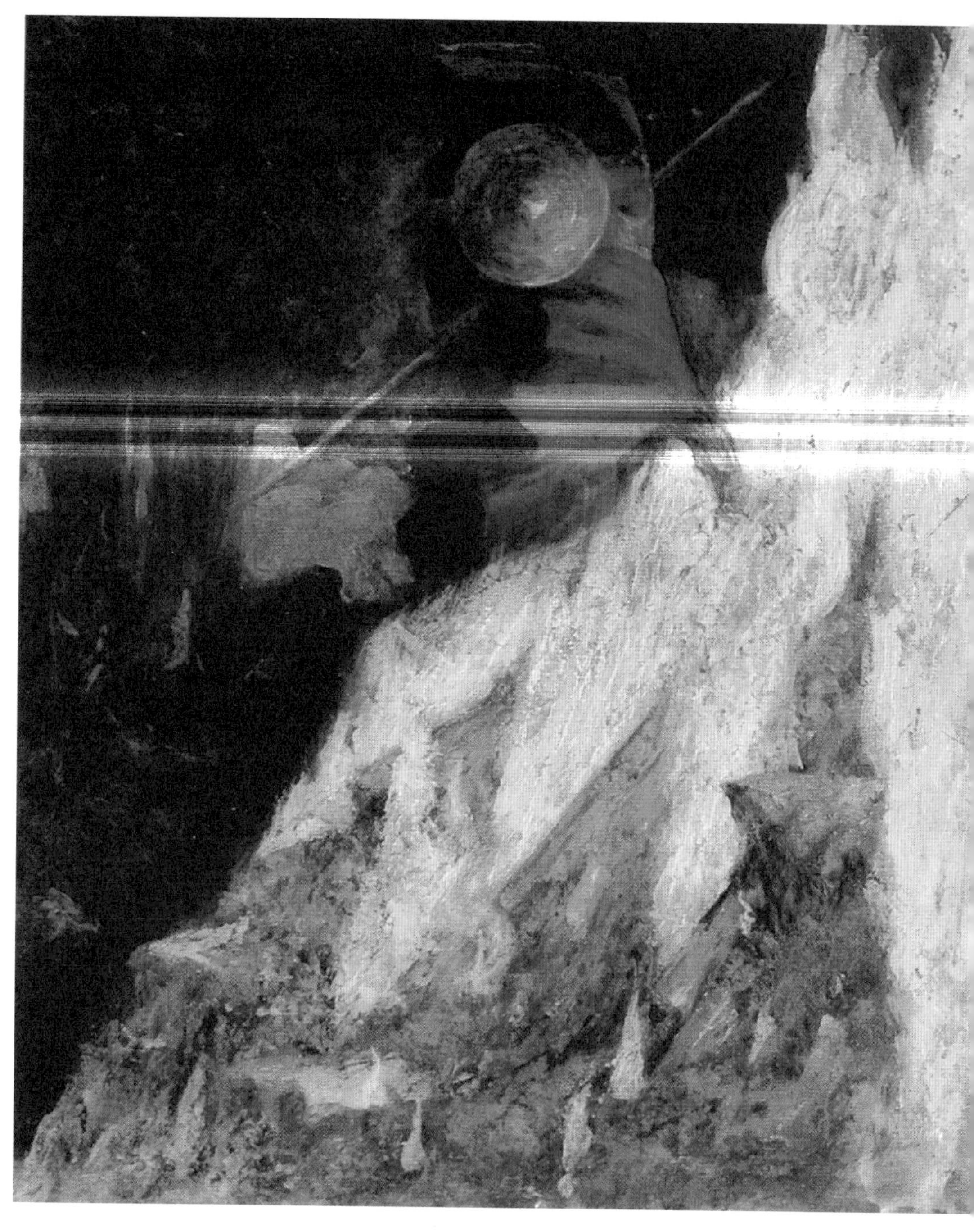

佛突尼(Mariano Fortuny i Madrazo)，《佛旦重擊巖壁》(*Wotan che colpisce la roccia*), 成於1890年以後；蛋彩畫，80 x 67公分。

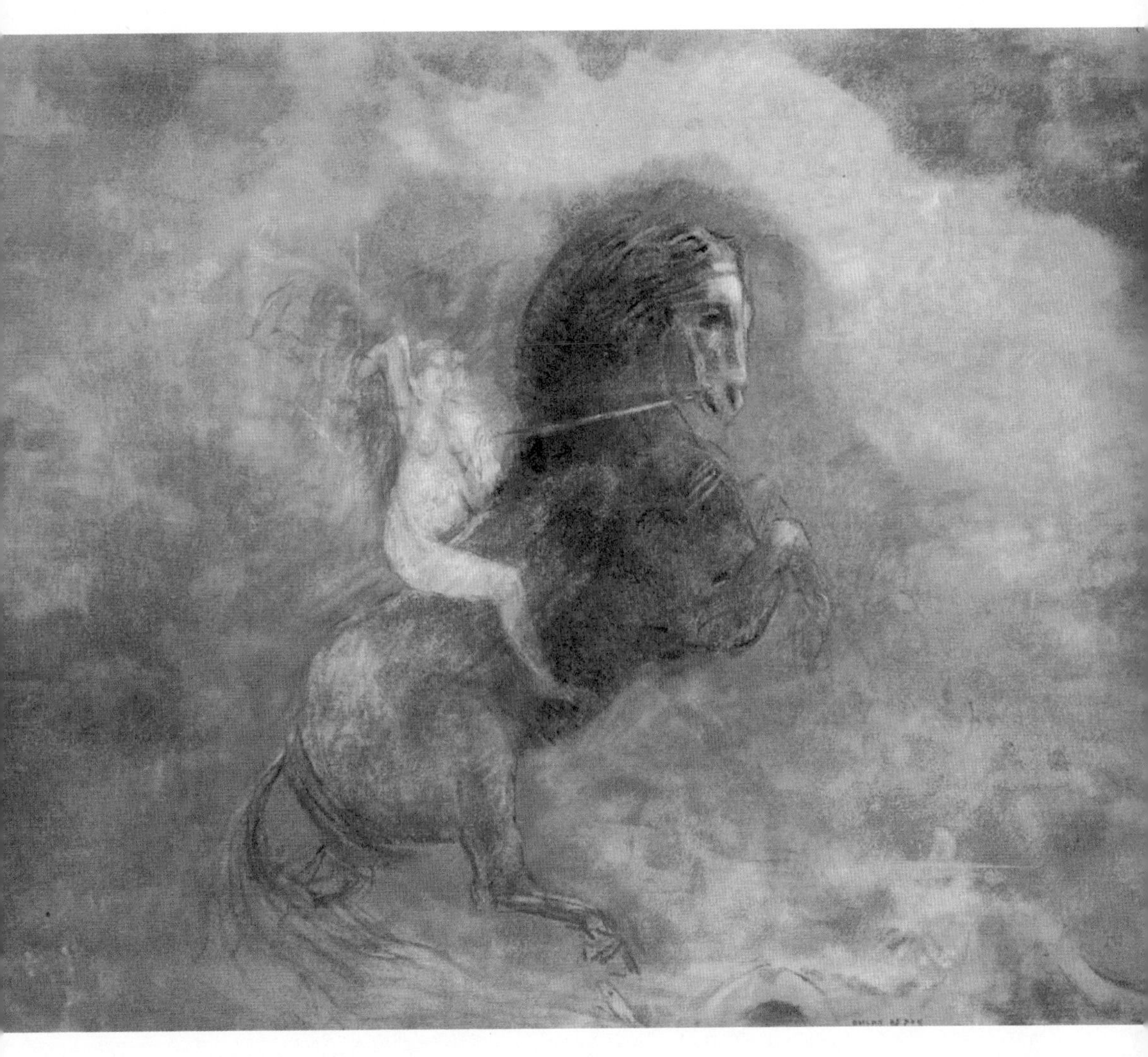

雷冬(Odilon Redon)，《布琳希德》(*Brunnhilde*)，約1905年；水彩畫，53.3 x 73.6公分。

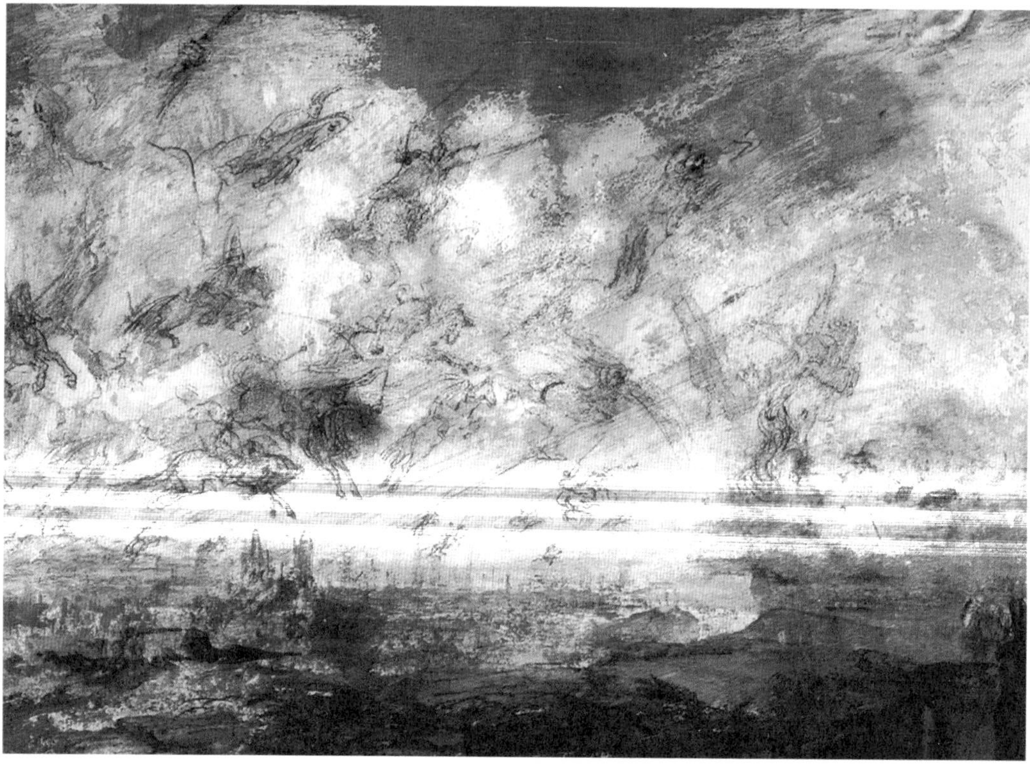

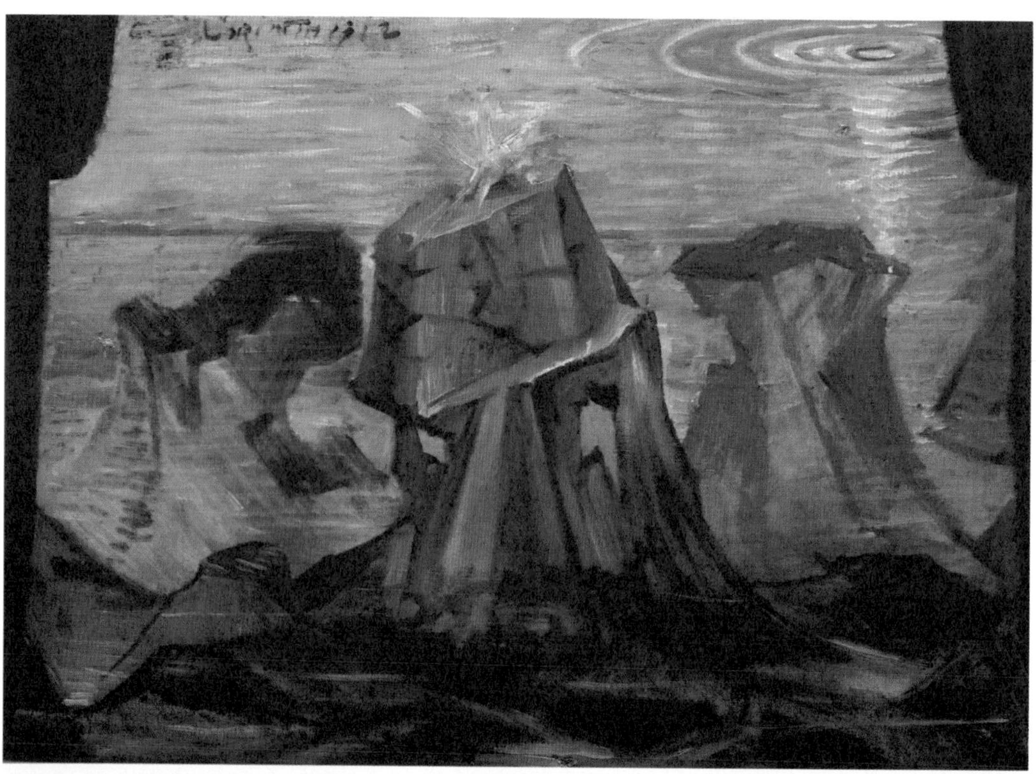

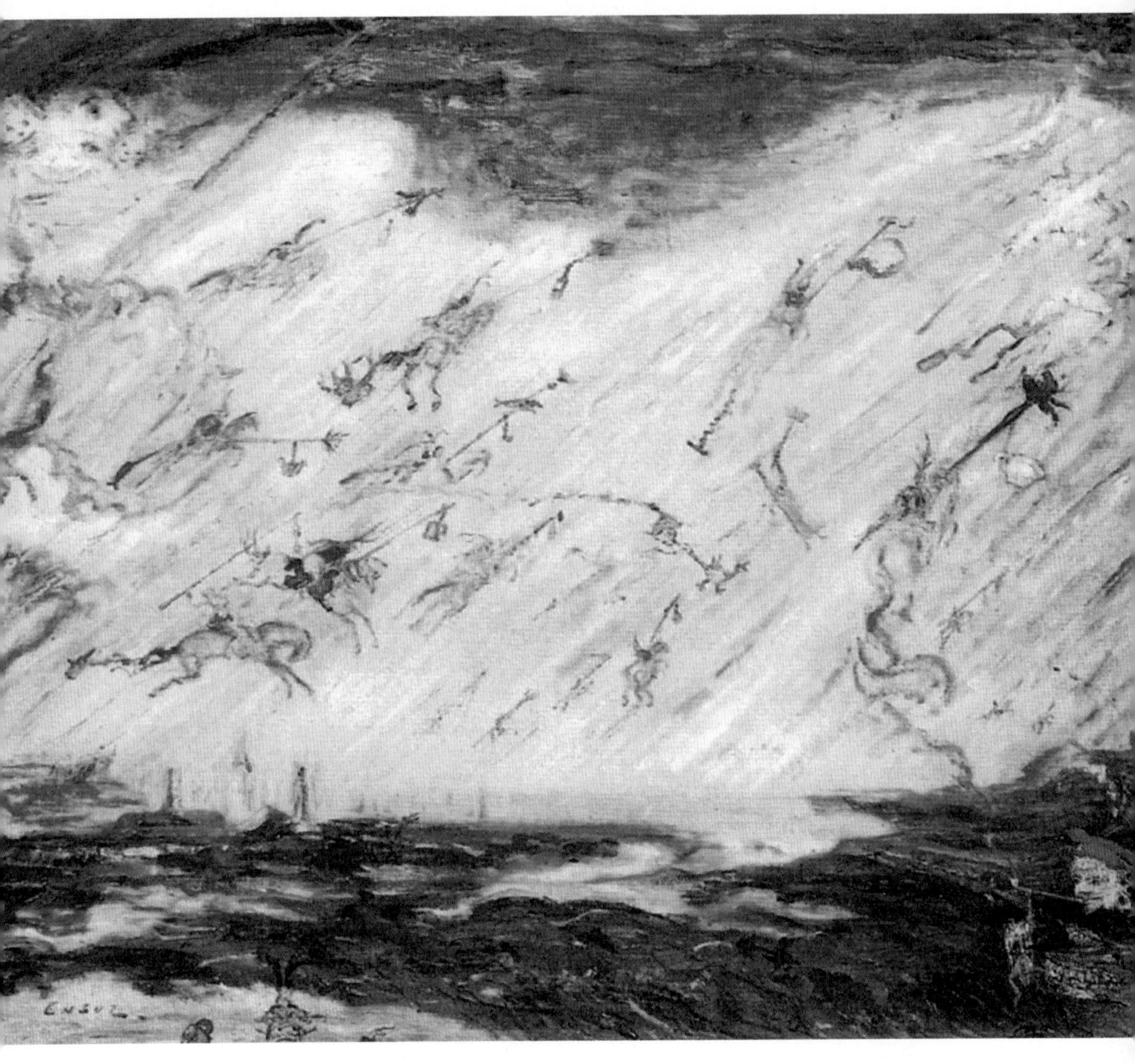

上圖：恩索(James Ensor)，《女武神的騎行》(*Walkürenrit*)，1938年；油畫，57 x 69公分。

左上： 恩索(James Ensor)，《女武神的騎行》(*Walkürenrit*)，約1888年；膠彩畫，20.3 x 28.5公分。

左下：柯林特(Lovis Corinth)，《萊茵的黃金，第一景》(*Das Rheingold — Erste Szene*)，1912；油畫，50 x 70公分。

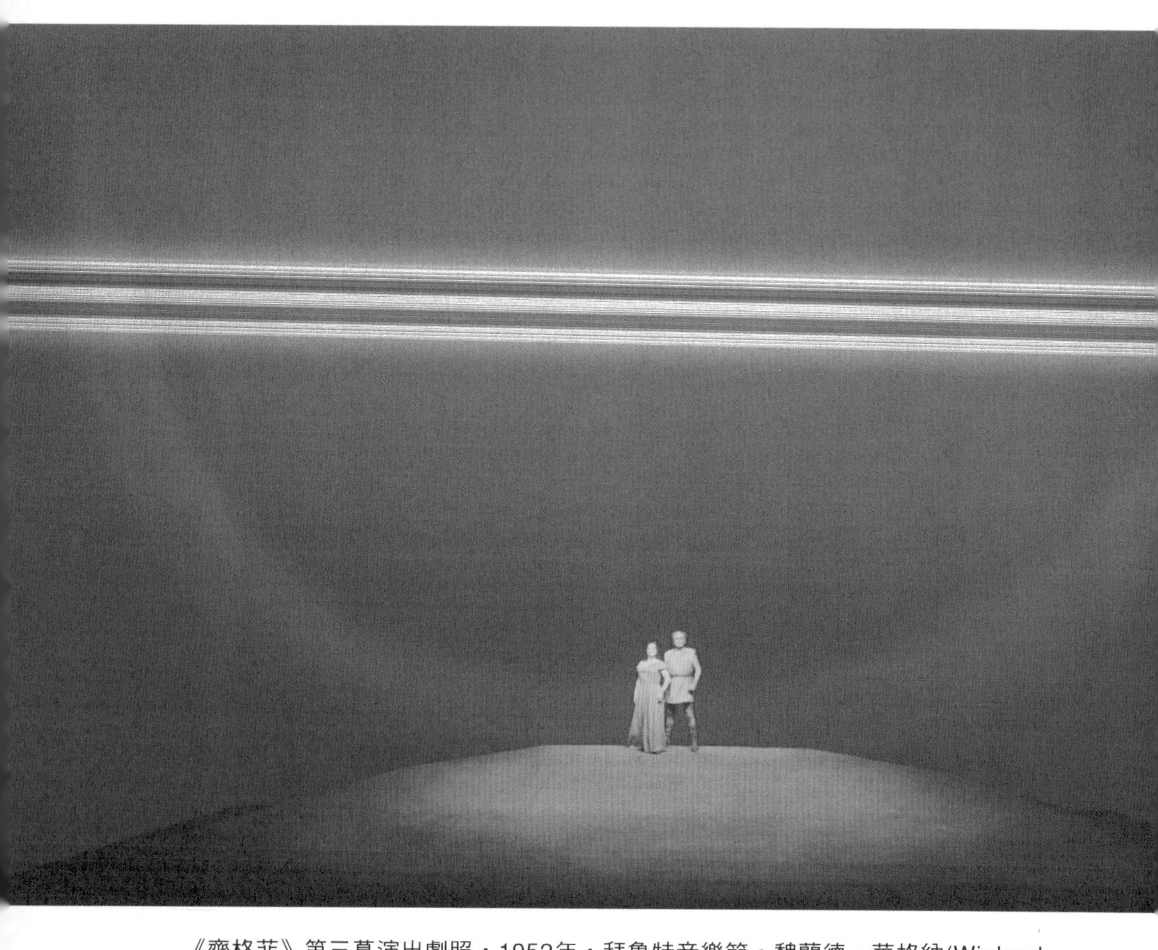

《齊格菲》第三幕演出劇照，1952年，拜魯特音樂節，魏蘭德・華格納(Wieland Wagner)導演。

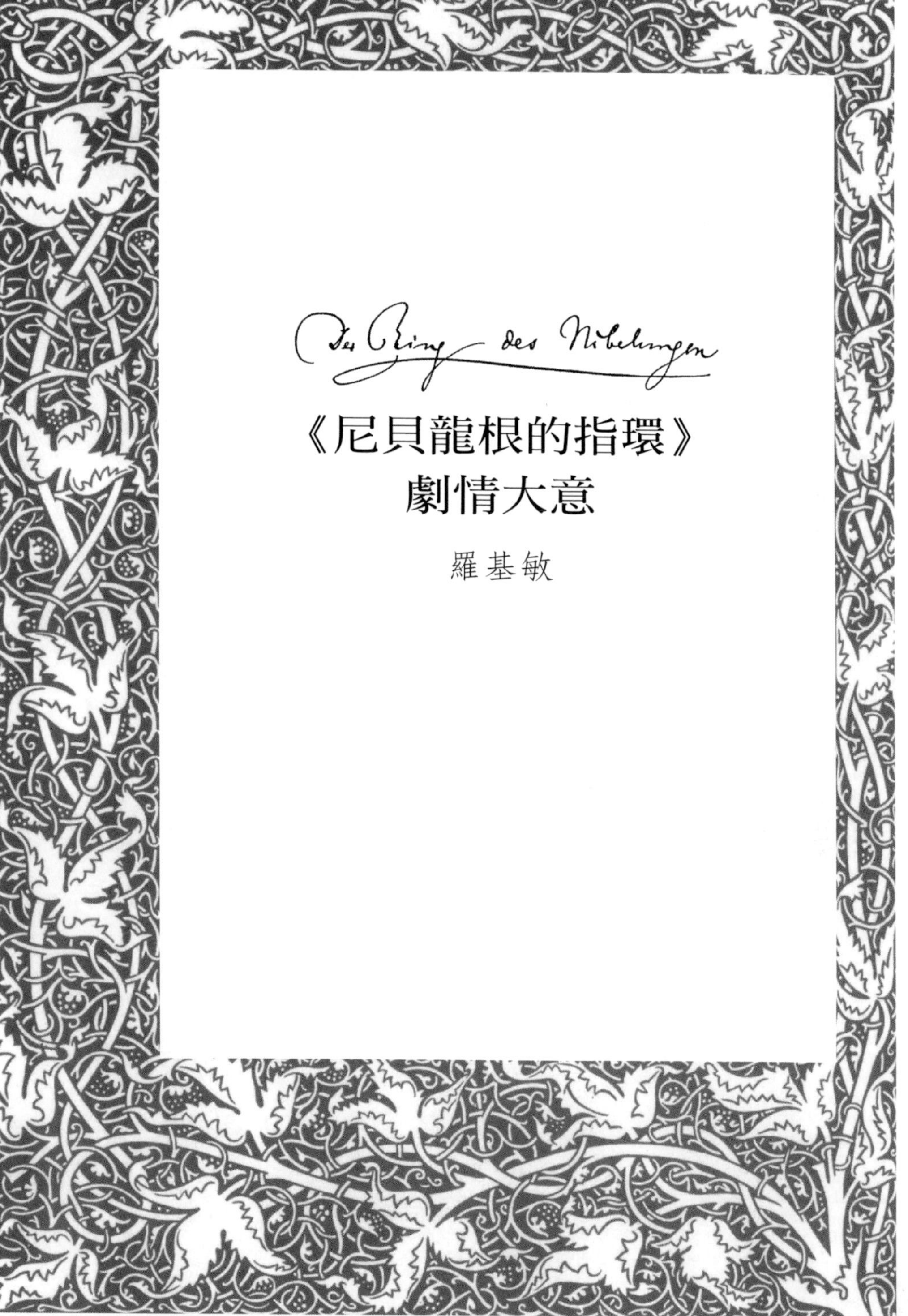

《尼貝龍根的指環》劇情大意

羅基敏

Das Rheingold

Vorabend

《萊茵的黃金》
序夜

Personen		**人物**	
Wotan Donner Froh Loge	Götter	佛旦 咚內 佛洛 洛格	諸神
Alberich Mime	Nibelungen	阿貝里希 迷魅	尼貝龍根
Fasolt Fafner	Riesen	法索德 法弗納	巨人
Fricka Freia Erda	Göttinnen	佛莉卡 佛萊亞 艾兒妲	諸位女神
Woglinde Wellgunde Floßhilde	Rheintöchter	渥格琳德 魏兒昆德 弗洛絲希德	萊茵的女兒
Nibelungen		衆位尼貝龍根	

第一景

阿貝里希為尼貝龍根族的一員，看到三個萊茵的女兒，想追求她們其中一個。萊茵的女兒則欲迎還拒地，存心戲耍他，最後又嘲笑他的醜陋。經過幾番嘗試，阿貝里希終於知道，自己只是她們戲弄的對象。此時，萊茵的女兒看守著的黃金閃耀著光芒，阿貝里希問她們那是什麼。萊茵的女兒告訴他，唯有發誓永遠拒絕愛情的人，才能取得黃金，打成指環，它將賦予擁有者無上的權力。她們還嘲笑阿貝里希，說他是不可能會拒絕愛情的，惱羞成怒的阿貝里希決定發誓拒絕愛情，而能夠取走了黃金。

第二景

諸神族的首領佛旦驕傲地向妻子佛莉卡展示新蓋好的神殿，它是巨人族為他們造的。佛莉卡卻抱怨著，佛旦當初竟然答應巨人族，神殿完成後，將掌管青春的女神佛萊亞給巨人，做為報酬。佛萊亞跑來向佛旦求救，兩位巨人法索德和法弗納緊緊地尾隨其後，前來向佛旦索取當初應允的報償。咚內[1]和佛洛[2]挺身而出，試圖保護佛萊亞不被帶走，差點和巨人爆發衝突。佛旦忙著安撫雙方，心裡卻咕噥著，火神洛格為何還不露面。原來佛旦當初係採納洛格的緩兵之計，才答應將佛萊亞做為巨人建造神殿的報償，以便有較多的時間，到世界各地尋找替代品。

洛格終於出現了，卻兩手空空，只帶來了萊茵黃金的故事，也就是阿貝里希搶走了黃金，而萊茵的女兒請求佛旦，幫忙她們取回黃金。在回答眾人對萊茵黃金的問題之同時，洛格亦說明了指環統治世界的力量，以及阿貝里希已經將黃金打成指環的事實。在一旁也聽到一切的巨人，決定要諸神以尼貝龍根的寶藏來換取佛萊亞的自由，話

1 Donner，德文原意「雷」。

2 Froh，德文原意「快樂」。

說完，他們就將佛萊亞帶走了。佛萊亞一離去，諸神很快地變得蒼老，佛旦看到佛萊亞對諸神的重要，決定由洛格帶路，到地底下去找尼貝龍根族，掠奪寶藏。

第三景

阿貝里希取得黃金，打成了指環，得以統治尼貝龍根族，驅策他們，為他四處搜括世界的寶藏，並且逼迫迷魅為他打造一頂許願盔，帶上後不僅可以隱形，還可以隨心所欲地變化外觀。有了指環和許願盔，阿貝里希可以高枕無憂地進行他統御世界的計劃。洛格和佛旦來到尼貝龍根的世界，看到遍體鱗傷的迷魅，得知阿貝里希的力量。洛格用計，誘使阿貝里希展現許願盔的力量，先讓他變成巨大的龍，再變成小的青蛙，在此時，佛旦趁機捕捉了他。

第四景

佛旦和洛格押著阿貝里希，強迫他交出寶藏。阿貝里希為求活命，只好照辦，但求留下指環，以東山再起。洛格則要他也交出指環，阿貝里希不肯，佛旦用暴力搶得指環後，才放阿貝里希離開。重獲自由的阿貝里希，滿懷怨恨，立刻對指環發出詛咒：每一個擁有指環的人都會遭到厄運，直到指環再回到他手中為止。取得指環的佛旦，則絲毫不把阿貝里希的詛咒放在心上。

巨人帶著佛萊亞前來，她的出現讓諸神又恢復了精神。巨人要求必須以黃金蓋過佛萊亞，才能算數。然而，當尼貝龍根的寶藏用完之時，佛萊亞的頭髮還露在外面，法弗納逼著洛格將許願盔蓋上。法索德依依不捨佛萊亞，繞了一圈，還看到她的一個眼睛，就向佛旦要手上的指環，佛旦堅持不給，洛格亦說，那是要還給萊茵的女兒的，於是法索德又要將佛萊亞帶走。雙方正在僵持不下時，大地之母艾兒妲出現，勸佛旦放棄指環，並警告他，諸神終將毀滅。佛旦想多知道一些，艾兒妲又消失了。佛旦將指環交給巨人，兩人爲分寶藏而起了爭執，洛格建議法索德，要那個指環就好，法索德依言而行，卻被法弗納打死。之後，法弗納獨自帶著所有的寶藏離去。諸神看到此景，心中駭然，想起阿貝里希的詛咒，竟立刻應驗了。佛旦決定要找到艾兒妲，以知道更多未來的事情。

諸神攜手進入神殿，洛格不齒諸神的行爲以及他們平日對待他的態度，要重新思考自己的出路。在進入神殿途中，遠處傳來萊茵女兒的嗚咽，諸神卻置之不理。

München.

Königl. Hof- und 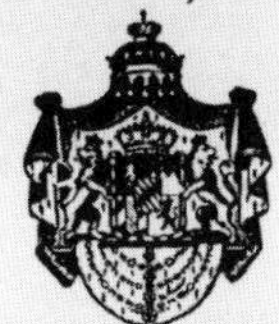 **National-Theater.**

Mittwoch den 22. September 1869.

119" Vorstellung im Jahres-Abonnement:

Zum ersten Male:

Das Rheingold.

Vorspiel zu der Trilogie: „Der Ring des Nibelungen", von Richard Wagner.

Regie: Herr Dr. Hallwachs.

Personen:

Wotan, Donner, Froh, Loge,	Götter	Herr Kindermann. Herr Heinrich. Herr Nachbaur. Herr Vogl.
Alberich, Mime,	Nibelungen	Herr Fischer. Herr Schlosser.
Fasolt, Fasner,	Riesen	Herr Petzer. Herr Bausewein.
Fricka, Freia, Erda,	Göttinnen	Fräulein Stehle. Fräulein Müller. Fräulein E. Seehofer.
Woglinde, Wellgunde, Floßhilde,	Rheintöchter	Fräulein Kaufmann. Frau Vogl. Fräulein Ritter.
Nibelungen.		

Neue Decorationen:

Erstes Bild: In der Tiefe des Rheines, entworfen und ausgeführt von dem kgl Hoftheatermaler Herrn Heinrich Döll.

Zweites Bild: Freie Gegend auf Bergeshöhen am Rhein gelegen, entworfen von dem kgl. Hoftheatermaler Herrn Christian Jank, ausgeführt von demselben und dem kgl. Hoftheatermaler Herrn Angelo Quaglio.

Drittes Bild: Die unterirdischen Klüfte Niebelheims, entworfen von dem kgl. Hoftheatermaler Herrn Christian Jank, ausgeführt von demselben und dem kgl. Hoftheatermaler Herrn Angelo Quaglio.

Textbücher sind zu 18 kr. an der Kasse zu haben.

Preise der Plätze:

Ein Galerienoble-Sitz	3 fl. 30 kr.
Ein Parket-Sitz	3 fl. — kr.
Parterre	1 fl. — kr.
Galerie	— fl. 30 kr.

Die Kasse wird um sechs Uhr geöffnet.

Anfang um 7 Uhr, Ende um halb zehn Uhr.

Der freie Eintritt ist ohne alle Ausnahme aufgehoben
und wird ohne Kassenbillet Niemand eingelassen.

Beurlaubt kontraktlich vom Schauspielpersonal: Frau von **Bulyovszky** bis 31. Oktober.
" " vom Opernpersonal: Herr **Bachmann** bis 4. Oktober.
Beurlaubt auf ärztliche Anordnung vom Schauspielpersonal: Herr **Nüthling** für unbestimmte Zeit.
Krank vom Opernpersonal: Fräulein Therese **Seehofer.**

Der einzelne Zettel kostet 2 kr.

Kgl. Hofbuchdruckerei von Dr. C. Wolf & Sohn.

《萊茵的黃金》1869年慕尼黑首演海報。

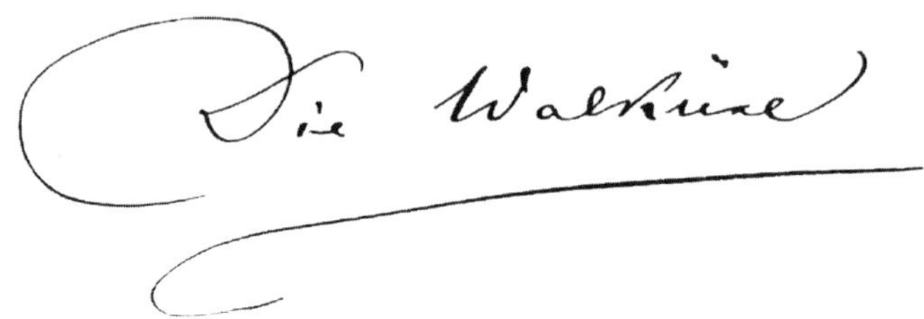

Erster Tag

《女武神》
首日

Personen	**人物**
Siegmund	齊格蒙
Hunding	渾丁
Wotan	佛旦
Sieglinde	齊格琳德
Brünnhilde	布琳希德
Fricka	佛莉卡
Acht Walküren	八位女武神

第一幕

第一景

齊格蒙為逃避敵人追逐，躲入一間屋中，筋疲力盡地暈厥過去。齊格琳德驚訝地觀察著這位突然出現的陌生人，在他逐漸清醒時，端水給他喝，並告訴他這是渾丁的家，她則是渾丁的妻子。兩人都對對方有著莫名的好感。

第二景

渾丁回來了，盡地主之誼招待著這位陌生人。言談中，渾丁證實了齊格蒙正是他追逐的對象，決定饒他渡過這一晚，次日兩人再決生死。渾丁和齊格琳德進房休息。

第三景

齊格蒙一人留在廳中，手無寸鐵，只能怨嘆自己坎坷的命運，落入敵人手中，而當年父親應允他在急難時，會有寶劍出現，在此時卻依然不見蹤影。

齊格琳德在渾丁的飲料中下了藥，待他睡熟後，即自房中出來，和齊格蒙交談。齊格琳德敘述著自己不幸的身世，自小和父兄失散。當年，她被迫嫁給渾丁時，在宴會中，突然出現一位陌生老人，將一把寶劍插入樹中，並言此劍將屬於能將它自樹中拔出的人。多年來，至今沒有人能將劍拔出來。由齊格蒙先前的敘述中，齊格琳德已然瞭然，他們就是失散多年的雙胞胎，齊格蒙應該就是那個唯一可以將劍自樹中拔出的人。不僅如此，兩人在一見面時，都已愛上了對方。齊格蒙果然成功地拔出樹中的劍，命名為「諾盾」。一對雙胞胎戀人即帶著劍，相偕逃亡。

第二幕

第一景

佛旦命令他心愛的女兒布琳希德，在齊格蒙和渾丁的決鬥中，要幫助齊格蒙獲勝。父女正在交談時，布琳希德遠遠地看到佛莉卡怒氣沖沖地前來，於是識相地趕緊避開。

身爲婚姻的守護神，佛莉卡接受渾丁對雙胞胎戀人的控訴，前來向佛旦興師問罪。佛旦揚言二人係因愛而結合，齊格蒙自己拔出了劍。佛莉卡則道破這一切都是佛旦所安排，並言佛旦想藉著齊格蒙的手拯救諸神，是不可能的，因爲齊格蒙雖然很辛苦地長大，但是佛旦一直暗中庇佑著他。佛莉卡更對佛旦的婚外風流行爲，大加撻伐，要求佛旦不得再保護他的兒子齊格蒙，也不得令女武神保護齊格蒙。佛旦無奈，只有答應。

第二景

佛莉卡離開後，布琳希德看到佛旦的垂頭喪氣，意識到方才的爭執非同小可。在她的追問下，佛旦對他最心愛的女兒道出多年前的往事：年輕氣盛的佛旦不惜一切代價，追求統治世界的權力，卻捨不得放棄人間情愛。尼貝龍根族的阿貝里希則發誓拒絕情愛，取得黃金打成指環，擁有統治世界的力量。佛旦在洛格的慫恿下，用計騙得指環，又在艾兒妲的警告下，放棄了指環。佛旦想多知道些未來的事，於是以情愛自艾兒妲口中套取消息，艾兒妲並爲他生了布琳希德。佛旦將布琳希德和其他八個姐妹一同養大，組成一隻女武神的隊伍，她們爲佛旦收集在戰爭中死亡的英雄，將他們帶到神殿，護衛著諸神。但是若指環回到阿貝里希手中，這一切防護都將無效。指環現在由法弗納看著，佛旦和阿貝里希都想自法弗納處拿到指環。佛旦不能親自下手，因爲他依著當年和法弗納訂下的合約，將指環交給了法弗納。

佛旦必須經由第三者方能取得指環，因此，佛旦和威松族的人生下了齊格蒙，讓他自己長大，希望能藉他的手拿到指環，才好安心。爲了保護齊格蒙，佛旦應允他一把寶劍。但是這一切計劃都被佛莉卡看穿，一語道破他計劃的不可行，更因雙胞胎的破壞婚姻契約行爲，進而要求制裁齊格蒙。佛旦至此才明白，當年他曾接觸了指環，雖然適時逃過一劫，但指環的咒語並未放過他，他將失掉、甚至毀掉所有他心愛的一切。在得知阿貝里希強迫一女子懷了他的孩子後，佛旦總算明白了艾兒妲的話中玄機，阿貝里希的孩子將會爲他奪得指環，這也將是諸神毀滅的時刻，沮喪的佛旦但求這一刻到來。

佛旦並指示布琳希德，在齊格蒙和渾丁的戰爭中，要依佛莉卡的意思，爲渾丁而戰。布琳希德不解地問佛旦，他明明深愛著齊格蒙，爲什麼要齊格蒙戰死。佛旦大怒，斥責布琳希德，並再次強調齊格蒙必須死去。布琳希德懷著沈重的心情，前去執行任務。

第三景

在逃亡途中，齊格琳德已接近崩潰的邊緣，齊格蒙扶持著她，並要她休息一下。齊格琳德雖與齊格蒙相愛，卻又自慚形穢，也意識到自己破壞了婚姻盟約，讓心愛的齊格蒙陷入危險中。她徘徊在各種極端情緒之間，幾近歇斯底里，產生看到齊格蒙慘死的幻象，最後終於暈厥過去。確定她仍活著之後，齊格蒙細心地呵護著她。

第四景

布琳希德找到齊格蒙，向他宣告他的命運：她將帶他去佛旦的神殿。齊格蒙在得知齊格琳德不能同行後，聲稱兩人要同生同死，寧願手刃齊格琳德，不能任其孤單一人活著。布琳希德被兩人的愛情感動，決定違反佛旦的命令，保護齊格蒙。

第五景

渾丁找到齊格蒙，兩人交手。齊格琳德被雷聲驚醒，聽到兩個男人的爭戰聲。布琳希德護衛著齊格蒙，佛旦及時趕到，以他的矛毀了齊格蒙的劍，布琳希德亦無法繼續保護齊格蒙，渾丁得以殺死齊格蒙。齊格琳德聽到齊格蒙倒下的聲音，再度暈厥。布琳希德倉皇逃走，離開前，她撿拾了齊格蒙斷劍的碎片，並救走了齊格琳德。佛旦心碎地看著齊格蒙的屍體，嫌惡地賜死渾丁，又再度回到現實中，決定要懲罰違反命令的布琳希德。

第三幕

第一景

八位女武神吆喝著，忙著將戰死英雄的屍體運回神殿。她們驚訝地看到布琳希德神色倉皇地前來，還帶著一位女子。在得知發生的事情後，衆人都不敢幫助她。齊格琳德恢復神智後，只求一死，以和齊格蒙再聚。在布琳希德告訴她，她懷了齊格蒙的孩子後，齊格琳德又有了活下去的意念，向衆女武神求救。布琳希德要齊格琳德一人逃走，她則留下和佛旦週旋。衆女武神建議齊格琳德向東邊去，因爲法弗納在東邊的林子裡，看守著寶藏，佛旦則從不去那裡。布琳希德將斷劍交給齊格琳德，並爲她肚中的孩子命名爲齊格菲。齊格琳德萬般感激，滿懷希望地逃走了。

憤怒的佛旦追了上來，女武神們將布琳希德藏在她們當中，並爲她求情。

第二景

在佛旦的怒斥聲中，布琳希德自動出來受罰。佛旦決定削去她女武神的身份，逐出天庭，讓她長睡在山頭，直到有個男人找到她爲止，她就得嫁他爲妻。衆女武神被這個嚴厲的懲罰嚇到了，試圖求情，佛旦則更進一步禁止她們再和布琳希德接觸，衆女武神在驚嚇中退去。

第三景

布琳希德和佛旦父女兩人再度獨處，回顧著發生的這些事。佛旦承認布琳希德所作所爲，才是他衷心所盼的，但是他也無力去改變這一切。布琳希德告訴佛旦，齊格琳德懷孕了。佛旦則拒絕保護齊格琳德，並決定執行對布琳希德的懲罰。布琳希德見大勢已定，只能接受懲罰，但她請求佛旦，在她長睡時，於四週築起火牆，以嚇阻膽小的人找到她。佛旦答應了她的請求，親吻她的雙眼，布琳希德陷入了長眠。佛旦則不僅在她四週築起火牆，還加了一道障礙：任何人在進人火牆之前，必須先通過佛旦的矛。

München.

Königl. Hof- und  **National-Theater.**

Sonntag den 26. Juni 1870.

Außer Abonnement:

Zum Vortheile des Hoftheater-Pensions-Vereines:

Zum ersten Male:

Die Walküre.

Erster Tag aus der Trilogie: „Der Ring des Nibelungen," in drei Aufzügen von Richard Wagner.

In Scene gesetzt vom K. Regisseur Herrn Dr. Hallwachs.

Personen:

Siegmund	Herr Vogl.
Hunding	Herr Bausewein.
Wotan	Herr Kindermann.
Sieglinde	Frau Vogl.
Brünnhilde	Fräulein Stehle.
Frika	Fräulein Kaufmann.
Helmwige,	Frau Possart.
Gerhilde,	Fräulein Leonoff.
Ortlinde,	Fräulein Müller.
Waltraute,	Fräulein Hemauer.
Siegrune, } Walküren	Fräulein Eichheim.
Grimgerde,	Fräulein Ritter.
Schwertleite,	Fräulein Seehofer.
Roßweiße,	Fräulein Tyroler.

Neue Decorationen:

Im ersten Aufzuge: **Das Innere eines Wohnraumes**, erfunden und ausgeführt von dem K. Hoftheatermaler Herrn Jank.

Im zweiten Aufzuge: **Wildes Felsengebirg**, erfunden und ausgeführt von dem K. Hoftheatermaler Herrn Döll.

Im dritten Aufzuge: **Auf dem Gipfel eines Felsberges**, erfunden und ausgeführt von dem K. Hoftheatermaler Herrn Döll.

Die großen **Wolkenzüge** im zweiten und dritten Aufzuge sind nach Angabe des K. Hoftheatermalers Herrn Angelo Quaglio gefertigt.

Die dekorativen Arrangements und Maschinerieen sind nach Angabe des Großherzogl. Hoftheater-Maschinisten Herrn Karl Brandt in Darmstadt von diesem und dem hiesigen Hoftheatermaschinisten Herrn Friedrich Brandt ausgeführt.

Die Costüms, Waffen, Requisiten ꝛc. sind nach Angabe des technischen Direktors Herrn Franz Seitz gefertigt.

Die scenische Einrichtung erfordert nach jedem Aufzuge eine Pause von 30 Minuten.

Textbücher sind zu 18 kr. an der Kasse zu haben.

(Die scenischen Angaben der bei Schott's Söhnen in Mainz im ausschließlichen Verlag erschienenen Texte stimmen mit denen der Partitur häufig nicht überein. Da die letztere im scenischen Arrangement maßgebend sein mußte, sind die Abweichungen nach dieser Richtung hin von der Angabe des Textbuches diesem Umstande ausschließlich zuzuschreiben.)

Außer dem Textbuche ist noch eine kurze Darstellung der Handlung des Rheingolds und der Walküre mit Erläuterungen auf den Grund der Mythe und Sage von Franz Müller an der Kasse zu 6 kr. zu haben.

Preise der Plätze:

Eine Loge im I. und II. Rang für 7 Personen 21 fl. — kr.	Ein Galerienoble-Vorderplatz . . . . . . 4 fl. — kr.
Ein Vorderplatz . . . . 3 fl. 30 kr.	Ein Galerienoble-Rückplatz . . . . . . 3 fl. — kr.
Ein Rückplatz . . . . 2 fl. 30 kr.	Ein Parketsitz . . . . 3 fl. — kr.
Eine Loge im III. Rang für 7 Personen . 14 fl. — kr.	Parterre . . . . 1 fl. — kr.
Ein Vorderplatz . . . . 2 fl. 30 kr.	Galerie . . . . — fl. 30 kr.
Ein Rückplatz . . . . 1 fl. 30 kr.	
Eine Loge im IV. Rang für 7 Personen . 9 fl. — kr.	
Ein Vorderplatz . . . . 1 fl. 30 kr.	
Ein Rückplatz . . . . 1 fl. — kr.	

Die Kasse wird um fünf Uhr geöffnet.

Anfang um 6 Uhr, Ende um 11 Uhr.

Der freie Eintritt ist ohne alle Ausnahme aufgehoben und wird ohne Kassenbillet Niemand eingelassen.

Repertoire: Montag den 27. Juni: (Im K. Residenz-Theater) Zum ersten Male: **Gut gibt Muth**, Lustspiel von G. zu Putlitz.
Dienstag den 28. „ : (Im K. Residenz-Theater) **Der zerbrochene Krug**, Lustspiel von Kleist. Hierauf: **Des Nächsten Hausfrau**, Lustspiel von Julius Rosen.
[illegible] (Im K. Hof- und National-Theater) **Außer Abonnement: Zum ersten Male wiederholt:**

《女武神》1870年慕尼黑首演海報。

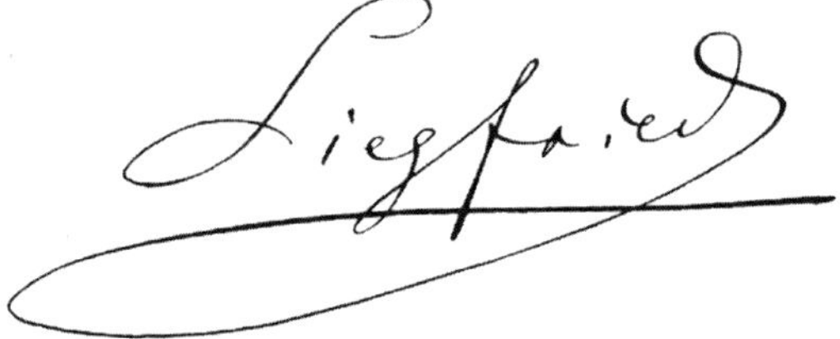

Zweiter Tag

《齊格菲》
次日

Personen　人物

Personen	人物
Siegfried	齊格菲
Mime	迷魅
Der Wanderer	流浪者
Alberich	阿貝里希
Fafner	法弗納
Erda	艾兒妲
Brünnhilde	布琳希德

第一幕

第一景

迷魅試著爲齊格菲鑄劍，但一如以往，齊格菲回來後，將迷魅做好的劍一撇就斷了。齊格菲譏笑迷魅做的劍不經用，更追問迷魅自己生父母的來歷，迷魅先是說他就是齊格菲的父親兼母親，在齊格菲暴力相逼下，迷魅才告訴齊格菲當年的故事：齊格琳德在林中臨產時，迷魅找到她，並幫助她生產。齊格琳德生下齊格菲後去世，臨死前，將嬰兒和齊格蒙的斷劍託付給迷魅。齊格蒙知道自己的身世後，要迷魅將斷劍重鑄，就又出門去了。

第二景

迷魅正苦惱著如何將斷劍鑄回之時，佛旦裝扮成流浪者出現。流浪者要迷魅招待他，迷魅卻很不願意，堅持要他走。流浪者聲稱自己知道很多事，並願以自己的頭打賭，讓迷魅問他三個問題。迷魅急於打發他走，於是接受流浪者的建議，問了三個問題：尼貝龍根族、巨人族和諸神族，流浪者都毫不猶疑地答對了。接著，流浪者也以同樣的相對條件，亦即以迷魅的頭爲賭注，要問迷魅三個問題，如果他答不出來，就得輸掉他的頭。迷魅這才知道碰上難纏的對象，只有無可奈何地答應。流浪者的前兩個問題：威松族和諾盾劍，迷魅都答對了。第三個問題：誰能將斷劍鑄回，則難倒了迷魅。流浪者告訴他：只有學不會什麼是「怕」的人，才能將斷劍鑄回。流浪者更進一步告訴迷魅：雖然他贏了迷魅的頭，但決定讓它暫時寄在迷魅肩上，因爲學不會什麼是「怕」的人，自會取得這個頭。說完，流浪者就走了。

第三景

迷魅陷入了害怕中。齊格菲回來，質問迷魅鑄劍的情形，迷魅告知，只有學不會什麼是「怕」的人，才能將斷劍鑄回。迷魅的話激起齊格菲的好奇心，想進一步知道究竟。迷魅告知在東邊林子的盡頭，可以學會「怕」。齊格菲要求迷魅立刻鑄好斷劍，迷魅承認無法將劍接回，又重覆那句話。齊格菲大怒，決定自己來。在他不按牌理出牌的鑄劍方式之下，斷劍居然重行接回。迷魅在旁看到這個過程，逐漸明瞭，齊格菲即是那位學不會什麼是「怕」的人，自己亦將葬身其手。他決定先下手爲強，在齊格菲忙於鑄劍時，迷魅則忙於調配有毒的湯，兩人都完成自己所要的東西。

第二幕

第一景

在森林中，阿貝里希和裝扮成流浪者的佛旦不期而遇，兩人鬥嘴一場，其實兩人都是爲了觀察法弗納的動靜而來。流浪者甚至將化成大蟲的法弗納叫醒，警告他，將有一位強壯的年青人前來要他的命，阿貝里希亦說同樣的話。法弗納則不予理會，又回窩裡睡覺。兩人亦退到一旁。

第二景

迷魅帶著齊格菲，來到法弗納藏身和守護寶藏的地方。齊格菲滿心希望，能由大蟲處學會什麼是「怕」，否則他亦將離開迷魅，到他處繼續學。迷魅則語帶玄機地說，若他在此學不會，在別處也學不會了。齊格菲嫌惡地要迷魅走開，迷魅正好高興地在一旁，坐山觀虎鬥。

齊格菲一人想著心事，自問著一堆他想不通的問題，愈等愈無聊，於是吹起自己的號角，號角聲引來了以大蟲姿態出現的法弗納。齊格菲高興地要學什麼是「怕」，並說若學不會，就要解決法弗納。法弗納則表示自己原本要出來喝水，沒想到居然還有食物可吃。雙方爭執起來，齊格菲以諾盾劍刺入法弗納的心。垂死的法弗納，想起自己和兄弟法索德的死於非命，警告齊格菲，要小心鼓動他來此地的人，齊格菲完全不懂法弗納的話，只告訴他自己叫「齊格菲」。法弗納在重覆這個名字後死去。齊格菲不自覺地舔著手指上的血，居然漸漸聽懂了林中鳥兒的話。鳥兒告訴他進洞去找寶藏，並告訴他許願盔和指環的魔力。齊格菲依言進洞。

第三景

洞外，阿貝里希和迷魅又見面了，迷魅財迷心竅，面對沒有許願盔和指環的阿貝里希，也不再害怕。兩人為如何分寶藏爭執不下，看到齊格菲出來，拿著許願盔和指環，阿貝里希趕緊躲起來。齊格菲雖擁有這兩樣東西，亦不知究竟有何用。此時，鳥兒又說話了，它警告齊格菲，要注意迷魅的心懷不軌。如今的齊格菲不僅懂鳥語，還聽得出迷魅真正的心底話，知道迷魅要毒死他，一怒之下，拔劍殺了迷魅，阿貝里希則在暗處偷笑。殺了迷魅後的齊格菲，依舊覺得很無聊，於是問鳥兒，他現在要做什麼。鳥兒告訴他，去找最美好的女子布琳希德，娶她為妻。齊格菲依著鳥兒的話，高興地出發了。

第三幕

第一景

佛旦叫醒長睡中的大地之母艾兒妲，問她以後的事。艾兒妲答以不知，並對佛旦的諸項作爲表示不滿。佛旦告訴艾兒妲，他不再害怕諸神的毀滅，因爲他威松族的後代齊格菲，已在完全自由的情形下，取得指環，由於齊格菲不知道什麼是怕，將能解去阿貝里希的咒語。齊格菲並將叫醒布琳希德，娶她爲妻。以布琳希德的聰明，他們將會做出解脫世界的舉動。因此，艾兒妲亦可以安心長睡了。

第二景

齊格菲跟著鳥兒前往尋找布琳希德，途中遇到了佛旦化身的流浪者。在對話中，齊格菲知道眼前這位人士，就是當年擊斷父親劍的人。齊格菲要爲父報仇，舉起劍砍斷了佛旦的矛，佛旦在讓布琳希德長睡時，多加的另一道禁制，要通過火牆者得先通過他的矛，於是亦被解除了。

第三景

齊格菲穿過火牆，找到了沈睡著的布琳希德，感受到從未有過的感覺。齊格菲出於本能，吻了布琳希德。布琳希德被吻醒後，看到齊格菲，滿心歡喜，卻也知覺，自己如今已非神族。她經過一番內心爭戰，終於全心接受齊格菲的愛。

Götterdämmerung

Dritter Tag

《諸神的黃昏》
三日

Personen	**人物**
Siegfried	齊格菲
Gunther	昆特
Hagen	哈根
Alberich	阿貝里希
Brünnhilde	布琳希德
Gutrune	古德倫
Waltraute	瓦特勞特
Die Nornen	命運之女
Die Rheintöchter	萊茵的女兒
Mannen. Frauen.	衆男人。衆女人。

序幕

夜晚裡，大地之母艾兒妲的三個女兒，命運之女，一邊織著智慧之繩，一邊敘述著，佛旦付出一隻眼睛爲代價，取得統治世界的矛，這隻矛如今被砍斷，諸神即將滅亡。在談到阿貝里希取得萊茵的黃金以及被詛咒的指環時，她們發覺繩子被岩石割鬆了，想要搶救已來不及，繩子斷了，她們亦無法再知道其他的事，於是匆忙回到大地之母那兒去。

天亮了，齊格菲和布琳希德話別，他打算去看一看這個世界。布琳希德雖不捨，但亦不願違逆齊格菲的願望。她將馬兒送給齊格菲代步，並警告他，不忠會帶給他不幸。齊格菲則將手上的指環送給她，兩人依依告別。齊格菲漸行漸遠，沿著萊茵河而下。

第一幕

第一景

在季比宏族的大廳裡，統治者昆特、古德倫兄妹，和他們同母異父的兄弟哈根在聊天。昆特和古德倫對這位兄弟的才智都很佩服，唯言是聽。哈根表示，這兩位兄妹都尚未成親，是一大缺憾，並向他們推薦布琳希德和齊格菲，是他們理想的對象，但是只有齊格菲的英勇，才能穿過火牆，得到布琳希德。他並建議，讓齊格菲去爲昆特贏得布琳希德，以藥酒讓齊格菲愛上古德倫，兩兄妹都覺得這個建議很好，急於見到齊格菲。哈根告訴他們，齊格菲正在來此地的路上。說著說著，齊格菲就到了。

第二景

昆特向齊格菲表示歡迎之意，哈根則打探尼貝龍根寶藏的情形。齊格菲表示，他身上只有許願盔；哈根問起指環，齊格菲答以一位女士保管著，哈根立刻知道指環在布琳希德處。言談間，古德倫進來了，手上拿著以牛角裝著的藥酒，請齊格菲用，齊格菲輕聲地遙祝布琳希德後，將藥酒喝了。當他的眼光再度掃過古德倫時，立刻愛上了她，並向她求婚。齊格菲問昆特結婚否，後者答以尚未，但心目中已有對象，只是要贏得她，必須穿過火牆。齊格菲表示，願意爲昆特去得到布琳希德，只要昆特答應，將古德倫嫁給他。昆特問齊格菲要怎麼做，齊格菲表示，可以用許願盔變化成昆特的模樣，即可用昆特的身份，得到布琳希德。兩人於是歃血爲盟，結爲兄弟，哈根則託辭自己血統不純，不好加入。齊格菲和昆特約好，一天後將人交到昆特的船上，由昆特將布琳希德帶回來。兩人就立刻出發了，留下哈根看家。

第三景

布琳希德一人在家，看著齊格菲留下的指環，想念著他。突然聽到，那曾經很熟悉的女武神的聲音，自遠而近，原來是一位女武神姐妹瓦特勞特來拜訪她。布琳希德見到故人，又驚又喜，前去歡迎，卻沒有注意到瓦特勞特的形色倉皇。布琳希德想起諸多往事，敘述著過去的事，漸漸地，她注意到瓦特勞特的臉色不對，於是問她，爲何來到此地。瓦特勞特告訴她，佛旦自從處罰了布琳希德後，再也不派女武神們出任務，自己則以流浪者的姿態漫遊各地。最近他回到神殿，手上握著的，則是被砍斷的矛。佛旦召集衆人聚在廳中，囑人砍下橡樹，堆在神殿中，一言不發地坐著。大家都嚇壞了，在瓦特勞特苦苦哀求下，佛旦才說，只有布琳希德將戒指還給萊茵的女兒，諸神才得免於毀滅。因此，瓦特勞特才不顧佛旦的禁令，前來找布琳希德。布琳希德聽得一頭霧水，瓦特勞特看到布琳希德手上的戒指，知道就是她要找的，要布琳希德將它還給萊茵的女兒。布琳希德不願意將齊格菲給她的信物，隨便處理，怒斥瓦特勞特，她只好快快而去。

布琳希德又回到一人的世界裡，突然間，她聽到齊格菲的號角自遠而近，高興地上前迎接，看到的卻是昆特的模樣。布琳希德驚駭地問他是誰，來人答以是昆特，要娶她爲妻。布琳希德試圖藉指環的力量趕走來人，卻亦無用，化成昆特的齊格菲看到指環，即以暴力將它取下，做爲布琳希德和昆特成親的信物，並逼布琳希德進房。爲了維持並證明自己對兄弟的義氣和清白，齊格菲決定將寶劍豎在二人中間過夜。

第二幕

第一景

睡夢中，留守的哈根看到父親阿貝里希前來，囑他不要忘了自己的任務，謀害齊格菲，取得指環。

第二景

齊格菲興高采烈地先一步回來見他的新娘，並告訴哈根和古德倫，他如何得到布琳希德。遠處已可以看到昆特的船，於是古德倫囑哈根喚來衆人，準備婚禮。

第三景

哈根喚來衆人，到岸邊迎接昆特。

第四景

昆特牽著布琳希德上了岸，後者臉色蒼白，腳步搖晃。布琳希德看到齊格菲和古德倫這一對時，臉色大變，當她發現齊格菲竟然不認識她時，心中更是惶惑，差些昏倒。齊格菲忙著扶住她，布琳希德看到齊格菲手上的指環，雖然不知這一切究竟是怎麼回事，但是很確定，當晚自她手中取得指環的人，應是齊格菲，而不是昆特。昆特對指環之事茫然不知，齊格菲則表示指環係他殺死大蟲得到的。布琳希德於是控訴齊格菲當晚和她燕好，衆人大驚，責怪齊格菲。齊格菲則辯稱他是清白的，有當晚橫在兩人中間的寶劍爲證。哈根建議以他的矛起誓，齊格菲誓言，如果布琳希德控訴爲實，將死於此矛之下。布琳希德則反控齊格菲已違背誓言，將死於此矛之下。齊格菲要昆特好好安慰布琳希德，擁著古德倫，帶著衆人離去，繼續準備婚禮。

第五景

哈根向布琳希德表示，願意爲她效勞，洗刷恥辱，憤怒的布琳希德接受了哈根的建議，告訴他，只有由背部下手，才能殺死齊格菲，兩人並邀昆特加入行列，三人結盟，要除去齊格菲。

第三幕

第一景

三個萊茵的女兒在萊茵河邊嬉戲，齊格菲追一頭野獸追到河邊，看到她們，於是向她們詢問是否看到這頭野獸。萊茵的女兒向他要手上的指環，齊格菲作勢要給，在萊茵的女兒告訴他，指環會帶給他不幸後，齊格菲又將指環帶回手上，無視於萊茵女兒的警告，萊茵的女兒表示就在今日，會有一位女子得到此指環，並交還她們。之後，她又消失在水中了 。

第二景

打獵的隊伍追上了齊格菲，衆人坐下休息用餐。哈根問起齊格菲以前的事情，齊格菲看到兄弟昆特臉色不好，於是敘述自己以前的故事，來取悅他。齊格菲自迷魅養大他說起，到殺了大蟲，懂得鳥語，又說起，鳥兒告訴他取指環和許願盔，又警告他小心迷魅。之後，哈根遞給他下了解藥的飲料，於是齊格菲想起了穿過火焰，找到布琳希德之事。就在昆特大爲驚訝之時，天上飛過兩隻烏鴉，哈根問齊格菲那兩隻烏鴉說些什麼，齊格菲驀地起身，背對著哈根，尚未回答，哈根即將矛刺進他的背。昆特和衆人均來不及阻攔。垂死的齊格菲唱出對布琳希德的愛，之後，闔然長逝。

穿越萊茵河，衆人將齊格菲的屍體帶回季比宏大廳。

第三景

古德倫在廳中焦急地等待，見到的卻是齊格菲屍體，暈厥過去。再度醒來後，埋怨昆特等人殺了齊格菲。昆特表示是哈根，哈根亦承認是他下的手，並表示指環應屬於他。昆特認爲應是古德倫的，和哈根爭奪之下，昆特亦遭毒手。哈根再度要取得指環，齊格菲的屍體卻自動舉起手，不讓哈根拿指環，衆人大爲驚駭。布琳希德安靜地現身，表明自己才是齊格菲眞正的未亡人，古德倫才知道受了哈根的騙，終於明白，齊格菲喝了藥酒後忘記的髮妻，正是布琳希德。布琳希德命人堆起柴堆，將齊格菲的屍體放在上面，自己則帶上指環，燃起柴堆，火葬齊格菲，並帶著愛馬一同殉情陪葬。火焰愈燒愈旺，突然間，萊茵的河水高漲，河水中出現了三個萊茵的女兒，一直在旁觀看的哈根急著跳入水中，試圖取回指環，卻被萊茵的女兒一同帶入河底，指環則又回到萊茵的女兒手中。河水逐漸退去，火則燒上了天。火光中，可以看到諸神聚集在神殿中，神殿正逐漸爲火吞噬。

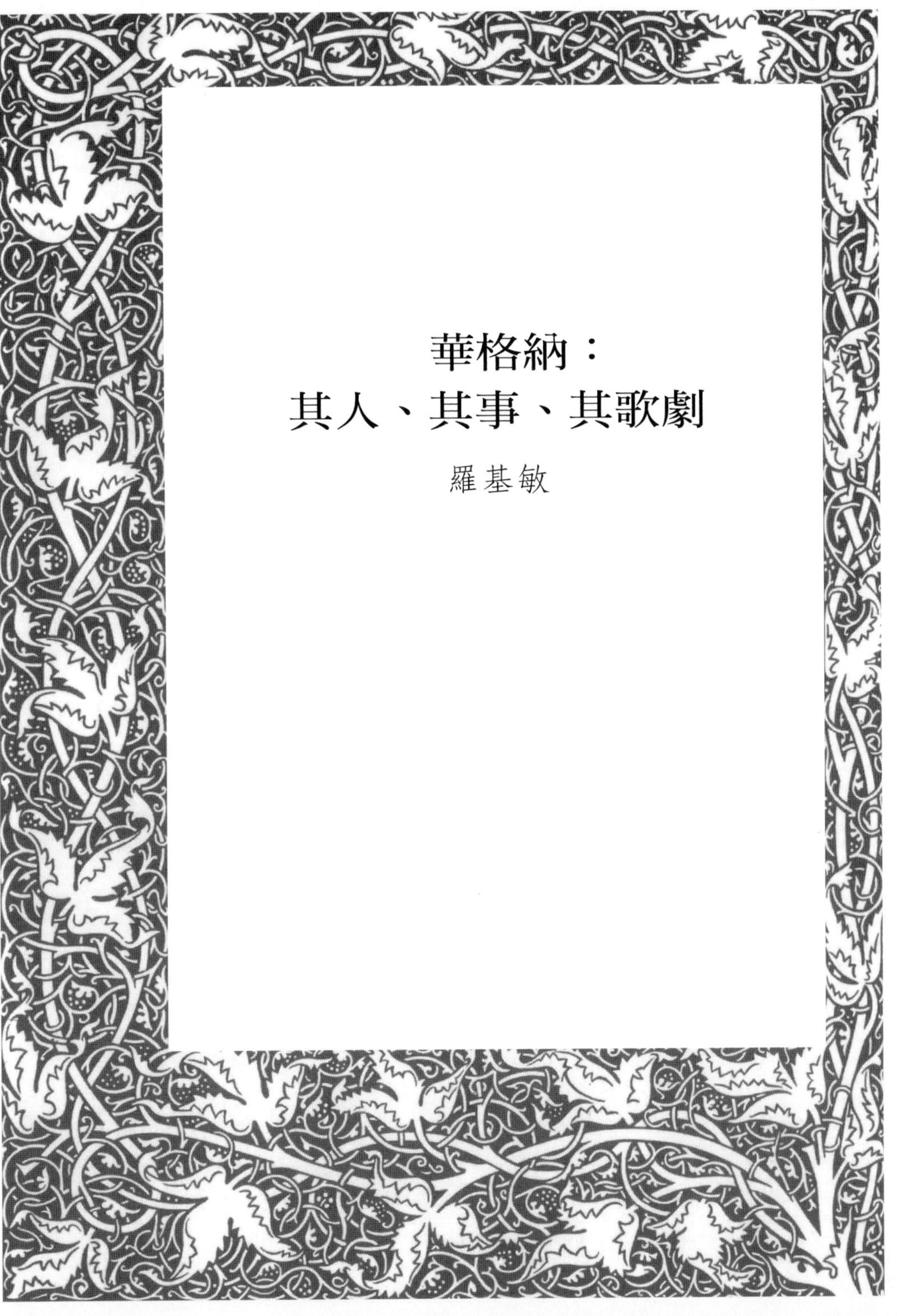

華格納：
其人、其事、其歌劇

羅基敏

十九世紀前半的歐洲，是一個政治動盪的時代。法國大革命帶來了民主思潮，也帶來了許多的紛亂。拿破崙的稱帝和在歐洲各地的南征北伐，添加了更多的遍地烽火。在如此的外在環境下，華格納(Richard Wagner, 1813-1883)在萊比錫(Leipzig)出生，在德勒斯登(Dresden)長大。兩地當時文化中心的地位，提供了良好的環境，讓他得以發展個人對音樂、文學、戲劇等等多方面的興趣和才能。但是，萊比錫與德勒斯登的政治中心地位，亦讓年輕的華格納充滿了對政治的抱負和理想，在音樂工作之外，參與一些政治活動。薩克森(Sachsen)王國的政治局勢發展，終於使得他無法在德勒斯登待下去，而必須長期四處流浪。然而，外在物質生活的不順遂，並未改變他對音樂藝術的堅定不移信念和對自己歌劇創作的信心，棄政治、全力就藝術的決定，終於讓他得以在歌劇創作的領域裡，開創出一條前無古人的革命性道路。

為藝術奮鬥一生

1813年五月廿二日，華格納於萊比錫出生，半年後，他的父親過世。次年，華格納的母親改嫁蓋爾(Ludwig Geyer)，一位話劇演員、畫家，也是詩人。華格納全家也隨之遷往德勒斯登，華格納也在此長大，成長在充滿藝文氣息的家庭裡。蓋爾在1821年過世。1827年底，華格納回到萊比錫，在那裡上中學和大學，這段期間，他熱愛文學的親叔父亦對他有著直接的影響，帶領他閱讀了許多文學作品。

1829年，在經驗了女歌者施若德—德芙莉安(Wilhelmine Schröder-Devrient)的一場精采歌劇演出後，華格納決定要走音樂的路。1830年，他開始學習音樂，並於1831年進入萊比錫大學主修音樂。1833年，華格納就寫了他的第一部歌劇《仙女》(*Die Feen*)。這一年開始，華格納在不同的地方任職，做過合唱團指揮、劇院音樂總監。1843年，他回到德勒斯登，接任皇家常任指揮(Hofkapellmeister)，直至1849年。這段期間，華格納繼續完成了五部歌劇作李斯特(Franz Liszt, 1811-1886), 攝於1856年。

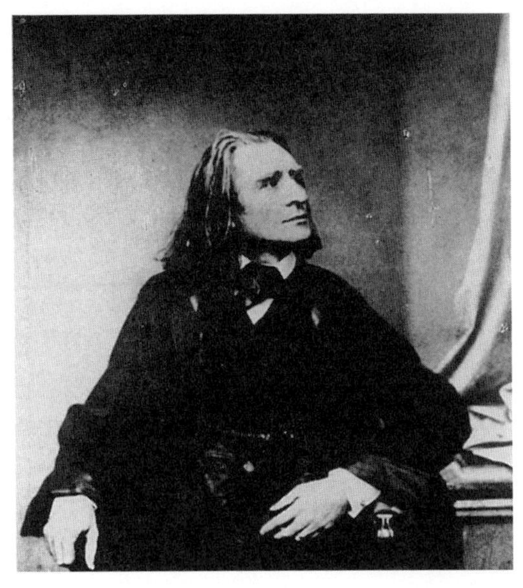

品：《禁止戀愛》(*Das Liebesverbot*)、《黎恩濟》(*Rienzi*)、《飛行的荷蘭人》(*Der fliegende Holländer*)[1]、《唐懷瑟》(*Tannhäuser*)和《羅恩格林》(*Lohengrin*)；是一段相當多產的時代。1849年五月，華格納因參加革命活動被通緝，逃離薩克森王國，至1860年八月，獲部份赦免；直至1862年三月，才獲全部赦免。

1849年至1864年間，華格納四處爲家。在許多歌劇的重鎮如巴黎、維也納等地，推銷自己的作品，尋求演出的機會。除了一些音樂會外，歌劇作品的上演，幾乎全都碰了壁。[2]1861年，《唐懷瑟》終於能在巴黎(Paris)上演，由於衆多因素，引起騷動，華格納主動撤回總譜，停止演出。1859年完成的《崔斯坦與伊索德》(*Tristan und Isolde*) [3]雖然很快付印，然而經多年努力，卻一直找不到適當的歌者，無法首演。這十幾年裡，除了《崔斯坦與伊索德》之外，他還完成了《萊茵的黃金》(*Das Rheingold*)與《女武神》(*Die Walküre*)，也

1 請參考羅基敏，〈《飛行的荷蘭人》：華格納的未來女子〉，羅基敏，《文話／文化音樂：音樂與文學之文化場域》，台北(高談)1999, 3-31。

2 1850年，李斯特(Franz Liszt)在威瑪(Weimar)安排首演了《羅恩格林》，華格納一心想潛回威瑪觀賞，被李斯特攔阻，而未能在場。

3 詳見《愛之死》2003。

開始了《紐倫堡的名歌手》(*Die Meistersinger von Nürnberg*)的寫作；《齊格菲》(*Siegfried*)則因看不到全本《尼貝龍根的指環》(*Der Ring des Nibelungen*)[4]有被演出的可能，在開始了第二幕的音樂後不久，而告暫時中斷。

1864年五月，華格納瀕臨絕望的生命裡，出現了曙光。巴伐利亞(Bayern)國王路德維希二世(Ludwig II)將華格納接到慕尼黑(München)，讓他得以衣食無憂地繼續創作，並且演出他的作品。雖然在1865年年底，華格納必須離開巴伐利亞，移居瑞士琉森(Luzern)，但是他的作品得以在慕尼黑被上演，生活上有著相當的保障；在琉森，華格納完成了《紐倫堡的名歌手》和《齊格菲》，並著手進行《帕西法爾》(*Parsifal*)。1871年，華格納決定在拜魯特(Bayreuth)實現演出《指環》的夢想。次年，他舉家遷往拜魯特定居。在這裡，他於1874年年底完成《諸神的黃昏》(*Götterdämmerung*)。1876年，音樂節開幕，演出全本四晚的《指環》。慶典劇院(Festspielhaus)的特殊音響，給予華格納寫作《帕西法爾》許多靈感。1882年年初完成的這部作品，成為當年第二次音樂節的開鑼戲，也是華格納為慶典劇院寫的唯一一部作品。1883年年初，華格納於威尼斯渡假，心臟病發，於二月十三日逝於該地。[5]

背後的三位女子

華格納不到七十年的生命裡，有過許多異性友人，也發展出程度不同的關係。在這眾多的女性裡，閔娜、瑪蒂德和柯西瑪可稱是最重要的三位。

1834年，華格納認識了話劇女演員閔娜(Minna Planer)；兩人於

4 以下簡稱《指環》。

5 關於各作品的創作及首演時間，請參考本書〈華格納歌劇作品簡表〉。關於華格納於1848至1876年間生命裡更多的細節，請參考本書〈華格納《尼貝龍根的指環》創作至首演年表〉。

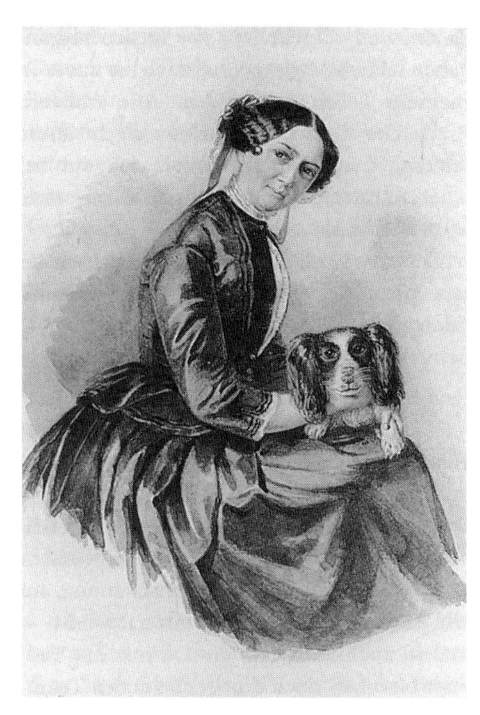
閔娜·華格納(Minna Wagner)。

1836年年底結婚；此時，華格納才廿三歲。婚後，閔娜爲華格納打點甚多，也隨著他四處任職。隨著兩人年歲漸長，或許也由於華格納於1849年之後，必須四處流浪，兩人的婚姻狀況很快地產生了問題，充滿了齟齬。雖然經過雙方多次的努力，希望能重修舊好，但彼此的認知和心理距離相差太遠，終於在1862年中，兩人決定分手。1866年初，閔娜於德勒斯登去世，這段婚姻正式劃上了句點。

1852年二月，華格納流亡到蘇黎世(Zürich)，在此結識了富商魏森董克夫婦，發展出維持了一生的友情。先生奧圖(Otto Wesendonck)在華格納之後的流亡生涯裡，不時伸出援手，給予金錢上的資助。1857年元月，魏森董克在蘇黎世蓋新居，並於新居旁另蓋一棟房子，提供給華格納居住。當年四月，他和閔娜搬入新居，並

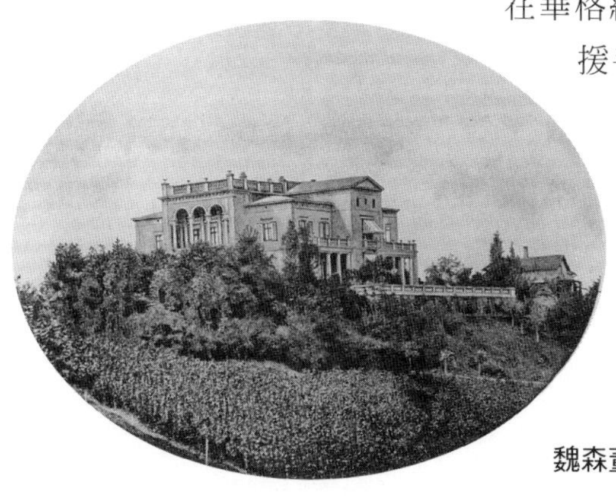
魏森董克的居所，圖片右方為「避難居」。

將其命名為「避難居」(das "Asyl")。八月裡，魏森董克夫婦才遷入自己的新住所。剛搬入時，華格納對於新居很滿意，認為可以在這裡安定下來，專心從事自己的寫作。可惜好景不常，閔娜與魏森董克家發生了衝突，結果雖未對華格納與魏森董克夫婦的友情有嚴重的影響，卻也讓他認為難以在此再住下去，而於1858年八月離開了「避難居」，繼續他的流亡生涯。

閔娜與魏森董克家的衝突並非空穴來風。結識這對富商夫婦後，對於年輕有教養的夫人瑪蒂德(Mathilde Wesendonck, 1828-1902)，華格納很快地有了超乎一般友情的感覺；兩人發展出一段「發乎情，止乎禮」的關係。對於夫君的精神出軌，閔娜很快有所查覺，華格納本人於1855年五月裡，也感覺到閔娜對瑪蒂德的懷疑和醋意。華格納夫婦搬入「避難居」後，華格納與魏森董克家往來更形密切。1858年四月，閔娜攔截了華格納給瑪蒂德的信，將信打開，並要求魏森董克家做解釋，幾乎釀成大醜聞。華格納終於必須採取行動，一方面送閔娜去療養，也同時進行搬離魏森董克家的準備。此時，華格納的《崔斯坦與伊索德》已進行到第二幕的譜曲工作。離開魏森董克家後，華格納和瑪蒂德依舊有著密集的書信往返，這些信件為華格納創作《崔斯坦與伊索德》的心路歷程，以及華格納在創作期間發展出來的音樂藝術理念，留下了見證。

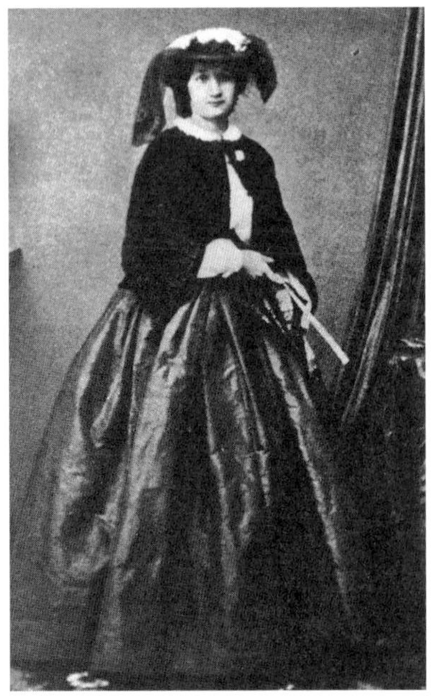

瑪蒂德・魏森董克(Mathilde Wesendonck, 1828-1902)

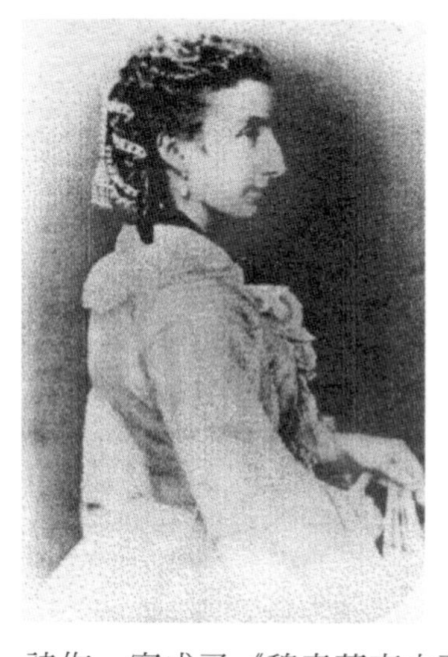

柯西瑪・畢羅(Cosima von Bülow)。

《崔斯坦與伊索德》主角之間的愛情、友情、恩情的糾葛，無疑地，相當程度地反映了華格納這一段刻骨銘心的愛情。華格納對瑪蒂德這位年輕十五歲的紅顏知己的欣賞，更直接顯現在其他的作品裡。早在1853年九月，華格納就爲瑪蒂德寫了一首波爾卡舞曲。1857/58年間，華格納以瑪蒂德的五首詩作，寫成了《魏森董克之歌》(*Wesendonck-Lieder*)，是他至今依舊經常被在音樂會中演出的作品。

1857年九月，華格納此時客居蘇黎世，新婚的年輕指揮畢羅(Hans von Bülow)來此渡蜜月，華格納因而結識了畢羅夫人柯西瑪(Cosima Wagner, 1837-1930)，李斯特與達古夫人(d'Agoult)的非婚生女兒。這也是華格納生命裡三位重要的女性唯一同時在場的時刻。畢羅爲李斯特的得意門生，是當時著名的指揮，非常欣賞和崇拜華格納，爲他的作品演出盡了許多心力。1858年八月，華格納搬出「避難居」時，畢羅與柯西瑪亦在場，並且是畢羅陪著華格納去向瑪蒂德告別。於此可見，華格納和這一對年輕夫婦很快發展出來的友誼。1862年間，由於音樂會的緣故，華格納和畢羅夫婦有著更多的接觸。1863年年底，華格納至柏林拜訪畢羅夫婦，在和柯西瑪單獨進行的午后郊遊裡，兩人互訴了對對方的傾慕，彼此相許。此時的柯西瑪，已和畢羅有了一個女兒。1864年六、七月間，柯西瑪至慕尼黑造訪華格納，決定要長相廝守。從此，兩人出雙入對，柯西瑪雖比華格納小廿四歲，卻成爲華格納生命裡最重要的精神支柱。

1870年七月，畢羅與柯西瑪正式離婚。八月，華格納與柯西瑪在瑞士琉森結婚；此時，兩人已有了三個孩子：大女兒伊索德(Isolde Wagner, 1865-1919)、二女兒夏娃[6] (Eva Wagner, 1867-1942)和兒子齊格菲(Siegfried Wagner, 1869-1930)。柯西瑪於1869年元旦開始寫日記，爲後人留下了許多有關華格納的重要資料。華格納去世後，她主持拜魯特音樂節(Bayreuther Festspiele)，奠定音樂節運作的傳統，眞正地實現了華格納的願望。

歌劇與樂劇

今日在提到華格納的歌劇創作時，較仔細的說法係將它們分爲兩大部份，前面的部份被稱爲「浪漫歌劇」(romantische Oper)，包含到《羅恩格林》的作品；之後的作品則被稱爲「樂劇」(Musikdrama)。此一方式，與其說是因循華格納，不如說是就作品本身之內涵而定。另一方面，一般人習慣以「樂劇」一詞統稱華格納的作品，而不論其爲前期或後期作品，其實亦不爲過。另一方面，某些華格納迷視「樂劇」一詞爲華格納歌劇創作的專利，他人不許使用，則係過度詮釋了「樂劇」一詞與華格納作品的關係。

爲了彰顯自己的歌劇創作有別於前人與同時代的其他作曲家，華格納曾經思考過很多名詞。除了「樂劇」之外，華格納還用過「未來的藝術作品」(Kunstwerk der Zukunft)、「文字聲音戲劇」(Wort-Ton-Drama)、「情節」(Handlung)、「舞台慶典劇」(Bühnenfestspiel)等等，甚至一度表示要稱爲「化爲動作的音樂」(Zur Tat gewordene Musik)。但這些名詞都因其複雜度或無特殊性，僅僅曇花一現，不被沿用。相形之下，「樂劇」一詞相當中性，可隨個人詮釋，其中未必戲劇一定勝過音樂，習用至今日，不僅被用來指涉華格納的作品，甚至其後之歌劇創作，均在其指涉對象之列。

6 《紐倫堡的名歌手》女主角名。

在不同的專書及文章中，達爾豪斯(Carl Dahlhaus)曾經就這個問題，自不同的層面做了探討。他指出，此一名詞雖出自華格納，並在1860年代裡，已成爲指稱其歌劇作品之名詞，但早在1872年，在一篇文章〈談「樂劇」之命名〉(*Über die Benennung »Musikdrama«*)裡，作曲家本人即表明和此名詞保持距離的意向，因爲那聽起來像是「爲音樂的戲劇」(Drama für Musik)；而華格納當年之所以選擇「戲劇」(Drama)一詞，係因爲他的藝術哲學和藝術技術理念乃由此而生的。然則，華格納的主要訴求仍在音樂，使用「戲劇」一詞容易誤導。事實上，這亦是華格納經常招致後世質疑所在，認爲其作品中，戲劇重於音樂，有貶抑音樂之嫌。另一方面，就使用「樂劇」一詞而言，雖然很有開創新的歌劇劇種的味道，但是華格納本人並無意領導一個新的歌劇劇種的誕生。原因在於，華格納自許係前無古人，後無來者，他固然有心開創一代歷史，亦意欲同時將這段歷史劃上句號。諸此種種，造成華格納在選擇名詞上的進退兩難，亦促使他多次嚐試使用不同的名詞，以明心志。[7]最後留下來的，還是短小響亮的「樂劇」一詞。

因之，與其爭論「樂劇」是否能用來指稱華格納以外人士的歌劇作品，不如進一步瞭解，使用「浪漫歌劇」與「樂劇」來標識華格納的前後期作品，會獲得大家共識的原因。

華格納被歸入浪漫歌劇的作品有：《黎恩濟》、《飛行的荷蘭人》、《唐懷瑟》和《羅恩格林》。在這些作品中，十九世紀前半的德語浪漫歌劇(die deutsche romantische Oper)和法語「大歌劇」(Grand Opéra)的影響，清楚可見。德語浪漫歌劇經常自童話或傳說等取材，大自然在其中扮演了很重要的角色，韋伯(Carl Maria von Weber)的

7 Carl Dahlhaus, *Richard Wagners Musikdramen*, Zürich und Schwäbisch Hall (Orell Füssli) [2]1985, 10-11和Carl Dahlhaus, *Wagners Konzeption des musikalischen Dramas*, München/Kassel (dtv/Bärenreiter) 1990 (Regensburg (Gustav Bosse) 1971), 7-15。

《魔彈射手》(*Der Freischütz,* 1821年首演)被視爲是其中的代表作。法語大歌劇則多半以歷史事件爲背景，它們圍繞著男女主角，上演一齣齣的愛情大悲劇。在劇情之外，舞台場面的浩大和芭蕾的不可或缺，則是大歌劇的特色。華格納早期成名的作品中，《黎恩濟》就是一部標準的大歌劇，其他三部作品，在取材上，直接反映了德語浪漫文學的氛圍，在場景以及音樂元素方面，大歌劇的影響亦清晰可見。這些早期作品被通稱爲「浪漫歌劇」，亦自和華格納本人對他的創作看法有關，他自己即稱《飛行的荷蘭人》和《羅恩格林》爲「浪漫歌劇」，卻稱《唐懷瑟》爲「情節」 (Handlung)。[8]

觀察華格納的浪漫歌劇和樂劇作品，可以看到，二者在外觀架構上即有明顯的差別。浪漫歌劇作品依舊維持著典型的「編號歌劇」(number opera)[9]形式，樂劇作品則是一幕一曲，一氣呵成。事實上，就音樂內容而言，《羅恩格林》中已經有很多後期作品的特徵。這一個外觀架構上的差別，源自於華格納本人音樂語言的發展，也是前期浪漫歌劇與後期樂劇的差別所在。就取材而言，華格納的後期作品依舊自神話和傳說中取材，並未脫浪漫歌劇的影響。但在音樂上，他卻得以跳出固有的窠臼，完成自己的音樂戲劇語法，將傳統歌劇以人聲爲主的重心轉移到樂團與人聲的綜合體，更要求演出時，舞台也必須與音樂結合。由此觀之，華格納的「樂劇」係以音樂來主導戲劇的進行，它固然是「劇」，卻有別於以語言呈現的「話」劇，而是以音樂爲核心的「樂」劇，一個新的舞台藝術。透過他親手創立的拜魯特音樂節，華格納的理念終於得以實現，不僅將歌劇的發展帶上「總體藝術」 (Gesamtkunstwerk)的境界，更對他那時代以及後世的藝文發展，有著至今難以估計的影響。

---

8 此點應和他本人對創作每一部作品的理念有關。眾所週知，華格納一直計劃繼續改寫《唐懷瑟》，卻終未能有個滿意的定版。他的遺憾，亦可由他著名的一句「我欠這個世界一部《唐懷瑟》」，可以清楚地看出來。

9 或譯號碼歌劇、數字歌劇等。

回顧華格納的生平，1849年的逃離德勒斯登，是一個無庸置疑的分水嶺。將生平對照作品，會驚訝地發現，在此之前完成的作品，正好也就是被攞入「浪漫歌劇」行列的作品。完成《羅恩格林》與《崔斯坦與伊索德》的時間，前後相差了十一年。表面上看來，似乎是流亡生涯影響了創作速度。然而，華格納在這段時間裡，也寫作完成《萊茵的黃金》、《女武神》與部份的《齊格菲》，其實也持續地思考、發展著自己的音樂語言。並且，沒有了德勒斯登的工作，他更能全心灌注在自己的創作上。由此觀之，1849年的事件，或許是「塞翁失馬，焉知非福」吧！

音樂戲劇語法：
主導動機與其他[10]

拜魯特音樂節的運作和華格納作品的浩瀚，對於愛樂者而言，自有著無比的吸引力。對於音樂界而言，華格納在他的作品裡面發展出來的音樂語法，才是音樂史上的重點。在這些手法中，「主導動機」(Leitmotiv)是最受人矚目的。以《指環》而言，自開始構思到創作完成，歷經廿六年的時間，前無古人。這段期間裡，不僅《指環》的寫作有著多次的中斷，作曲家還完成了其他精采的作品。然而，演出四晚的《指環》，不但是四部完整的個別作品，並且四部相連，無論在音樂結構或劇情進行上，都未出現斷層的現象，這個事實不得不令人驚訝。華格納在構思過程中，對劇情進行的細密思考固是原因，落實在音樂裡，以主導動機爲中心的緊密音樂結構，實是作品成功，並能爲大衆接受的主因。

一般人的認知裡，在劇情進行中，某些角色出現時，會有某個旋律伴隨，這個旋律就是那個角色的主導動機，就像在電影或電視連續

10 請參考梅樂亙，〈神話、敘事結構、音響色澤結構：談華格納研究的樣式轉換〉，羅基敏／梅樂亙，《愛之死》2003，245-258。

劇裡，經常可以聽到的情形般。這個認知其實低估了主導動機的戲劇功能。今日較精密的說法，僅具有如此功能的動機，係被稱為「回憶動機」(Erinnerungsmotiv)，以與具有高度戲劇功能的主導動機做區別。另一方面，「主導動機」一詞最初並非使用在指稱華格納的手法上。因為，早在華格納以前，已有類似的手法被使用，例如韋伯的《魔彈射手》即是一個很著名的例子。所以，這個手法當然也就不是華格納發明的。他對於這個手法的貢獻，係在於將它發揮到了極致，而《指環》的規模，正提供了如此的一個空間。

主導動機的手法更不僅止於旋律，因為音樂本就不是只有旋律，還有和聲、節奏、各種樂器的個別音色、樂團整體表現等等元素，並且這些都是同時進行的。在華格納的浪漫歌劇作品中，主導動機經常和某一固定的調性，例如A大調、e小調，結合在一起。在後期所謂樂劇作品中，主導動機的使用則有多樣的立體變化，不僅會在旋律進行上有所改變，在動機每次出現時，還會伴隨著一個旋律結構外的獨特性，例如和聲的基礎或者配器的音色。這些無窮的變化，組成一個緊密的音樂戲劇網，成就了《指環》的特色。

《指環》中的主導動機眾多，在此僅舉數例，做一個觀念上的介紹。許多主導動機之間有著音樂上的關係，在劇中，這些主導動機代表的人、事、物之間，自然也有著特殊的關係。例如《萊茵的黃金》開始時，華格納以一個降E大調分解和絃，以精妙的配器手法，寫了136小節的音樂，不僅呈現萊茵的河水，也代表了大自然。在全劇中，大地之母艾兒妲只在《萊茵的黃金》和《齊格菲》中各出現一次，但卻是全劇的一位關鍵性人物。在《萊茵的黃金》裡，她現身警告佛旦，諸神將滅亡，要放棄指環；在《齊格菲》裡，她被佛旦喚出，表示她無法再告訴佛旦什麼了，也再次預示了諸神的滅亡。艾兒妲在《萊茵的黃金》裡上場時，可以聽到她的動機，那是大自然動機的小調變型；艾兒妲宣示諸神將毀滅的動機，則是大自然動機的反向進行；佛旦由她那裡得知事情的嚴重性後，內心產生害怕的動機，又是艾兒妲動機的減值音型。換言之，艾兒妲上場後的音樂全部源出於《萊茵的黃金》開始時的分解和絃，但卻有許多變化，而每一個變化都有其指涉的劇情意義。

除了具旋律性的動機外，也有以節奏爲中心做出來的動機，例如巨人族和尼貝龍根族的動機，巨人族笨重，尼貝龍根族輕巧。帶些許神秘味道的指環動機和高貴的、象徵諸神的神殿動機彼此相似，卻不會讓人混淆，清楚表示了指環的去向和諸神的毀滅密不可分。

許多的重要動機都在不止一部戲中出現，串起複雜劇情的前後關係。例如齊格菲在《齊格菲》第三幕裡，吻醒布琳希德的動機，是一個以和絃聲響爲中心的動機。《諸神的黃昏》也是以這個動機開始，但是，還加上了萊茵河波浪的動機，有著許多動機外的戲劇意涵。《諸神的黃昏》第三幕裡，齊格菲被刺，臨死前表達了他對布琳希德不變的愛。這段音樂開始時，使用的是《齊格菲》第三幕布琳希德清醒的動機，聽者聞聲，立時明瞭，臨死的齊格菲又回復記憶，同時也傳達了齊格菲歌詞中的深情和遺憾，直是扣人心弦。

動機並不是一定在人物首次上場時才出現，它也會在人物或劇情尚未出現前，就已經出現，這種情形當然有著特殊的戲劇用意。例如齊格菲的動機以及《指環》全劇最後結束時的解脫動機(Erlösungsmotiv)[11]，都在《女武神》第三幕中，就已經出現。當時的劇情爲布琳希德告知齊格琳德，她已懷有齊格蒙的孩子，布琳希德爲未來的孩子命名爲齊格菲。齊格菲的動機隨著布琳希德的台詞出現，齊格琳德在知道這個訊息後，又起生機，唱出了解脫動機。

除了貫穿全劇的動機外，還有在單獨一劇中有特殊意義的動機，例如《齊格菲》中，迷魅固然將齊格菲養大成人，卻居心叵測，希望他能爲自己奪得指環與寶藏。但是齊格菲對這位養父卻沒有一點感情，只盼知道自己身世後，儘早離開他。第一幕裡，迷魅提醒齊格菲

11 亦有稱其為「救贖動機」者。

養育之恩的小歌，在他被齊格菲逼問身世時，以及他想用藥酒毒害齊格菲時，都片片段段地，夾在音樂中出現。在《諸神的黃昏》第三幕裡，齊格菲對眾人敘說年輕時的故事，提到迷魅撫養他的這一段時，也又可以聽到這個調子。

前面提到的這些動機，主要都是由樂團演奏出來，僅有一部份係同時由歌者唱出。於此可以看到，華格納的主導動機重點不在於人聲，也不在於以動機來伴隨著劇情的進行，而是藉著樂團織成一個綿密的戲劇網；換言之，樂團在全劇中扮演著舉足輕重的角色。這是一個無所不知的樂團(allwissendes Orchester)，它不僅和歌者相呼應，還經常提示聽者過去發生過的事情，並且暗示未來將會發生的事。樂團不僅肩負敘事的功能，還頗有「旁觀者清」的冷靜。經由樂團，主導動機有如人的思想，不僅單獨出現、連續出現，甚至同時出現，在不同的段落中，有不同的設計和意義，串接了全劇，也徹底展現音樂藝術的獨有特性。在華格納筆下，歌劇已不僅是敘述故事或呈現男女情愛的工具，而是對人生有另一種方式的探討。

華格納主導動機的精采手法，卻也有著副作用。將主導動機的運用和故事情節緊密結合的構想，讓聽者、觀者、研究者集中全力，注意主導動機每次出現的用意，討論它如何在舞台上被表達出來，無意之間，忽略了其他精細的設計，例如和聲、配器等。《崔斯坦與伊索德》的成就，帶來了「崔斯坦和絃」一詞的誕生，也吸引音樂學者們卯盡全力，詳盡地研究這個和絃和華格納的和聲手法。另一方面，雖然早在他的《試論華格納》(*Versuch über Wagner*)一書裡，阿多諾(Theodor W. Adorno)已指出，「音色」是華格納音樂語法裡，最有所突破的一環。[12]可惜的是，直至今日，華格納製造音色的配器手法，卻尚未獲得應有的重視。獨重主導動機，忽視其他音樂元素，導致對華格納作品的許多樣板化理解，華格納地下有知，必將大加嘆息！

---

12 Theodor W. Adorno, *Versuch über Wagner*, Gesammelte Schriften, vol. 13, Frankfurt (Suhrkamp) 1971.

華格納一生努力強調的是，歌劇藝術裡的音樂與詩作係密不可分的。他之所以一直堅持自己寫劇本，出發點亦在於此。如何將詩作入樂，傳遞更深的詩意，其重點不僅在於呈現台詞，還在於劇本架構以及其中的場景描述等等；諸多環節，環環相扣，缺一不可，才成就出他與衆不同的作品。由華格納自己的話語，更可以看到，他將觀衆也視爲歌劇演出的重要一環，要大家「張大眼睛看、豎起耳朵聽」，並且還要同時思考，因爲「沒有思考，是不可能有真正的藝術印象的」；[13]換言之，他認爲，聽衆在接觸他的作品時，也要有「總體藝術」的精神，以人類最敏銳的感官加上頭腦的智慧，才能深刻體會到藝術的眞諦。

13 請參考本書〈前言一寫給舞台慶典劇《尼貝龍根的指環》劇本之出版〉一文。

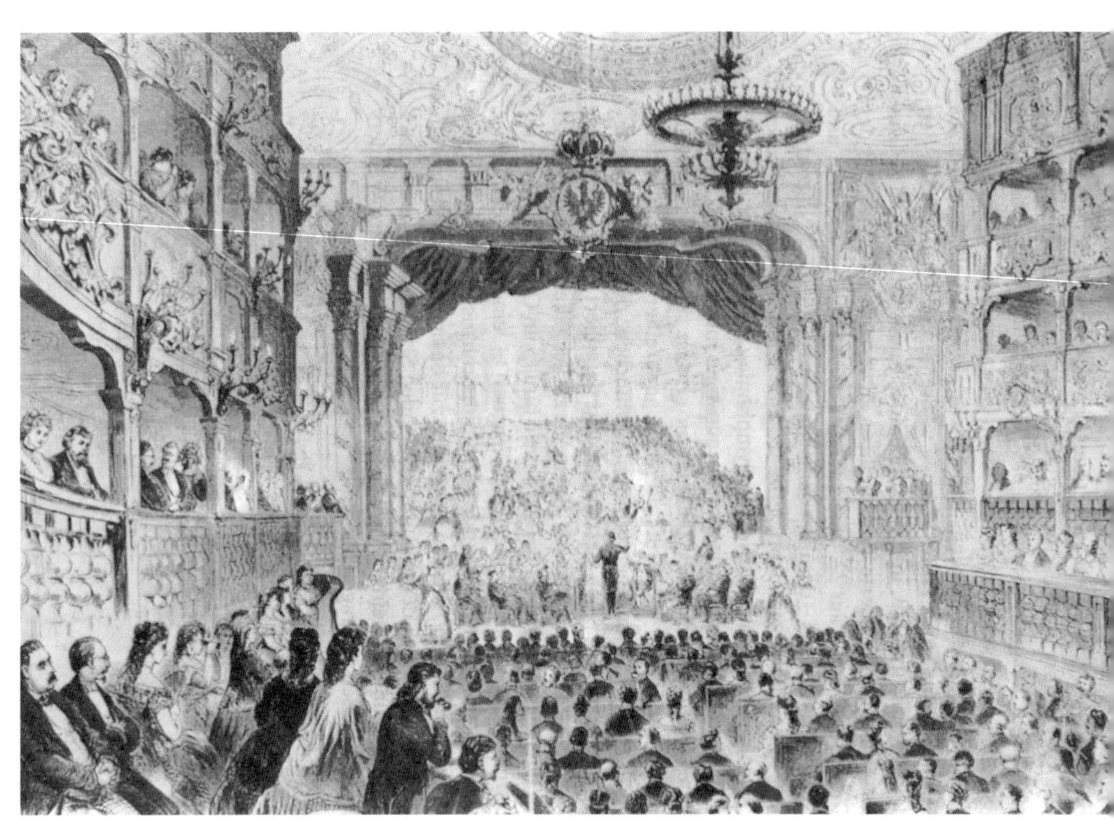

1872年五月廿二日，慶典劇院破土典禮，華格納於拜魯特領主夫人劇院指揮演出貝多芬第九號交響曲。L. Sauter繪。

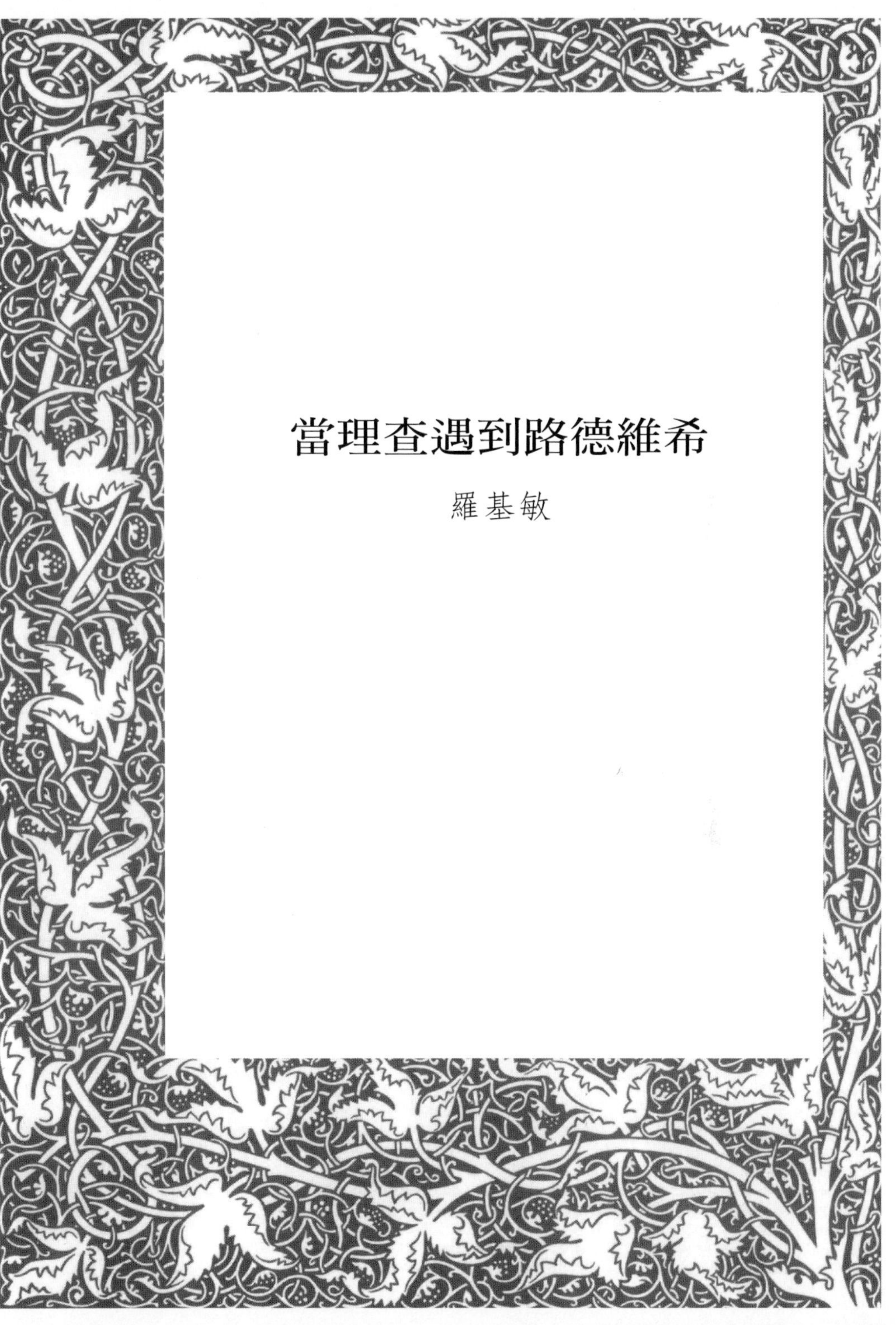

當理查遇到路德維希

羅基敏

1872年五月廿二日，華格納五十九歲生日，拜魯特慶典劇院亦選在這天破土。破土典禮上，華格納親自指揮演出貝多芬(Ludwig van Beethoven)第九號交響曲「合唱」，清楚地呈現出該作品對他的意義和重要性。閱讀華格納的文字著作，即可發現，貝多芬以及他的第九號交響曲對華格納的音樂藝術之路，有著無比重要的意義。

1839至1842年間，華格納主要生活在巴黎，當時被視爲歐洲藝文中心之地。華格納在此的發展並不算順遂，但他在這段期間接觸到的人、事、物的種種，對他日後的人生觀和創作，都有著長遠的重要影響。[1]這段巴黎的時光裡，華格納在音樂上完成了《黎恩濟》和《飛行的荷蘭人》，也爲一些巴黎和德國的報章雜誌撰文，其中有樂評、音樂報導，還有短篇小說，這些文字作品是華格納當時的主要收入來源。其中有七篇於1840/41年間完成的文章，以《一位德國樂人在巴黎》(*Ein deutscher Musiker in Paris*)[2]爲總標題，展現了華格納的文學才華，也道出了他堅持一生的音樂藝術理念，當時，他還不滿卅歲。七篇文章裡，第一篇和第二篇有著濃濃的自傳味道，第三至第七篇則透過對不同音樂作品的討論，傳達華格納的音樂美學觀。在第一篇文章開始前，華格納寫了一段文字，說明這七篇文章的意義與「來源」：

> 我的朋友R不久前於巴黎去世。在簡單的葬禮後，我依著逝者的願望，坐下來，寫出他在這個輝煌的世界大城裡，所經歷的痛苦的小故事。我整理著他留下來的遺物，打算將

1 在諸多人士裡，特別值得一提的，是李斯特，這位只比他年長兩歲，卻早已紅遍巴黎的鋼琴家，即是他在這一段時間認識的。在華格納的音樂生涯上，李斯特始終全心支持。即或因他的愛徒畢羅和女兒柯西瑪的婚姻，因著他們和華格納的結識，最終走上離婚的結果，李斯特很長一段時間，不能諒解，他對於華格納藝術理念的支持，卻沒有改變過。華格納在巴黎認識的各國人士裡，無論是音樂人白遼士(Hector Berlioz)、麥耶貝爾(Giacomo Meyerbeer)或是文學作家海涅(Heinrich Heine)等等，都曾給予他相當的各式援助，可惜並沒有達到華格納期待的立即效果。

2 GSuD 1, 90-193。

> 它們整理後，寫成一些完整的文章，公諸於後世。在這些紙堆裡，有一篇關於他去維也納見貝多芬的敘述，其中充滿了溫暖和熱愛。我將這篇敘述拿在手中，發現它所敘述的，和我已經寫的內容有著驚人的相關性。因此，我決定將他日記裡的這部份，擺在我寫的關於我朋友不幸的一生的報導之前，因為他生命裡稍早的時光也描述了同樣的內容，並且也可以讓大家對逝者引起一些興趣。[3]

貝多芬對華格納的重要性，在此已可嗅出端倪。緊接著就是第一篇，名爲《貝多芬朝聖之旅》(*Eine Pilgerfahrt zu Beethoven*)[4]，以第一人稱敘述著，此處的第一人稱自是R。內容大致如下：R是位年輕的作曲家，在接觸貝多芬音樂後，大受感動，四處打聽的結果，發現貝多芬竟然還活著。於是R想盡辦法籌措盤纏，並且一步步地走到維也納，去見他的偶像。到維也納後，才知道貝多芬已經不太願意見人了。在歷經多番努力後，R鼓起勇氣，寫了一封信給貝多芬，自我介紹一番，未料到，第二天就收到回信，約他次日見面。巧地是，當晚維也納劇院演出《費黛里歐》(*Fidelio*)，R立刻衝到歌劇院，觀賞演出，並且對女歌者施若德(Wilhelmine Schröder)的傑出表現，感動萬分。第二天，R如約見到了貝多芬，大師先問他是否來自L，之後，就指示他用筆談。R告訴貝多芬前晚經驗的《費黛里歐》演出，觀衆反應熱烈。貝多芬的反應卻是，維也納人根本不懂他要的是什麼，他們鼓掌，是因爲他們認爲貝多芬依著他們的意見做了修改，才給他掌聲。緊接著，貝多芬闡述了他對歌劇的看法。他認爲，他不是歌劇作曲家，理由是，他眞正想寫的歌劇，在當時，是沒有歌劇院能演出的；他想寫的歌劇形式，是一種「音樂的戲劇」(musikalisches Drama)，也對R詳述了，什麼是「音樂的戲劇」。由歌劇的話題延伸

3 GSuD 1, 90。

4 GSuD 1, 90-113。

至將文字入樂的討論，在談了一些貝多芬的藝術歌曲後，貝多芬還告訴R，他剛完成一部新作，是一首交響曲，其中使用了席勒(Friedrich Schiller)的《歡樂頌》(*An die Freude*)和合唱團。R感動地差點跪下，雙眼充滿了淚水。貝多芬微笑地看著他，說著：

> 「當人們討論我的新作時，您可以為我辯護。看看我的狀況，那些聰明人，就算他們不相信，也會認為我瘋了。您可是看到了，R先生，我並沒有瘋，雖然我也夠不快樂的。那些人要求我，要寫他們想要我寫的東西，那才是美的、好的。但是，他們沒想過，我這可憐的聾子，完全有我自己的想法，我不可能寫不是我感覺到的東西。而我是不能想、也不能感覺到他們那些美美的東西的。」他還嘲諷地加上：「那正是我的不幸！」[5]

不久之後，R即告別離開，貝多芬對他說：「想著我！在您遇到逆境時，可以得到安慰。」

文章中諸多設計，明顯地展現華格納自傳的成份：R係華格納名字Richard的縮寫；L爲華格納出生地萊比錫(Leipzig)的第一個字母；華格納生於1813年，貝多芬逝於1827年，時間上，兩人的確還有見面的可能；貝多芬第九號交響曲1824年首演時，華格納也已十一歲了；女歌者施若德的傑出演出，是讓華格納決定走音樂路的主因。當然，R的「朝聖之旅」是華格納文學想像力的產品，藉此來展現作者的認知：他看到了貝多芬不爲人知的偉大處，尤其是貝多芬處理人聲的手法以及其第九交響曲。更重要的是，華格納假託貝多芬之口，展現了自己的歌劇創作構想，是一種「音樂的戲劇」。由這篇文章，更可以看到，華格納在巴黎時，由一些音樂會、歌劇演出的經驗，對自己從

5 GSuD 1, 111-112。

小著迷的作品有了更直接清楚的認知，爲其震撼，自許要成爲貝多芬的繼承者，結合人聲和器樂於歌劇創作中。

這一系列的第二篇文章名爲《終站巴黎》(*Ein Ende in Paris*)[6]，第一人稱回到作者。由剛結束的R的葬禮開始，作者回憶著，一年多前在巴黎街頭看到一隻美麗的狗，並藉此說明，愛狗如他者，當然會注意到這隻狗，接著才是狗主人，竟發覺那是多年不見的老友。於是兩人去喝咖啡，互訴別後。接下去的內容，大部份以作者與R的對話進行，透過作者本人的回憶串接不同的段落。衆所週知，華格納本人亦是愛狗者，因此，這篇文章的作者和R都是華格納本人，透過兩人的對話，華格納闡述著自己在巴黎的生活，以及他的音樂藝術理念。[7]

在咖啡館裡，R敘述著他在巴黎的辛苦生活，卻依舊堅持著自己音樂藝術的理念，敘述著自己有很多歌劇的計劃，也期待著自己能夠在巴黎成名。作者則以很務實的角度，好心地和R對話著，最後反而引起R的不快，賭氣地說：「一年之內，記住，一年之內，你可以隨便問人，就知道我住在那裡；或者，你會收到我的信息，告訴你，到那裡來看我，看我過世。」說完，R就帶著狗快速地離開了。

作者嚐試著找到R的住處，都不成功。快到一年時，有一天，他在香舍里榭大道散步，聽到有人大聲地自言自語，似乎在朗誦劇作。作者發覺那是久尋不獲的R，衣衫襤褸，精神狀態已接近崩潰，狗兒也不見了。在作者尚未能問出端倪，也未能說服R帶他去其住處前，R又跑開了。作者繼續找著R，依舊不成功。大約兩個月後，他收到了R的一封信，只有短短一句：「好朋友，來，看我過世。」作者循址前往，找到了垂死的R。R對他敘述了自己在巴黎的苦生活，也交待了後事，並將自己寫的文章和樂譜都托付給作者。R交待了四件

6 GSuD 1, 114-136。

7 文學作品裡，將作者主觀的自我透過兩個角色，以對話或敘述的方式呈現，這個手法，在德國早期浪漫文學裡，經常可見到，例如霍夫曼(E.T.A. Hoffmann)的諸多作品皆是。年輕的華格納以如此方式寫作，展現其對當代文學的熟悉度，可與舒曼(Robert Schumann)的「大衛同盟」(Davidsbündler)相提並論。

事：一、幫他還債，名單可以在遺物中找到；二、看到R的狗時，不要打它；三、以匿名的方式，將R在巴黎的生活公諸於世，以讓後人引以爲戒；四、葬禮要簡單隆重，不要很多人參加，名單他已列好，費用就請作者和那些朋友負擔。最後，R以彌撒信經(Credo)的方式，宣告了他的信仰：「……我信上主、莫札特與貝多芬，也信他們的門徒與使徒……」[8]

將莫札特、貝多芬與上主並列在信仰的行列，顯示了華格納對這兩位前人的景仰。在之後的幾篇文章裡，貝多芬和莫札特的作品是他用來討論音樂的核心，也自是推崇有加。

幸運的是，華格納在巴黎的生活，並未有著像R那樣的悲慘結局。相反地，1842年起，《黎恩濟》、《飛行的荷蘭人》和《唐懷瑟》先後在德勒斯登首演，引起各方矚目。數年後，華格納由巴黎回到德國，任職德勒斯登宮廷樂長，當時這一個樂團的主要工作爲演出歌劇。1846年，華格納有機會指揮樂團演出管絃樂作品，他決定演出貝多芬第九號交響曲，以一圓自己的夢。雖然面對許多阻撓，他卻力排萬難，演出成功，對自己、亦對貝多芬有個交待。不僅如此，爲了演出，華格納還以文字詮釋作品，引導聽衆理解貝多芬的作品；整個演出的成功讓華格納很滿意，得意之餘，亦在事後提筆，記下事件之始末。在文章的最後，他寫著：「這個機會帶給我美好的感覺，感覺到能力和力量，感覺到，我認真想要做的事，是可以完成，也會幸運地獲致成功。」[9]

除了上述的節目單解說和文章外，華格納先後又寫了《貝多芬的《英雄交響曲》》(*Beethoven's »heroische Symphonie«*, 1852)、《貝多芬的《柯里奧蘭序曲》》(*Beethoven's Ouvertüre zu »Coriolan«*,

---

8 GSuD 1, 135。

9 *Bericht über die Aufführung der neunten Symphonie von Beethoven im Jahre 1846 in Dresden (aus meinen Lebenserinnerungen ausgezogen) nebst Programm dazu*, GSuD 2, 50-64。50-56頁為華格納的記述，56-64為他所寫的節目單解說。

1852)、《貝多芬》, (*Beethoven*, 1870) 和《談演奏貝多芬第九號交響曲》(*Zum Vortrag der neunten Symphonie Beethoven's*, 1873)。最後一篇係在拜魯特慶典劇院破土典禮後所寫，華格納希望能藉著這篇文章，讓願意思考的音樂家，更能明白貝多芬作品的偉大處。與廿多年前的內容相較，在這裡，華格納特別著力指出貝多芬在樂器使用上的特殊處。

華格納寫作這些文章的時間，分佈在他的一生裡：成名前、成名後皆有，亦可看到，順境時、逆境時，他都想著貝多芬。文章的內容更顯示了，貝多芬對華格納的影響不僅在音樂上，亦在人生觀上。在贊佩貝多芬的音樂之餘，華格納對貝多芬的認同，不僅在於貝多芬是「德國」作曲家，更在於貝多芬無視於外在困境，埋首於音樂創作，豎立藝術人格典範，而將其列入華格納個人的藝術信仰。閱讀這些文章，就可理解，當專為演出《指環》而運作的音樂節，在拜魯特看到曙光之際，華格納選擇在慶典劇院破土典禮時，演奏貝多芬第九號交響曲，並非偶然的決定。對歷境滄桑的華格納而言，或者也是回應當年《貝多芬朝聖之旅》裡的那句話：「想著我！在您遇到逆境時，可以得到安慰。」華格納指揮音樂節第一個樂團演奏的作品，不是他自己的，而是貝多芬的，更展現了他對貝多芬的信仰與崇敬。

不同於一般偶像崇拜的，則是華格納並不一昧模倣貝多芬，更不會緊抱著貝多芬不放，而是探究他作品中的特殊成就，做為自己音樂藝術之路的省思，在如此的基礎上，繼續向前走，追求自己的成就，圓自己的夢。貝多芬第九號交響曲帶給他的，不僅是人聲處理的省思，或是樂團樂器的處理手法，更重要的是，華格納看到了，自己在管絃樂作品創作上，難以突破第九號交響曲的成就，而決定全力耕耘「音樂的戲劇」之創作，而得以在音樂史上，寫下獨特的一頁。[10]

10 貝多芬九首交響曲對十九世紀德國音樂的發展，有著多方面的影響。除了立下交響曲此一樂類的標竿外，並影響了「交響詩」的誕生和華格納的「樂劇」思考。請參考：羅基敏，〈交響詩：無言的詩意〉，初安民(主編)，《詩與聲音》，二〇〇一年台北國際詩歌節詩學研討會論文集，台北(台北市政府文化局)2001, 133-150。

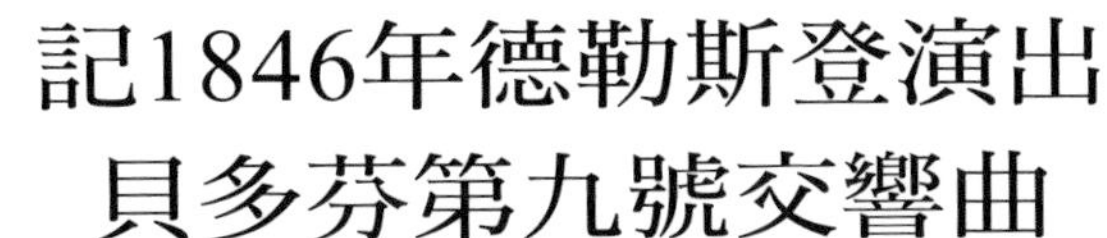

記1846年德勒斯登演出貝多芬第九號交響曲

華格納(Richard Wagner)　著

羅基敏　譯

本文原名

Bericht über die Aufführung der neunten Symphonie von Beethoven im Jahre 1846 in Dresden (aus meinen Lebens-erinnerungen ausgezogen) nebst Programm dazu。

譯文說明：

華格納原文分爲兩部份，第一部份爲有關演出籌備及準備之工作，第二部份爲他爲演出時節目單所寫的內容。本譯文謹譯出第一部份，以呈現華格納在進行實際演出之細密思考。

原文出處：GSuD 2, 50-56。

爲了在春天復活節前之星期日，演出貝多芬第九號交響曲，這一個冬天裡，我主要的工作即在於爲此一演出，特別仔細地進行各項準備工作。這一場演出帶給我特殊的奮鬥經驗，並對我個人後來的發展，有重大的影響。這場演出的外在原因是這樣的，王室樂團每年只有一次機會，在歌劇演出和教堂音樂之工作外，自由安排演出一場大型音樂會；音樂會的目的在於爲樂團過世成員的妻小籌募退休基金。這一天，歌劇院檔期會空出來，舉行一場音樂會，原本都只演出神劇，爲了能夠吸引更多聽衆，在神劇之後，會再演出一首交響曲。我們兩位樂團指揮(萊西格(Reissiger)和我)決定要換著負責，1846年輪到我演出交響曲。我強烈地渴望演出第九交響曲，做這個選擇有一個外在的原因，因爲在德勒斯登，幾乎無人認識這個作品。當樂團裡負責管理退休基金的理事得知這個決定後，嚇了一跳，前去找樂團總監盧帝浩(von Lüttichau)，請他用他的最高決策力，讓我改變這個想法。他們的理由是，選擇演出這個作品，會影響基金收入，因爲這個作品在當地名聲不佳，一定會讓聽衆卻步不前。多年以前，萊西格曾經在一場慈善音樂會中，演出第九交響曲，結果指揮坦率承認，演出完全失敗。於是我用盡我最大的熱忱和所有能想到的說服字眼，首先得克服我們老闆的疑慮。至於樂團理事，我別無他法，只能暫時和他們翻臉，因爲我聽說，他們在城裡到處抱怨我的輕率決定。爲了讓他們自己爲自己的耽心感到不好意思，我決定以我的方式教育聽衆，瞭解這部作品，至少讓這一場騷動能吸引特別多的聽衆，而能對票房有所保障。因之，第九交響曲成爲我生命裡的榮耀一戰，必須竟全力讓它成功。委員會反對花錢在分譜上，我就向萊比錫音樂會協會借分譜。

在我年輕時代，曾經花了許多個夜晚，抄寫這個作品總譜，如今多年後，第一次再度翻著這些充滿神秘的紙張，它們曾經帶給我多少難以言喻的神奇狂喜，今天終於能仔細研讀它！我想起在巴黎灰黯的那幾年裡，曾經在一次排演中，聽到由無法比較的音樂院樂團奏出的前三個樂章，突然間，多年來的陌生不解一掃而空，將年少時光帶入一個美妙的接觸，有如施展魔法，豐富了我內心追求的新方向。現在，當我第一次，再度以雙眼，看著這個在以往只是很神妙的作品時，曾有的最後的聲響記憶，在我體內重新神奇地、有力地復活了。我的人生在此時已經經驗了一些事，它們在我最深層的內在，無聲地結合成嚴肅的一體，推動著、滿佈懷疑地問著我的命運、我的追求。我不敢說出來的是，我認知到，自己無論做爲一位藝術工作者或是市民百姓，都全無穩定的立足之地，無論在人生或工作上，都是個陌生人，看不到未來的前途。我一直在朋友面前隱藏的這一份懷疑，在面對這首交響曲時，轉變成光亮的歡欣。從來沒有一位大師的作品，能以如此吸引人的力量，抓住後輩的心，像這首交響曲第一樂章抓住我的心一樣。如果有人在我研讀總譜，思考著如何處理它時，突然看到我坐在總譜前，並注意到我無法控制地啜泣流淚，一定會無比驚訝地問到，這是一位薩克森王室樂團指揮的行爲嗎？幸好在這種時候，我們樂團理事和那些偉大的樂團成員們，都沒來找我。

習慣上，演出時會做一個冊子，上面有合唱團的歌詞。這個冊子給我一個好機會，對這個作品做個輕鬆的解說，不以批評的方式，而是喚起聽者的感覺；於是我將這個歌詞的冊子設計成一種節目單。在節目單裡，歌德《浮士德》的一些段落，給了我莫大的幫助。這一份節目單不僅在當年的德勒斯登，稍後亦在其他地方，引起很好的迴響。不僅如此，我也在德勒斯登地方報上，以匿名信的方式，簡潔熱誠地，喚起讀者，注意到這部當時在德勒斯登名聲不佳的作品。僅就外觀上觀之，我的多方努力幸運地成功了。不僅是當年的收入遠遠超過以往的紀錄，在我後來在德勒斯登的幾年裡，樂團理事亦經常藉著再次演出這部交響曲，來確保近似的收入。

在演出的藝術層面上，所有我能想到的，在詮釋上必須做清楚說明的細節處，我都親自在分譜上做標示，以便樂團能夠將它們清楚明白地表現出來。例如一般習用的管樂二管編制，在大型音樂會裡，只是粗略地被使用，通常只是在輕聲(piano)處用一管，強聲(forte)處則用二管演奏。在經過仔細思考後，我好好地讓二管編制發揮其效果，來讓演出更明晰。例如第二樂章中有一個地方，係第一次走到C大調上，在這裡，所有的絃樂樂器在三個八度上，一直不停地齊奏著主要的節奏音型，這應是做爲第二主題的伴奏，第二主題則是由較弱的木管奏出。由於整個樂團在這裡的力度標示，都是同樣的「強」(fortissimo)，結果在每一個演出裡，可以想見的是，在面對只是伴奏性質的絃樂樂器的壓力下，木管的旋律線完全消失，甚至到可以說根本聽不見的地步。因爲我完全不想盲目地服從譜上的錯誤標示，而犧牲掉大師眞正想要的效果，在絃樂樂器到自管樂接過新的主題之前，我讓絃樂不依照標示演奏，而採用只是點到爲止的力度；相對地，二管的管樂樂器則盡其所有的力量演奏。我相信，如此的處理，讓這部交響曲自從誕生以來，第一次可以聽到如此清晰的呈現。我以類似的手法處理全曲，讓樂團的力度效果能有清楚的肯定性。不是以某種方式感覺到的東西，是很難被呈現出來的。又如在終曲樂章裡，「如進行曲般」(alla marcia)的段落中，合唱團唱完「快樂如祂的太陽飛過」(Froh wie seine Sonnen fliegen)那一段後，樂團的6/8拍的小賦格段落，也是很讓人頭痛的地方。我將它與前面振奮的、好像爲了上戰場獲勝的句子相連接，將這一段小賦格處理得眞有如一個認眞、快樂的戰爭遊戲，以極端熱切的速度、繃緊的力量來演奏。首演後的當天，我很高興地接待了來自弗萊貝格(Freiberg)的音樂總監阿那克(Anacker)，他告訴我，以往他都將我看做是個競爭對手，但是在這場演出後，他一定要成爲我的朋友。他說，之所以會讓他有如此的轉變，就是因爲我對這一段小賦格的理解和呈現。

另外，我也投注很大的心力在最後一個樂章的開始，大提琴和低音大提琴宣敘調式的部份；這一段音樂曾經讓我萊比錫的老朋友波稜茲(Pohlenz)束手無策。感謝我們美好的低音大提琴，我可以很有把握地，將這一段處理到最完美的境界。我用了十二次的特別排練，只和相關的樂器練習，而能做到幾乎完全自動發自內心的呈現，也做到了將最大的能量轉化成可掌控的表達力，完成最有感覺的細柔度。

在我決定進行此一工作之時，我就立刻注意到，這一首交響曲要能動人心弦、爲大衆所接受，必須要能理想地克服合唱團極端困難的部份。我認知到，這裡的要求，必須有一大群有熱忱的歌者，才能完成。首先，我要有一個很強的合唱團，除了平常借用有點弱的德來西歌唱學院(Dreissig'sche Singakademie)來加強劇院合唱團的方式外，我克服各式各樣的困難，找來十字學校(Kreuzschule)有著優美童聲的合唱團，還加上了嫻熟教會音樂的德勒斯登學院(Dresdener Seminarium)合唱團，組成三百人的大合唱團，一起做了無數次的練習。我用我自己的特殊方式來驅動他們，例如我對男低音說明，在著名的那一段「千萬人相互擁抱」(Seid umschlungen Millionen)，還有「兄弟們，在星幕之上應駐有仁慈天父」(Brüder, über'm Sternenzelt muß ein guter Vater wohnen)的地方，以平常的方式，是根本唱不出來的，只有以陶醉的呼喊，才能呈現。爲了做到這一點，我以近乎忘我的亢奮，進行著各項工作，直到我相信所有的一切，眞地都達到一個不尋常的狀況爲止。最先，大家還會聽過我要求各個聲部的聲音，後來，我自己再也聽不見我自己，只感覺到有如淹沒在一個溫暖的聲音海洋裡，我這才滿意而鬆手。

最讓我高興的，是男中音的宣敘調「朋友，不要這樣的聲音」(Freunde, nicht diese Töne)，這可稱是難到幾乎是無法唱的段落，經由前面提過的密切方式，互相切磋後，由密特吳爾哲(Mitterwurzer)做了讓人贊嘆的呈現。

我還花了心思，將演出場地做了大幅度的改變，讓被我重新安排樂器位置的樂團，能有好的音響效果。可以想見的是，要花下的心力和遇到的困難有多大。但是我絕不妥協，終於得以完成一個全新的舞台結構，將樂團整個擺在中間，旁邊由人數衆多的合唱團包圍住，坐在高高的、像古希臘劇場階梯式的座位上。如此的設計，在只有樂團演奏的樂章部份，合唱團形成了一個有力的舞台效果，帶給經過精心安排位置的樂團強大的精確性和能量。

綵排的時候，大廳中就坐滿了聽衆。我的同事竟然愚昧地嘗試著告訴聽衆，交響曲有多不好、貝多芬腦袋不清楚等等。相反地，來自萊比錫的加德先生(Gade)來看我們，他那時候指揮布商大廈音樂會。綵排後，加德先生告訴我，他很想付雙倍的票價，再聽一次大提琴和低音大提琴的那一段宣敘調。希勒先生(Hiller)則認爲，我在速度變化上有些誇張，在我後來聽過他自己指揮的美好的管絃樂作品後，我知道了他所理解的情形。無庸置疑地，這是一次出乎意料的成功演出，即或是非音樂人士也都如此認爲，例如其中一位語言學家柯赫里博士(Köchly)，他和我接觸，告訴我，這是他平生第一次聽一部管絃樂作品時，能夠從頭到尾都聽得懂。

這個機會帶給我美好的感覺，感覺到能力和力量，感覺到，我認眞想要做的事，是可以完成，也會幸運地獲致成功。

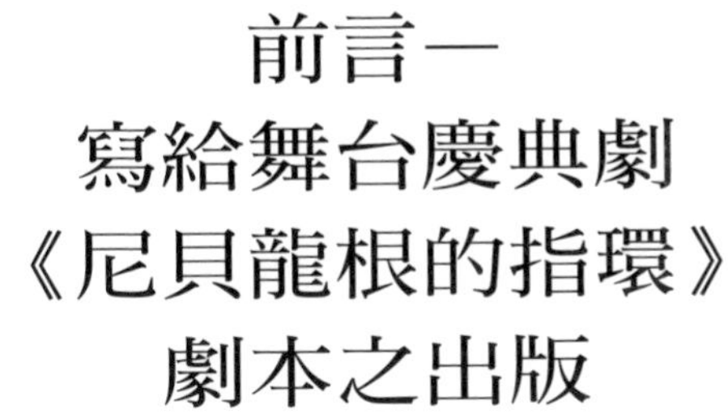

前言一
寫給舞台慶典劇
《尼貝龍根的指環》
劇本之出版

華格納(Richard Wagner)　著

羅基敏　譯

本文原名

Vorwort zur Herausgabe der Dichtung des Bühnenfestspieles »Der Ring des Nibelungen«，寫於1862年。

原文出處：GSuD 6, 272-281。

在很久以前，我已將我的舞台慶典劇告知我較親近的朋友。[1]對他們而言，我對這個作品完整的音樂戲劇演出可能的想法，並不陌生。因為我還堅守著這個想法，並且認為，只要有足夠的物資來源，整個計劃會很成功。至今我還沒學會，要對這個想法有所懷疑，隨著這部詩作的出版，我的計劃也將為更多的人所知道。

這樣的一個演出，對我而言，最重要的是，它必須不受我們已有的劇院之劇目運作所影響。依著這個想法，我打算在德國找一個不算大的城市，地理位置適中，各方面建設能夠接待有地位的貴賓。思考不算大的城市，係在於活動不會與一個已有的大劇院衝突，這樣，大城市自己的劇院觀眾不必調整看戲的習慣。在這個城裡，要蓋一個臨時的劇院，愈簡單愈好，或許就完全用木頭造成，並且，內部設備僅為了藝術需要打造。劇院的特點是，觀眾席採取古希臘圓形劇場(Amphitheatre)模式，還有，樂團席是看不見的，這會有很大的好處。我已經與一位有經驗、具有想像力的建築師討論過相關的計劃。在這裡，大約在早春時節，請來由全德國歌劇院中選出來的最好的、有戲劇性的歌者，不受任何其他藝術工作干擾，排練由我寫的演出多晚的舞台作品。在一定的演出日子裡，德國的觀眾會被邀請來觀賞。我預計共演出三次。就像我們已經有的大的音樂節一般，這些演出不是為了某一城市的觀眾，而是提供給所有熱愛藝術的朋友，不分遠近。在整個夏天裡，來完整地演出這個已經寫好的戲劇詩作，它包含了序夜《萊茵的黃金》，緊接著有三個夜晚，演出主戲：《女武神》、《齊格菲》與《諸神的黃昏》。

為了這種演出所做的這些事情，本身就有很多好處。依我之見，最主要有以下數點。就藝術實務層面而言，我認為，只有用這種方式，才會有一個真正成功的演出。德國劇院的運作完全沒有風格，做

1 【譯註】意指《告知諸友》(*Eine Mitteilung an meine Freunde*, GSuD 4, 230-344)。

出的東西不正確到幾乎可笑。因此，在一個大劇院，想要爲較高的演出目的找到足夠的藝術資源，是難以想像的。在這個運作不良的公家藝術領域中，想做一個經過認眞思考的、訴求較高的工作，筆者以爲，除了個別歌者的眞正天賦之外，沒有別的資源可言。在劇院裡，不時可看到一些歌者，他們沒有受過任何學派的訓練，沒有被引導有任何演出的風格，只靠自己的天份闖天下。整體而言，德國人在這方面的天賦是很少的，也就沒人可以帶他們。因之，沒有一個單獨的劇院能夠提供所有需要的資源。幸運的話，唯有一個由來自各處的不同力量、在一定的時間、一定的地點組成的團體，才能做到。在這裡，這些藝術家在一段時間裡，只做「一樣工作」，他們一定會很快地領悟這個工作的特質，因爲在這段期間內，他們不會被他們平常的歌劇工作轉移注意力，而影響到排練。對他們而言，這一點就很有幫助。在一般的狀況下，這類的排練效果很有限；舉例來說，同一位歌者在前一晚唱一部譯得很差的新的義大利歌劇，第二天卻要排練「佛旦」或「齊格菲」，結果可想而知。相較之下，當他們將全副精神和力量用在「一種風格」和「一樣工作」上，可以獲得的好成績，是難以估計的。不僅如此，這種方式也有實際的效果。與一般的劇目工作的環境相較，要練熟一部作品，這種方式需要的時間，要短得多：主因在於練習的連續性。

有了挑選出來的最佳的歌者，經由這種方式，才能將我劇作角色的個性特質，認眞地再現出來。同樣地，也只能經由練習與演出的與外界隔絕，才能做到場景與舞台的恰適呈現。我們且看看，巴黎和倫敦的劇院是如何能有完美的成績，就可以找到答案。幾乎是唯一的、好的理想情形是，將舞台空出，給佈景畫工和管理及操作佈景的人員一段較長的時間，只做一部作品。他們是可以做到某種複雜的方式，這種複雜度在一個每天演出不同作品的劇院裡，幾乎是不可能的。在那裡，場景上只能做到每部作品最必須的，再不就是以藝術上近乎難以見人的情形被呈現。舉例來說，我爲我《萊茵的黃金》所思考的場景需要，對於像德國這樣劇目變換頻繁的劇院而言，是無法想像的。相對地，在我所描述的良好條件下，正提供了佈景畫工和操作及管理佈景人員最好的機會，將他們的本領以一個眞正的藝術的方式展示出來。

以如此方式準備的演出，要將它臻於完美，我特別要強調的，是一個看不見的樂團的重要性。經由觀衆席的圓形劇場結構，可以做出建築結構上的障眼法，來完成這個重要性。想要獲得一個戲劇藝術成就眞正印象的人，在經驗我們歌劇演出的時候，就會清楚這個重要性何在。衆所週知，在後台看演出，劇院裝備的吊索、鋼絲、支架和木板一覽無遺，和前台很不一樣，因爲在觀衆席看來，由於這些東西被隱藏起來，是看不到的。同樣的道理，在一般的演出裡，不可避免地，演奏者和帶領他們的指揮，在做出音樂時的機械式的輔助動作，會被觀衆看到，觀衆非自願地成爲演出技巧進行的目睹者，而這些進行的情形，應該是不要讓他看到的。有經驗的人都知道，演奏者在將樂器奏出聲音時，都會帶有不可避免的、非音樂的噪音。如果是透過一個音響的聲牆來聽，就會發現樂團能提供清亮的、無噪音的聲響。再試想，如果歌者能夠直接在聽衆面前唱，會有多好。那麼就可發現，歌者的歌詞表達輕易能懂，也就可以瞭解，我所說的音響建築結構的設計，有多少好處了。但是，只有一個完全依我想法建造的臨時劇院，能夠做到這些。

依我之見，對於演出同樣重要的，是這樣一個演出的成就所留給觀衆的印象。歌劇是個具有雙層意義的藝術種類[2]。到目前爲止，做爲一個城市的歌劇聽衆，他所習慣的是，在眞不怎麼樣的演出裡，尋找一個不花腦筋的休閒。那些不能滿足他這方面期待的作品，他還抱怨著加以拒絕。我們音樂節演出的聽衆，面對演出，會突然察覺到一個完全不同的關係。我們的受邀聽衆來自遠近不同的地方，他們旅行

2【譯註】請參見以下註6。

到演出地點的他鄉，共聚一堂。他們有著清楚的資訊，知道這次能在這裡期待什麼，準備好接受我們演出所提供的東西。在整個夏天裡，對每位聽眾而言，這個造訪也同時結合了身心清爽的出遊，在郊遊時，他有權利，期待將他平常工作的壓力暫時擺在一邊。平常的日子裡，他白天總是在辦公室、工作間或者任何工作地點工作，在一天的辛勞後，精神力量狹隘地繃緊了，晚間他要擺脫這份精神的痙攣，亦即是嚐試放鬆自己。也正因爲如此，依各人口味，也只有表面的休閒，能達到功能。與平常不同，這一次，他可以在白天放鬆，在夜幕低垂時，則好整以暇，觀賞演出。音樂節演出開始的宣告，將會請他來到此地。所以，以新鮮的、略帶興奮的力量，看不見的樂團的第一個神秘聲響，會將他帶向思考；而沒有思考，是不可能有眞正的藝術印象的。在他自己的渴求裡，他將願意跟隨，很快地，他會有一種理解，對他而言，到目前爲止，這種理解是陌生的、也是不可能有的。平常他總是帶著疲倦的腦袋，以渴望休閒的心情來到劇院，卻找到新的緊張，導致苦痛，而過度疲勞，也因此，他不時抱怨著演出太長，或是太嚴肅，最後說完全不懂。而現在，他會有一種到目前爲止從未有過的理解能力，能帶來輕鬆行爲的舒服感覺，這個感覺會以新的溫暖充滿他，有如點燃一盞燈，在其中，他保有清楚的事物，是他以前從來未能想像過的。由於我們是爲了一個慶典齊聚一堂，而今天這個是一個舞台慶典，而不是一個吃吃喝喝的節。在以吃喝爲主的節慶裡，音樂與聊天被用來增強吃喝的訴求，而這次，各幕之間的中場休息時間，要比一般來得長。在這段時間裡，會有各種可能的飲食補給，我們可以想像，在夏天室外的傍晚氣息裡，飲食被用來滋補、提升精神活動的進行。

透過我的描述，可以看到，我所想像的節慶演出與一般大城的歌劇演出，二者有何本質上的不同。我大致就這種演出的優異成就，證明了我所要求的活動，會帶來的令人驚訝的好處。接下來，請容許我說明它對一般演出的影響，特別就音樂戲劇的藝術而言，這樣的演出會有的必然影響。

聖經福音有句話：「在起初已有聖言」(im Anfang war das Wort)[3]。浮士德(Faust)[4]要將它確認爲「行動就是開始」(im Anfang war die That)[5]。由此延伸，可以看到，要解決一個藝術問題的有效方法，採取行動，是唯一可做到的一條路。傑出演出的成就會帶來的影響，可以由其他已經有過的經驗裡看到。拿它們來對照，即可知道，我所描述的演出方式，會讓這部舞台慶典劇帶給大家的印象，是超乎我們能想像的。經常有人肯定地告訴我，比如說，在聆賞我的《羅恩格林》的精彩演出時，會完全改變聽者原有的品味。維也納宮廷劇院當時有位自藝術出發思考的總監，他忍辱負重，才可能演出這部歌劇，幸運的是，演出成功了。顯然地，這份成功鼓勵他，讓他看到，歌劇藝術種類裡的嚴肅的和有內容的作品，是有可能演出成功的，而將它們再度列入演出劇目；之前，由於聽衆平凡的口味，這些作品早就消失了。我在這裡一直想的，只是演出的好處和正確性會有的效果。現在姑且不要沈迷在這些曲指難數的效果裡，而來集中談一點：參加了我的慶典演出後，又回到劇院運作的藝術家，以及一路陪伴他們的聽者，對照以前習慣的情形，他們會有怎麼樣的心情和評價。我其實並不喜歡，一直以不同於平常、略帶興奮的語氣，描繪著偉大的願景。但是我可以很有把握地說，我們的演出者不能完全再回到他們原來習慣的那種運作裡，特別是當他們看到，他們傑出的成就也被接

3【譯註】出自新約若望福音第一章第一節，全文為：在起初已有聖言，聖言與天主同在，聖言就是天主。(依天主教譯本)華格納只用了第一句。

4【譯註】意指歌德(Johann Wolfgang von Goethe)的《浮士德》(*Faust*)的主角。全書一開始，浮士德埋首於翻譯聖經，讀到這一句，不以為然，說出他自己的看法。見 *Faust I*, Erster Teil, Studierzimmer 1, 第1237行。

5【譯註】德文原文中，浮士德僅改變了一個詞。本譯文裡，中譯內容則相差甚遠，譯者之思考在於華格納於後面使用此句的訴求。由於譯者不擬更動聖經之原意及譯文，故引用聖經原意，但將浮士德之文字依華格納之訴求中譯，並將原文附上，以供讀者參照。

受、獲得激賞。而我們也肯定地認爲，我們所選擇的，都是眞正願意努力的、有才華的人，他們只是沒有被要求和給予方向。但是我們也可以推測，德國劇院裡，負責藝術的主管人士，以及許多藝術家本身，純粹出於好奇，也會來參與觀賞我們的節慶演出。所有的人都張大眼睛看、豎起耳朵聽，有些什麼東西是在他們看過的演出裡，從未被呈現出來的；他們直接接收到一個舞台演出的印象，在這個演出裡，音樂與詩作的情節，在所有最小的細節裡，都融合成單一的整體。也正是這樣，在聽衆身上產生的效果，他們自己也同樣體驗到了。在他們未來的自身工作成就裡，這份經驗不可能完全沒有影響。在這些資源豐富的劇院中，隨時隨地都有可能，會嚐試走出第一步，開始時只有一部份，最後會是全部，將這些演出的想法，在他們的劇院裡重覆。就算是這些再現不算完整，經由那個偉大的原始演出獲得的理解，與劇院一般的平常演出相較，也是有非常多的好處的。就由這點看來，它可以是爲音樂戲劇演出，建立一個眞正德國風格的開始。這個風格，到目前爲止，還看不到絲毫痕跡。

這個幸運的效果，剛開始還只是微弱的，還經常可能是混淆與不清楚的，必須要加強它，並且要小心地保護它，讓它不致於漸漸地完全消逝。最保險的作法，是重覆偉大的原始演出。首先，它們必須視狀況，每年、隔年或每三年被重覆。當有類似風格的新的原創作品，或者根本就是值得再演出的製作出現時，也要有能夠做決定的機制，來進行這個工作。就這點來說，可以舉行一個音樂戲劇創作比賽，獎品不是別的，就是在音樂節期間，以優秀的演出來呈現這個最好的得獎作品。作品的形式會決定每次演出的情形：一部演一晚的作品，由於演出成本低，可以每年被演出，而規模較大的作品，像我現在這部舞台慶典劇，演出的頻率就低些。

德國經常以嚴肅、深度和原創性出名；在音樂與詩作方面，德國在歐洲各民族中，亦的確居領先的地位。因之，德國只需要因著音樂與詩作，成立一個做決定的機構，來看看，它的嚴肅、深度和原創性是否眞地名符其實。這個機構，像我想像的，要以發揚前面所提的音樂演出爲宗旨，其實是完全符合德國本質的。這個本質是，願意化整爲零，再定期地整合，享受結合爲整體的高度感覺。比那些空轉的、完全非德式的學術機構來得好的是，這個機構可以向所有已經存在的單位組織尋求合作，由它們之中取得最好的力量滋養，以讓新的力量自己能長期地高貴化，而茁壯成長出眞的自覺。

終於我們可以看到，德國精神最特別和最成功的地方，在特別的、本質上屬於我們的藝術種類裡，每年經由一部作品，如果可能，一部新的作品，被彰顯出來。終於這個時刻到來了，至少在一個最高、最重要的藝術領域裡，德國人開始有國家的特質。這個特點，早在德國之前，義大利人和法國人就已經有了。

當我想到，能夠找到首次演出這部「舞台慶典劇」的資源，完成演出，我就眞地看到這個重要和成功的結果。由於我有足夠的經驗和能力，可以將這種演出的藝術部份帶向成功，所以只剩下物質資源的問題要解決。

我想到兩種方式。

一個是，由富有的愛好藝術的男士和女士組成一個協會，首要工作是籌集首次演出我的作品所需要的金錢。當我想到，德國人在這方面通常多小氣，我就沒有勇氣保證，爲這個目的發起的呼籲，能夠成功。

非常簡單的方式，則是一位德國領主。他不必爲這個目的新編預算，只要改變原有的預算用法，讓用在這些歌劇院的錢，有更好的用法。到目前爲止，他養了那些最沒效果的公家藝術機構，它們破壞了德國人的音樂感覺，將它弄得很低。在他的首都，每天晚上進劇院的人士，都會要求要繼續保有現在這種休閒用的歌劇演出，我所想的那位領主，很可以讓他們繼續如此休閒，只要不是他付錢。因爲，他以爲，到目前爲止，他在「歌劇」上投注了慷慨的資源。但是，這種「歌劇」嚴重傷害了所有德國人對音樂和戲劇的感覺。所以，他支持的是這樣的「歌劇」，不是音樂，也不是戲劇。[6]

當我讓他看到另一個可能，他可以對一個到目前爲止被侮蔑的藝術種類的道德性，有強大的影響，他可以對於眞正德國式的創造力有所貢獻，他就會將每年都只用在養他首都歌劇院的預算擺在一邊，依前面提到的方式，將它用到節慶式的演出上；如果預算夠，每年舉行，不夠，則累積起來，每兩年或三年舉行。他可以用這種方式建立一個基金，這個基金將讓他對德國藝術品味、德國藝術天才的發展，有難以估計的影響，亦能建立一個眞正的、非曖昧不清的國家精神，並且會爲他的名字帶來永不消逝的榮譽。

找得到這位領主嗎？

「行動就是開始。」

在等待這個行動的期間，筆者深刻地感受到，要以「文字」做爲開始，並且就眞正地經由文字，無音無聲，就只經由一個個的字母來思考。所以，他決定，將他的詩作就以詩作的方式，公諸在更多的觀眾之前。我原來的願望是，作品只能以完整的方式，亦即是要有不可或缺的音樂和舞台演出，才能呈現出來。僅僅出版文字部份的方式，

6【譯註】此處「歌劇」一詞的引號，係由譯者加上；以下出自譯者的說明中所有的括號，亦出自譯者。華格納行文中，使用Oper一詞時，有兩種不同的用法。一種為一般的用法，亦即是通稱的「音樂」樂類「歌劇」；另一種則是在音樂樂類「歌劇」裡，再以美學角度區分只為休閒目的的「歌劇」和追求藝術成就的「非『歌劇』的歌劇」。為了說明他的作品不是「只為休閒」這種「歌劇」，華格納想了很多名詞，卻都不成功，反而引起不少的副作用；細節請參考本書〈華格納：其人、其事、其歌劇〉相關內容。因之，當華格納文中試圖在樂類「歌劇」中做美學區別時，使用「歌劇」一詞經常具有負面評價之意，並且有時指涉的是「演出」部份，有時是作品本身，有時是二者兼具，必須視行文脈絡理解之。例如，在此段裡，他使用「『音樂』(Musik)與『戲劇』(Drama)」，以與「歌劇」相對照，展現他所思考的「歌劇」，係融合了「『音樂』與『戲劇』」，與當時一般的「歌劇」完全不同。由此延伸，亦可以看到，華格納使用「戲劇」一詞時，亦有不同的用意。早在《告知諸友》(1851)一文中，華格納即親筆說明了此點：

「我不再寫歌劇(Oper)了：因為我不想為自己的作品發明專有名詞，所以我稱它們為戲劇(Drama)。因為這個名詞至少最清楚地標示了一個立足點，由此出發，我所思考的，能夠被理解。」(GSuD 4, 343)

我承認，是有違我以往的願望的，但是，耐心與等待終於讓我累了。我不再希望，我能看到我舞台慶典劇的演出：我不再敢希望，還能找到喘息的空間，來完成音樂的部份。因之，我眞就只將一個純粹戲劇的詩作、一個詩人的文學產品交給喜歡閱讀的大衆。就由這點來看，我的決定不容易，因爲它沒有眞正的市場。文人將「歌劇劇本」擺在一邊，因爲那是樂人的事；樂人也將它擺在一邊，因爲他不懂，這個歌劇劇本應如何被譜寫成音樂。眞正的眞心全意爲我的觀衆，則要求要有「行動」。

而這點，可惜不是我能做得到的！

維也納，1862。

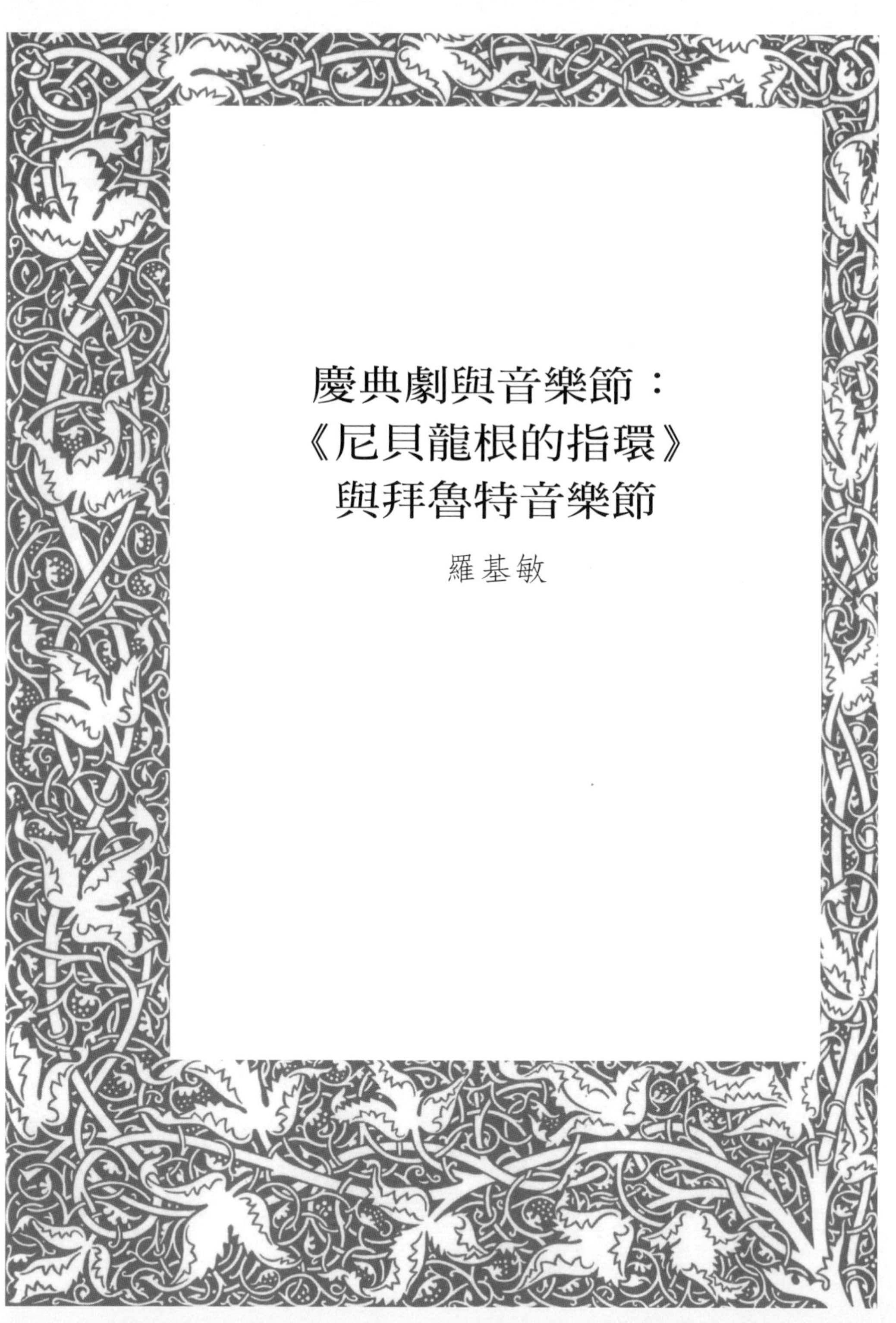

慶典劇與音樂節：《尼貝龍根的指環》與拜魯特音樂節

羅基敏

拜魯特(Bayreuth)，一個位於德國南方的小城，一年中有十一個月是安安靜靜的，唯有在七月下旬至八月下旬的五個禮拜中，拜魯特人來人往，顯得很有活力，主要原因在於，拜魯特音樂節(Bayreuther Festspiele) 每年都在這段期間舉行。七、八月是歐洲人渡年假的時間，也是許多大大小小音樂節、藝術節舉行的時間，僅在德國南部地區即有三個著名的、以演出歌劇爲主的「節」：拜魯特、慕尼黑、薩爾茲堡（位於德奧邊界）。[1]其中規模最小的就是拜魯特，只有一個演出場地，並且通常僅演出華格納的歌劇作品。[2]但是，拜魯特音樂節卻是愛樂者終身夢想的朝聖目標，原因不在於此音樂節的一票難求，而在於音樂節自1876年成立以來，一貫追求的以藝術成就爲宗旨的方向，使得這個音樂節的演出，具有特殊的藝術價値。在時間的累積下，拜魯特音樂節的存在，已超過演出華格納作品的表面意義，而對整個歌劇藝術的創作和演出，都有很大的影響。

1876年音樂節開始時，僅演出一部作品：華格納的全本《尼貝龍根的指環》，連演四晚，共演三次，這也是該鉅作的全本首演。音樂節以《指環》首演開始運作，絕非巧合，因爲華格納在創作《指環》過程中，孕育出來一個理念，《指環》必須以專屬音樂節的方式，完整上演全本四晚，否則不演，以免作品被糟遢。這個理念，也是作曲家以超過四分之一個世紀的時間，才完成《指環》寫作的主要原因。

在他親手寫作的《指環》劇本上，華格納標明，這是一部「舞台慶典劇」(Bühnenfestspiel)，其意義並不是像他思考過的其他名詞，如「樂劇」、「總體藝術」等等，要另創一個新的歌劇種類，而就是

1 慕尼黑音樂節由七月初至八月初，除在兩個劇院演出歌劇外，亦有音樂會。拜魯特和薩爾茲堡均為七月底至八月底，後者通常早二、三天揭幕。薩爾茲堡藝術節中，除了歌劇和音樂會外，話劇演出亦佔了很重要的份量，演出進行的場所遍及城內外，有室內演出，也有室外演出，整體規模相當大；請參考羅基敏，〈從保守到開放，從創新到穩健 — 薩爾茲堡藝術節的回顧與展望〉，《表演藝術》一一九期(九十一年十一月)，60-62。

2 拜魯特音樂節雖不是歐洲音樂史上第一個音樂節，但卻是第一個純粹演出歌劇、以一位作曲家為中心的音樂節。

指明，要以專屬的「節」(Festspiel)[3]來演此劇的理念。因之，爲這個理念蓋的劇院，名爲「慶典劇院」(Festspielhaus)，自是理所當然。

《指環》的誕生與音樂節的成立，也就成了不可分割的連體嬰。

《尼貝龍根的指環》之誕生[4]

1848年夏天，華格納寫了一篇很長的文章《維布龍根，傳奇的世界史》(*Die Wiblungen, Weltgeschichte aus der Sage*)，呈現他個人閱讀思考歐洲各個民族神話之後的心得，亦探討了諸多民族的來源以及他們彼此之間的複雜關係。不久之後，當年十月裡，他擬了一個故事《尼貝龍根神話》(*Der Nibelungen-Mythus*)[5]。以《尼貝龍根神話》爲大綱，華格納很快地寫了一個劇本草稿，並在很短的時間內，完成了正式的劇本，命名爲《齊格菲之死》(*Siegfrieds Tod*)。劇本完成後半年左右，華格納接獲消息，他因參加革命被通緝，於是倉皇離開德勒斯登。因之，他也未能一如以往，在劇本完成後，很快地進行譜曲。

1850年八月，華格納終於開始著手作曲，但隨即中斷。另一方面，他打算出版《齊格菲之死》的劇本，卻未能付諸實施；同時間，要以一個專門的音樂節演出這部作品的構想，也開始萌芽；雖然，此時的作品只有《齊格菲之死》。[6]

華格納中斷作曲的主要原因在於，他發覺僅只《齊格菲之死》一劇，實不足以完全表達他的構想。於是他決定在前面加上一部《年輕的齊格菲》(*Der junger Siegfried*)，也又以很快的速度寫好劇本。雖

3 德文此字可泛用在所有「節」上，而不僅是「音樂節」或「藝術節」。Bayreuther Festspiele若直譯，中文應是「拜魯特節」，不知內情的人士，並不清楚究竟是什麼「節」。因之，通常會在譯名中加上適當的名詞，稱之為「音樂節」或「藝術節」等等。Spiel一字，在德文裡，亦有多層用法，其中有「劇」之意。於此可見，華格納係以一詞多關的方式，使用Festspiel一詞。

4 細節請參考本書〈華格納《尼貝龍根的指環》創作至首演年表〉。

5 請見本書99-109頁。

6 關於音樂節的理念、成立及運作的細節，將於本文後半詳述。

然作品已由一部擴大到兩部，華格納仍然覺得不滿意。1851年八月，他確定必須將範圍再加以擴大。最後，他得到的結論是，這必須是一個三日加上具序奏意義的序夜(Vorabend)，也就是要演上四天的作品，他將整部作品定名爲《尼貝龍根的指環》，每一部又各有名稱，分別是《萊茵的黃金》、《女武神》、《年輕的齊格菲》和《齊格菲之死》；在寫作前兩部劇本的過程中，華格納看到，他也得改寫後面兩部以齊格菲命名的劇本。1852年十一月，所有的劇本都完成了；後面兩部又在1856年，分別被改名爲《齊格菲》和《諸神的黃昏》。至此，《指環》的劇本終於底定。

全劇的譜曲則在1853年九月開始，一直到1874年十一月才完成，其間不僅經過數度的中斷，還有幾次，中斷的時間很長。除此以外，在這段期間，華格納還完成了《崔斯坦與伊索德》和《紐倫堡的

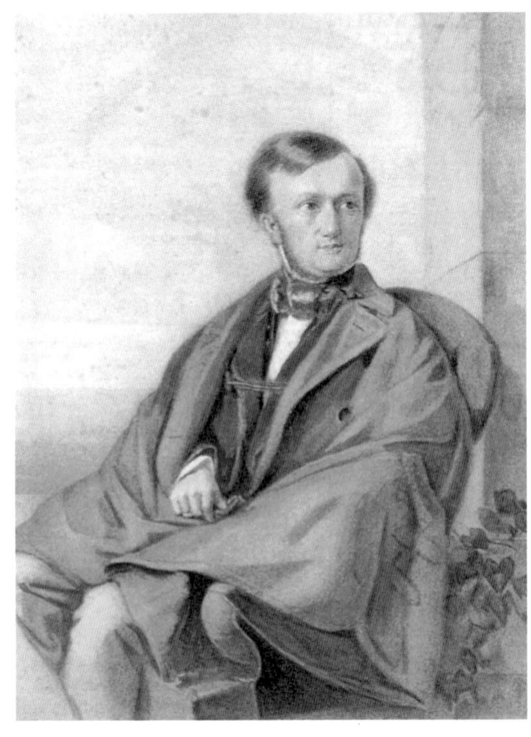

華格納，1853年，水彩畫，C. Stockar-Escher繪。

名歌手》兩劇全劇、《唐懷瑟》的巴黎版本、《帕西法爾》的劇本以及其他的聲樂和器樂作品。[7]這段期間也是華格納個人生命中相當困難的時間，政治因素流亡在外、情變、婚變等等各種變動接踵而來，這些固然不能打消華格納創作《指環》的決心，但是，他要以一個專門的音樂節演出這部作品的構想，卻因此一直無法有所突破，也影響到全劇的創作進度。

1857年六月廿八日，華格納寫信給李斯特(Franz Liszt)，告知自己痛苦的決定：他要全力創作《崔斯坦與伊索德》[8]，而確定停筆寫《齊格菲》：

> 我將我年輕的齊格菲帶到了森林中那一份美麗的孤寂裡，我讓他留在菩提樹下，並且流著誠摯的淚水向他告別；在那裡，他比在哪個其他地方都好。如果要我再重拾這份工作，除非我覺得很輕鬆愉快，或是我自己到那時候，要有可能，將這部作品以最完整的「贈送」一字的意義，獻給世界。[9]

1862年底，華格納認為《指環》的夢想幾乎不可能實現了，決定將完成已十年的劇本，交由萊比錫的出版商韋伯(Johann Jakob Weber)於1863年出版，[10]華格納並且寫了一個很長的《前言》[11]，闡述自己

---

7 請參考本書〈華格納《尼貝龍根的指環》創作至首演年表〉。

8 華格納當時以為《崔斯坦與伊索德》可以很快完成並上演，能夠為他帶來些收入，才做此決定。

9 *Franz Liszt — Richard Wagner: Briefwechsel*, ed. by Hanjo Kesting, Frankfurt am Main (Insel), 1988, 523-527; 引言見524頁。在同一封信裡，華格納還問到了，新婚的畢羅夫婦何時來蘇黎世，並表示很期待看到他們。

10 五年後，1868年，韋伯又為華格納出版了《德國藝術與德國政治》(*Deutsche Kunst und Deutsche Politik*)。

11 請參考本書59-68頁。

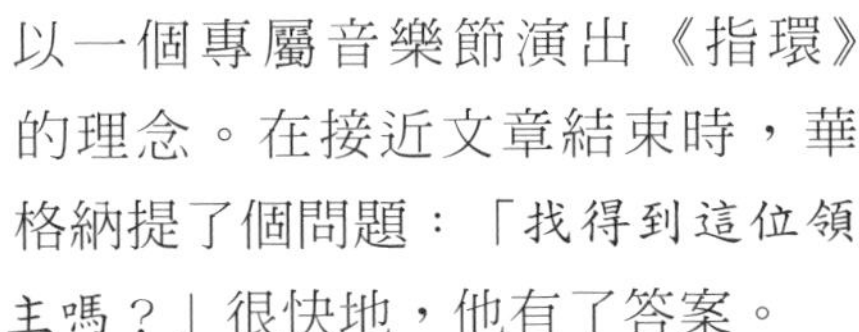

巴伐利亞國王路德維希二世，攝於1864年。

以一個專屬音樂節演出《指環》的理念。在接近文章結束時，華格納提了個問題：「找得到這位領主嗎？」很快地，他有了答案。

1864年三月十日，路德維希二世即位，成爲新的巴伐利亞國王，當時他才十八歲半。路德維希二世自小喜歡藝文，閱讀許多書籍，包括華格納的著作，很小就是位華格納迷，也一直希望有朝一日，能親眼見到自己的偶像。1863年出版的《指環》劇本，自也在他的藏書之列，在讀到華格納《前言》裡提的問題「找得到這位領主嗎？」他即強烈地自許爲這位領主，雖然當時他並不知道自己即將接位。年輕的路德維希二世即位後，一直不快樂，身邊的臣子探詢他的願望，他表示要見華格納，於是臣子就開始四處打聽華格納的下落。應是緣份未到，路德維希二世即位後半個月，華格納因負債太多，逃離維也納，途經慕尼黑，於櫥窗中看到路德維希二世的畫像，國王的年輕俊美，讓華格納贊嘆，卻不知道他是國王的偶像。六週後，1864年五月三日，路德維希二世的特使終於找到了華格納，向華格納表示欽慕之意，並且即刻將他接到慕尼黑。第二天早上，國王見到他的偶像，華格納則終於結束了流亡的生涯。[12]

在接下去的日子裡，路德維希二世不但幫華格納還債務，也在慕尼黑先後首演了《崔斯坦與伊索德》以及《紐倫堡的名歌手》，並且

12 Martin Gregor-Dellin, *Richard Wagner. Sein Leben — Sein Werk — Sein Jahrhundert*, München (Piper), 1980, 516-520。

還打算另外蓋一個劇院，讓華格納實現他的《指環》首演與音樂節的夢想。在衣食無虞的情形下，華格納又開始寫作《指環》。可惜好景不常，喜好文藝的國王執政，壓不住身邊重臣彼此之間的權力鬥爭，而華格納也被捲入其中。爲求息事寧人，華格納於1865年年底離開慕尼黑，再赴瑞士，在琉森(Luzern)定居。與十多年前情形不同的是，這一次，有國王資助，生活上安定很多，可以繼續創作。

但是，慕尼黑的情形並未好轉，蓋劇院的計劃叫停。1869年二月，路德維希二世告訴華格納，要在慕尼黑演出已譜寫完成的《萊茵的黃金》，作曲家一本《指環》全劇要整體演出的堅持，自然大加反對，卻也無法阻止。1869年九月廿二日，《萊茵的黃金》在慕尼黑首演；1870年六月廿六日，《女武神》也在慕尼黑首演。爲了表示抗議，首演時，作曲家都未在場。

《萊茵的黃金》首演後兩個月，1869年十一月廿日，華格納寫了一封信給國王，就像大部份他寫給國王的信一般，這封信很長。信裡，華格納一再地重覆他在劇本出版前言裡的理念，並且問道：「您想要我的作品是像我要的那樣，還是不是？」[13]華格納這封信並未能改變國王的決定，作曲家的痛心，躍然紙上。

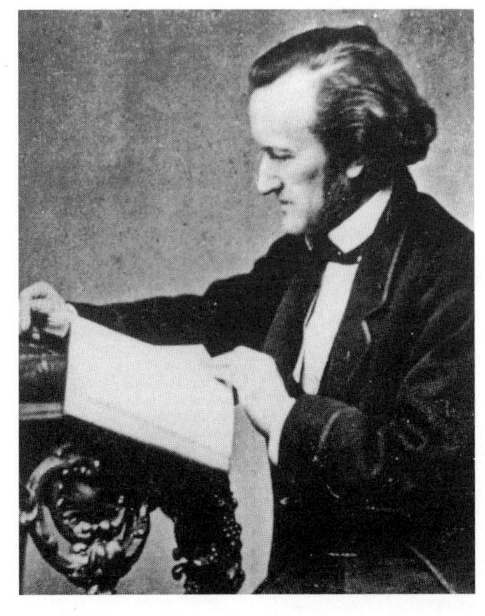

華格納，1864年，J. Albert攝。

13 L. II_BW, vol. 2, 292。

1870年元月十二日，華格納由琉森居所崔布珣(Tribschen)寫信給多年的好友浦西內利(Anton Pusinelli)[14]，信裡發抒著無限的感慨，卻也對未來有著期待：

……

我這個人的生命有著無比特別多的變化。只要稍加注意，就會看到，這個生命只有一個需要、一個渴望，那就是：安靜和不被打擾，加上一些藝術家創作不可或缺的愉悅。相反地，我生命裡外在的情形卻呈現出，再喜歡冒險的怪人也不會有比我更不安靜和多變的生活。這個完全相反的現象，清楚地有些原因的，理念上和現實上。就理念上而言，乃在於我特殊的藝術傾向，正因為我是歌劇作曲家，我一生的工作有著最俗氣的藝術本質，但是我要由它發展出藝術作品，它會超越所有的藝術種類。現實上而言，我生命裡有兩大障礙：我一貧如洗，還有我太早有的、很不合適的婚姻。身無恆產是最糟糕的。能繼承些什麼，不管多少，都能讓一個想認真做些什麼的人，有著最需要的獨立性：我所想做的，也就是我能發揮作用的環境裡，要賺錢維生，簡直是個詛咒。很多偉大的人物早就感覺到了，他們也因此毀了。我相信，就算只有一般的財富，就可以讓我的外在生活穩定，免受打擾。這個完全相反的情形，卻也讓我對金錢的價值無所謂，就好像我早知道，我反正不可能為自己賺到錢。結果是，就我想追求的生命理想而言，我忍受著說不出的痛苦。

命運特別的道路，讓我終於在年紀不小的時候，才獲得一種身無恆產的替代品；你也知道我和巴伐利亞年輕國王的情形。這份財產的好處又經由妒忌、經由關係裡很不平凡

14 華格納在德勒斯登的好友，兩人於1843年結識。他曾是華格納的家庭醫生，也曾資助過華格納。

> 的種種，帶給我新的、未曾有過的不安，也不是什麼不為人知的事了。隨著時間過去，我慢慢地漸漸知道，這一份讓我完全自由的支持，能讓我完成我生命的目的，我要珍惜它。但是，這裡也總是有些很困難、令人害怕的東西存留著，主要原因在於那位那麼愛我的國王朋友的個性和命運。到那時為止，我的生命將我毫無目標地驅向暴風雨，我的生命之船在到達港口前，還有許多想不到的困難要渡過。還好，港口到了。我現在終於喜歡、也愉快地生活著。一個有著高額頭和亮眼睛的漂亮、強壯的兒子，齊格菲·華格納，將會繼承他父親的名字，會獲得他父親的世界作品。……[15]

由信的內容可以看到，雖然華格納對路德維希二世不盡滿意，卻珍惜著國王給予他的物質資助，讓他能進行自己的創作計劃；兒子齊格菲的誕生，更給予他要完成《指環》全劇的動力。

眼看著自己《指環》全本以音樂節方式首演的計劃，在慕尼黑已難以進行，華格納開始另覓目標。1870年三月，李希特(Hans Richter)向他提了拜魯特，地理位置和城市大小，都很合華格納的想法。1871年四月，華格納赴拜魯特實地勘察，獲得了當地的政商界人士的支持，音樂節的理想終於開始逐步實現。但是到音樂節開始運作，卻還要等五年。由於音樂節有了眉目，華格納也繼續寫作《諸神的黃昏》，在1874年十一月廿一日完成了全劇。

1876年八月十三日至八月十七日，《指環》在新蓋好的拜魯特慶典劇院做全劇的首演，也揭開了拜魯特音樂節的序幕，華格納終於看到他的夢想實現了。

15 *Richard Wagner an Freunde und Zeitgenossen*, ed. by Erich Kloss, Leipzig (Breitkopf & Härtel), (1909) 1912, 506-508。

拜魯特音樂節的誕生

前面提過，早在全劇還只是《齊格菲之死》的階段，音樂節的構想已經有了。1850年九月十四日，華格納流亡在外已近兩年，他寫信給一位畫家朋友濟慈(Ernst Benedikt Kietz)，信中先對李斯特在威瑪首演《羅恩格林》，他本人不能在場，抱怨一番，並由此延伸出對演出《齊格菲之死》的想法：

> 我在想，真地要將齊格菲寫成音樂，只是我不想，隨便讓一個最好的劇院來演它；相反地，我有個最大膽的計劃，只是要實現它，至少得要一萬銀幣(Thaler)才行。然後，我就要在我住的地方，根據我的計劃，用木板蓋個劇院，請來最有資格的歌者，並且要有所有為這個想法需要的設備，讓我能讓這部歌劇有個精采的演出。然後，我要寫信邀請所有對我作品有興趣的人，要將觀眾席做好的設備，並且，當然是免費地，在一週裡連演三次，之後，劇院會被拆掉，結束整個事情。只有這樣，我才覺得有意義。[16]

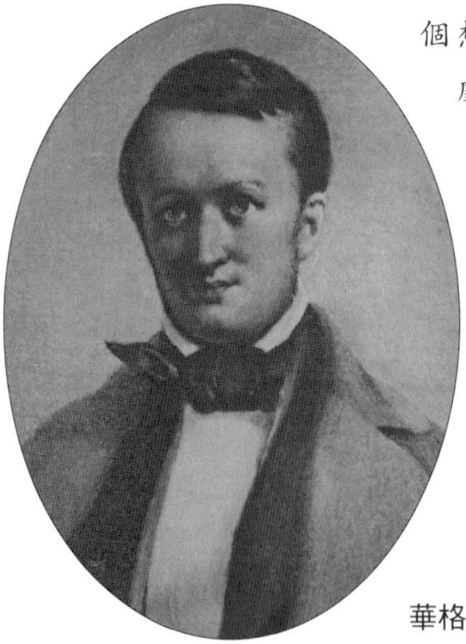

華格納，1850年，濟慈(Ernst Benedikt Kietz)繪。

16 *Richard Wagner: Sämtliche Briefe*. Herausgegeben im Auftrage der Richard-Wagner-Stiftung Bayreuth von Gertrud Strobel und Werner Wolf, vol. III: *Briefe der Jahre 1849 bis 1851*, zweite Auflage, Leipzig (VEB Deutscher Verlag für Musik), 1983, 405。

一年後，演出達四晚的《指環》構思成型，原來以一個臨時的劇院專門演出《齊格菲之死》的構想，也擴大爲以一個音樂節專門演出《指環》的理念，如同華格納在他的文章《告知諸友》（*Eine Mitteilung an meine Freunde*）所寫：

> 我想在一個專門的音樂節中，以三天加上一個前夕來演出這三個劇和它的序夜。[17]

1862年底，在中斷了五年的譜曲工作後，華格納決定先將《指環》的劇本出版，並寫了一篇很長的《前言》[18]，說明他對該作品和音樂節的理念。在這篇文章中，「音樂節」的構想完全成型；其中的重點爲：在德國一個位置適中的小城搭建一個臨時性的劇院，結構愈簡單愈好，或許完全由木頭構成，但要能符合各個藝術工作成就的目標所需。劇院建造的重點在於由舞台延伸出、古希臘劇場橢圓形階梯式的觀衆席，以及由觀衆席上看不見的樂團席。依華格納的計劃，在密集式的排練下，以獨特的風格和藝術成就演出《指環》。這一切需要相當的財力，華格納企盼能找到一位領主支持。以下面這一段話，華格納結束了這篇文章：

> 在等待這個行動的期間，筆者深刻地感受到，要以「文字」做為開始，並且就真正地經由文字，無音無聲，就只經由一個個的字母來思考。所以，他決定，將他的詩作就以詩作的方式，公諸在更多的觀眾之前。我原來的願望是，作品只能以完整的方式，亦即是要有不可或缺的音樂和舞台演出，才能呈現出來。僅僅出版文字部份的方式，我承認，是有違我以往的願望的，但是，耐心與等待終於讓我

17 GSuD 4, 343。

18 GSuD 6, 272-281；請參考本書59-68頁。

累了。我不再希望，我能看到我舞台慶典劇的演出：我不再敢希望，還能找到喘息的空間，來完成音樂的部份。因之，我真就只將一個純粹戲劇的詩作、一個詩人的文學產品交給喜歡閱讀的大眾。就由這點來看，我的決定不容易，因為它沒有真正的市場。文人將「歌劇劇本」擺在一邊，因為那是樂人的事；樂人也將它擺在一邊，因為他不懂，這個歌劇劇本應如何被譜寫成音樂。真正的真心全意為我的觀眾，則要求要有「行動」。

而這點，可惜不是我能做得到的！[19]

1864年，華格納雖然遇到了他的領主，但事情的發展卻不如預期。1871年四月，此時，《齊格菲》也已經完成，華格納赴拜魯特，發現當地現有的領主夫人劇院(Markgräfliches Opernhaus)舞臺過小，但拜魯特的城市條件很合需要。更重要的是，當地的政商界人士對華格納的理念非常支持，全力配合。1871年五月十二日，華格納宣告，《指環》將於1873年

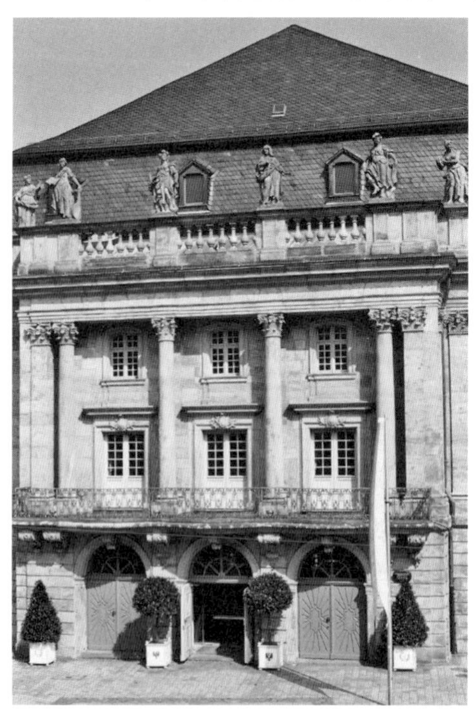

拜魯特領主夫人劇院外觀，梅樂亙攝。

19 GSuD 6, 281。

夏天在拜魯特首演。同年十一月間，拜魯特即正式決定，提供一塊地給華格納蓋劇院。1871年十一月廿日，第一個「華格納協會」(Richard-Wagner-Verein)在曼海姆(Mannheim)成立，華格納本人亦在場。之後，許多城市亦陸續成立了華格納協會，共同推動著成立音樂節的工作；今日，世界各地許多城市都有華格納協會，對於拜魯特音樂節的運作一直有其重要性，至今依然。

1872年二月一日，華格納在拜魯特購得自宅用地；同一天，華格納宣告，當年五月廿二日舉行劇院破土典禮，亦同時宣告音樂節管理委員會成立，主要由三位人士負責：市長門克(Muncker)、銀行家佛依斯特(Friedrich Feustel)、王室律師凱佛萊因(Kaefferlein)；音樂節的藝術層面，則由他全權負責。至此，華格納在劇本出版《前言》裡，提到的另一個可能，竟然在拜魯特有了實現的可能：

> 由富有的愛好藝術的男士和女士組成一個協會，首要工作是籌集首次演出我的作品所需要的金錢。當我想到，德國人在這方面通常多小氣，我就沒有勇氣保證，為這個目的發起的呼籲，能夠成功。[20]

1872年五月廿二日，華格納五十九歲生日當天，劇院舉行破土典禮，並在領主夫人劇院，由華格納指揮演出貝多芬第九號交響曲。[21] 雖然事情看來進行得很順利，華格納的心情卻並不輕鬆，因爲他很清楚，到音樂節揭幕，還有很長的路，還需要很多的錢，華格納一方面繼續譜寫《諸神的黃昏》，一方面四處籌款，建造劇院，還要找演出所須的歌者、樂團成員、舞台相關工作人員。

很快地，大家認知到，音樂節需要的基本開支難以估計，雖然各地的華格納協會努力募款，依舊經費不足，原定1873年開始的音樂節

20 GSuD 6, 280。
21 請參考本書〈當理查遇到路德維希〉一文。

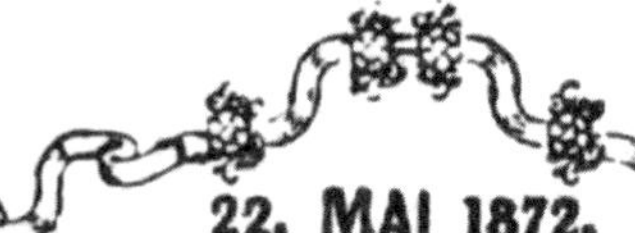

22. MAI 1872.

PROGRAMM.

1. Sonntag den 19. Mai:

Empfang der Gäste am Bahnhofe.

2. Montag den 20. Mai:

Proben. Abends Reunion im Saale des „Gasthofs zur Sonne."

3. Dienstag den 21. Mai:

Proben. Abends Besuch der Fantaisie.

4. Mittwoch den 22. Mai:

Morgens 10 Uhr Zusammenkunft bei Hrn. Banquier Feustel. Zug zum Festplatz zum Zweck der

GRUNDSTEINLEGUNG.

Nachmittags 5 Uhr:

Aufführung der IX. Symphonie Beethoven's

im kgl. Opernhause.

Abends 7 Uhr Festbankett im Saale des „Gasthofs zur Sonne."

5. Donnerstag den 23. Mai:

Morgens 8 Uhr Versammlung der Patrone und Vereins-Delegirten zur Berathung im Rathhaus-Saale.

CARL GIESSEL'S OFFICIN IN BAYREUTH.

1872年五月廿二日拜魯特慶典劇院破土典禮日程表。

巴伐利亞國王路德維希二世(1845-1886)

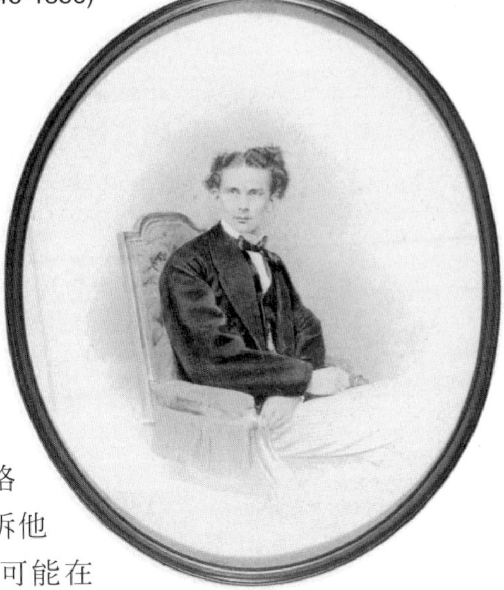

必須延期。協會成員以及華格納本人透過各種方式，向各地領主請求支援，亦都碰了壁。1874年一月九日，華格納寫信給路德維希二世，告訴他音樂節因財務問題，勢必不可能在1875年開始，甚至次年是否能開始，都不知道。兩週後，一月廿五日，路德維希二世回信，表示「我們的計劃」(Unser Plan)不能失敗，雖然他也沒那麼大財力，但總能幫忙。經與音樂節管理委員會討論後，決定由國王擔保，王室提供貸款，日後由華格納以及其後人，由音樂節的預算中慢慢償還。[22]有了這筆財源，劇院可以繼續建造，華格納也能安心地進行下一步計劃。六月裡，在李希特的協助下，開始了《指環》的歌者排練。十一月廿一日，全劇譜寫完成，創作部份結束，華格納除了繼續找財源之外，可以全力進行演出的藝術層面工作。1875年七月至八月裡，歌者、樂團成員和舞台工作人員先後來到拜魯特，進行第一階段排練，若以歌者時程爲主，大致如下：

22 L. II_BW 3, 27-34。路德維希二世亦捐贈華格納一筆不小的數目，才能完成華格納在拜魯特的「癲寧居」(Villa Wahnfried)的建造。華格納於同年四月下旬遷入居住，該建築亦是現在的華格納博物館。

七月第一週：《萊茵的黃金》鋼琴排練
　　第二週：《女武神》鋼琴排練
　　第三週：《齊格菲》鋼琴排練
　　第四週：《諸神的黃昏》鋼琴排練。
八月一日至十五日：樂團排練；依序排練四劇。
八月第三週：加入舞台工作人員排練。[23]

經過這一個密集排練後，華格納對演出有了信心，立即於1875年八月廿八日宣佈，音樂節於次年八月舉行，演出時程及內容爲：

第一次：
八月十三日，週日：《萊茵的黃金》，
八月十四日，週一：《女武神》，
八月十五日，週二：《齊格菲》，
八月十六日，週三：《諸神的黃昏》。
第二次：
八月廿日，週日：《萊茵的黃金》，
八月廿一日，週一：《女武神》，
八月廿二日，週二：《齊格菲》，
八月廿三日，週三：《諸神的黃昏》。
第三次：
八月廿七日，週日：《萊茵的黃金》，
八月廿八日，週一：《女武神》，
八月廿九日，週二：《齊格菲》，
八月卅日，週三：《諸神的黃昏》。[24]

---

23 GSuD 16, 147-148。
24 GSuD 16, 153。

Anordnung der Proben zu den Aufführungen des Bühnenfestspieles „Der Ring des Nibelungen" in Bayreuth im Jahre 1876.

	Datum.	Tag.	Zeit	Art der Proben.
Das Rheingold. Erste Scene.	Juni 3ten	Samstag	Vorm. 9.	Special-Orchesterprobe für Blasinstrumente (9–11) für Streichinstrumente (11–1).
„	„	„	Nachm. 4.	Scenenprobe mit Klavierbegleitung auf der Bühne.
„	4ten	Sonntag	Vorm. 10.	Scenenprobe (wiederholt).
„	„	„	Nachm. 5.	Volles Orchester allein.
„	5ten	Montag	Vorm. 10.	Gesammtprobe mit Scene und Orchester.
Zweite und dritte Scene.	6ten	Dienstag	Vorm. 9.	Orchesterprobe für Blasinstrumente (9–11) für Streichinstrumente (11–1).
„	„	„	Nachm. 4.	Scenenprobe mit Klavier.
„	7ten	Mittwoch	Vorm. 10.	Scenenprobe (wiederholt).
„	„	„	Nachm. 5.	Volles Orchester (allein).
„	8ten	Donnerstag	Nachm. 4.	Gesammtprobe mit Scene und Orchester.
Vierte Scene.	9ten	Freitag	Vorm. 9.	Orchesterprobe für Blasinstrumente (9–11) für Streichinstrumente (11–1).
„	„	„	Nachm. 6.	Scenenprobe (mit Klavier).
„	10ten	Samstag	Vorm. 10.	Volles Orchester allein.
„	„	„	Nachm. 6.	Scenenprobe (mit Klavier).
„	11ten	Sonntag	Nachm. 6.	Gesammtprobe mit Scene und Orchester.

	Datum.	Tag.	Zeit	Art der Proben.
Die Walküre. Erster Aufzug.	Juni 12ten	Montag	Vorm. 9.	Orchesterprobe für Blasinstrumente (9–11) für Streichinstrumente (11–1).
„	„	„	Nachm. 6.	Scenenprobe (mit Klavier).
„	13ten	Dienstag	Vorm. 10.	Volles Orchester allein.
„	„	„	Nachm. 6.	Scenenprobe (mit Klavier).
„	14ten	Mittwoch	Nachm. 6.	Gesammtprobe mit Scene und Orchester.
Zweiter Aufzug.	15ten	Donnerstag	Vorm. 9.	Orchesterprobe für Blasinstrumente (9–11) für Streichinstrumente (11–1).
„	„	„	Nachm. 6.	Scenenprobe (mit Klavier).
„	16ten	Freitag	Vorm. 10.	Volles Orchester allein.
„	„	„	Nachm. 6.	Scenenprobe (mit Klavier).
„	17ten	Samstag	Nachm. 6.	Gesammtprobe mit Scene und Orchester.
	18ten	Sonntag	—	**Keine Probe.**
Dritter Aufzug.	19ten	Montag	Vorm. 9.	Orchesterprobe für Blasinstrumente (9–11) für Streichinstrumente (11–1).
„	„	„	Nachm. 6.	Scenenprobe (mit Klavier).
„	20ten	Dienstag	Vorm. 10.	Volles Orchester allein.
„	„	„	Nachm. 6.	Scenenprobe (mit Klavier).
„	21ten	Mittwoch	Nachm. 6.	Gesammtprobe mit Scene und Orchester.

	Datum.	Tag.	Zeit	Art der Proben.
Siegfried. Erster Aufzug.	Juni 22ten	Donnerstag	Vorm. 9.	Orchesterprobe für Blasinstrumente (9–11) für Streichinstrumente (11–1).
„	„	„	Nachm. 6.	Scenenprobe (mit Klavier).
„	23ten	Freitag	Vorm. 9.	Volles Orchester allein.
„	„	„	Nachm. 6.	Scenenprobe (mit Klavier).
„	24ten	Samstag	Nachm. 6.	Gesammtprobe mit Scene und Orchester.
	25ten	Sonntag	—	**Keine Probe.**
Zweiter Aufzug.	26ten	Montag	Vorm. 9.	Orchesterprobe für Blasinstrumente (9–11) für Streichinstrumente (11–1).
„	„	„	Nachm. 6.	Scenenprobe (mit Klavier).
„	27ten	Dienstag	Vorm. 10.	Volles Orchester allein.
„	„	„	Nachm. 6.	Scenenprobe (mit Klavier).
„	28ten	Mittwoch	Nachm. 6.	Gesammtprobe mit Scene und Orchester.
Dritter Aufzug.	29ten	Donnerstag	Vorm. 9.	Orchesterprobe für Blasinstrumente (9–11) für Streichinstrumente (11–1).
„	„	„	Nachm. 6.	Scenenprobe (mit Klavier).
„	30ten	Freitag	Vorm. 10.	Volles Orchester allein.
„	„	„	Nachm. 6.	Scenenprobe (mit Klavier).
„	1ten Juli	Samstag	Nachm. 6.	Gesammtprobe mit Scene und Orchester.
	2ten	Sonntag	—	**Keine Probe.**

	Datum.	Tag.	Zeit.	Art der Proben.
Götterdämmerung. Erster Aufzug.	Juli 3ten	Montag	Vorm. 9.	Orchesterprobe für Blasinstrumente (9–11) für Streichinstrumente (11–1).
„	„	„	Nachm. 6.	Scenenprobe (mit Klavier).
„	4ten	Dienstag	Vorm. 10.	Volles Orchester allein.
„	„	„	Nachm. 6.	Scenenprobe (mit Klavier).
„	5ten	Mittwoch	Nachm. 6.	Gesammtprobe mit Scene und Orchester.
Zweiter Aufzug.	6ten	Donnerstag	Vorm. 9.	Orchesterprobe für Blasinstrumente (9–11) für Streichinstrumente (11–1).
„	„	„	Nachm. 6.	Scenenprobe (mit Klavier).
„	7ten	Freitag	Vorm. 10.	Volles Orchester allein.
„	„	„	Nachm. 6.	Scenenprobe (mit Klavier).
„	8ten	Samstag	Nachm. 6.	Gesammtprobe mit Scene und Orchester.
	9ten	Sonntag	—	**Keine Probe.**
Dritter Aufzug.	10ten	Montag	Vorm. 9.	Orchesterprobe für Blasinstrumente (9–11) für Streichinstrumente (11–1).
„	„	„	Nachm. 6.	Scenenprobe (mit Klavier).
„	11ten	Dienstag	Vorm. 10.	Volles Orchester allein.
„	„	„	Nachm. 6.	Scenenprobe (mit Klavier).
„	12ten	Mittwoch	Nachm. 6.	Gesammtprobe mit Scene und Orchester.
	13ten	Donnerstag	—	**Keine Probe.**

	Datum.	Tag.	Zeit.	Art der Proben.
Das Rheingold. Erste und zweite Scene.	Juli 14ten	Freitag	Nachm. 5.	Gesammtprobe mit Requisiten.
Dritte und vierte Scene.	15ten	Samstag	Nachm. 5.	Gesammtprobe mit Requisiten.
	16ten	Sonntag	—	**Keine Probe.**
Die Walküre. Erster Aufzug.	17ten	Montag	Nachm. 5.	Gesammtprobe mit Requisiten.
Zweiter Aufzug.	18ten	Dienstag	Nachm. 5.	Gesammtprobe mit Requisiten.
Dritter Aufzug.	19ten	Mittwoch	Nachm. 5.	Gesammtprobe mit Requisiten.
Siegfried. Erster Aufzug.	20ten	Donnerstag	Nachm. 5.	Gesammtprobe mit Requisiten.
Zweiter Aufzug.	21ten	Freitag	Nachm. 5.	Gesammtprobe mit Requisiten.
Dritter Aufzug.	22ten	Samstag	Nachm. 5.	Gesammtprobe mit Requisiten.
	23ten	Sonntag	—	**Keine Probe.**
Götterdämmerung. Erster Aufzug.	24ten	Montag	Nachm. 5.	Gesammtprobe mit Requisiten.
Zweiter Aufzug.	25ten	Dienstag	Nachm. 5.	Gesammtprobe mit Requisiten.
Dritter Aufzug.	26ten	Mittwoch	Nachm. 5.	Gesammtprobe mit Requisiten.
	27ten	Donnerstag	—	**Keine Probe.**
	28ten	Freitag	—	**Keine Probe.**

	Datum	Tag.	Zeit	Art der Proben.
Rheingold.	Juli 29ten	Samstag	Nachm. 5.	Vollständig – mit Requisiten u. in Costümen.
	30ten	Sonntag	—	**Keine Probe.**
Walküre.	31ten	Montag	Nachm. 4. „ 6. „ 8.	Erster Aufzug Zweiter „ Dritter „ — Vollständig, und in Costümen.
	1ten Aug.	Dienstag	—	**Keine Probe.**
Siegfried.	2ten	Mittwoch	Nachm. 4. „ 6. „ 8.	Erster Aufzug Zweiter „ Dritter „ — Vollständig, und in Costümen.
	3ten	Donnerstag	—	**Keine Probe.**
Götterdämmerung.	4ten	Freitag	Nachm. 4. „ 6½. „ 8½.	Erster Aufzug Zweiter „ Dritter „ — Vollständig, und in Costümen.
	5ten	Samstag	—	**Keine Probe.**

General-Proben.

Rheingold	Sonntag	6ten August	Nachm. 5 Uhr
Walküre	Montag	7ten August	4 Uhr Nachm. Erster Aufzug 6 „ „ Zweiter „ 8 „ „ Dritter „
Siegfried	Dienstag	8ten August	4 Uhr Nachm. Erster Aufzug 6 „ „ Zweiter „ 8 „ „ Dritter „
Götterdämmerung	Mittwoch	9ten August	4 Uhr Nachm. Erster Aufzug 6½ „ „ Zweiter „ 8½ „ „ Dritter „
	Donnerstag Freitag Samstag	10ten August 11ten „ 12ten „	**Erholung.**

Aufführungen.

Erste Aufführung	Aug. d. 13. „ „ 14. „ „ 15. „ „ 16.	Sonntag Montag Dienstag Mittwoch	Nach derselben Zeitanordnung, wie die Generalproben.
Erholung.	—	—	—
Zweite Aufführung	Aug. d. 20. „ „ 21. „ „ 22. „ „ 23.	Sonntag Montag Dienstag Mittwoch	Nach derselben Zeitanordnung, wie die Generalproben.
Erholung.	—	—	—
Dritte Aufführung	Aug. d. 27. „ „ 28. „ „ 29. „ „ 30.	Sonntag Montag Dienstag Mittwoch	Nach derselben Zeitanordnung, wie die Generalproben.

1876年拜魯特音樂節排演日程表。

Letzte Bitte
an meine lieben Genossen.

! Deutlichkeit !

– Die grossen Noten kommen von selbst; die kleinen Noten und ihr Text sind die Hauptsache. –

Nie dem Publikum etwas sagen, sondern immer dem Anderen; in Selbstgesprächen nach unten oder nach oben blickend, nie gerad' aus. –

Letzter Wunsch:
Bleibt mir gut, Ihr Lieben!

Bayreuth, 13 August 1876.

Richard Wagner

1876年《指環》首演前，華格納給歌者的「最後的請求」。

Die letzte Bitte
an meine lieben Genossen
!Deutlichkeit!
Die großen Noten kommen von selbst. Die kleinen Noten und ihr Text sind die Hauptsachen.
Nie dem Publikum etwas sagen, sondern immer den anderen; in Selbstgesprächen nach unten oder nach oben blickend, nie gerad'aus.
Letzter Wunsch
Bleibt mir gut, ihr Lieben!
Bayreuth, 13. August 1876.
Richard Wagner

最後的請求
給我親愛的同仁
！要清楚！
大的音符自己會出來。小的音符和它們的歌詞正是重點。

永遠不要對觀眾說，而一直要對別人；在獨白時，向下或向上看，永遠不要要前看。
最後的願望
對我好，親愛的你們！
拜魯特，1876年八月十三日
理查・華格納

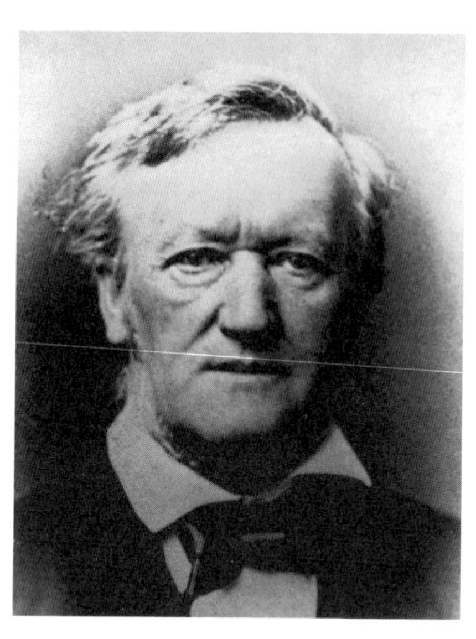

華格納。

1876年六、七月裡，進入最後的密集排練。音樂節如期於八月十三日以《萊茵的黃金》揭幕，演出全本《指環》三次。坐在觀眾席裡的，有來自全歐洲的統治者，更多的，則是華格納協會的成員。1876年的演出成果，華格納並不滿意，由於多方因素，音樂節並未立刻繼續舉行。直至1882年七月，華格納最後一部作品《帕西法爾》(*Parsifal*)在此首演，劇院才再度被使用。不久之後，次年二月十三日，他因心臟病突發，逝於威尼斯。

音樂節理念的落實

由華格納宣告音樂節成立的文字裡，以及他於1875年元月至1876年四月之間，寫給歌者、樂團成員和舞台工作人員的信裡，可以看到，華格納如何將其在劇本出版前言裡的夢想，落實在音樂節的實務上，更可以看到他思考的全面和鉅細靡遺。在建造劇院上，華格納一直堅持劇院是一個暫時性的建築，由木板建造即可，能省則省，無需任何裝飾；另一方面，爲實際演出所需的相關舞台之前後台設備，則不計成本，儘量合乎所需。由於音樂節的歌者、樂團成員和舞台工作人員，均係由全德國各地找來，華格納在給歌者、樂團成員和舞台工作人員的多封信裡，均即早附上了排練時間表，以讓他們能及時安排個別的行程，或是向原工作單位請假等事宜；如有困難，華格納願意出面幫忙。除此之外，他一再感激對方，願意一本追求最高藝術品質的榮耀感，支援音樂節；並且強調音樂節的目的不在賺錢，所以也無法付什麼演出費，但是會提供在拜魯特期間的住宿和來往拜魯特的交通費(火車普通艙！)。針對一般被忽略的舞台工作人員，華格納更一再強調，這些人士也是「藝術家」(Künstler)，不僅在給工作人員的信裡，在音樂節贊助者面前，他亦是如此教育著他們。[25]

除了要求參與演出的人員要追求最高的藝術品質外，華格納也要求觀衆要有同樣的參與感。他告知贊助者：

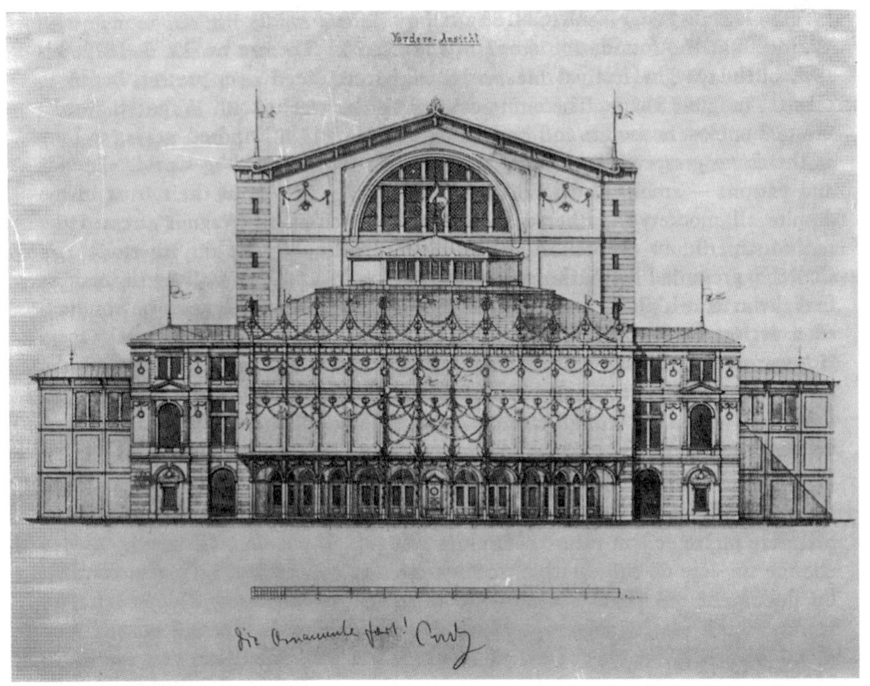

慶典劇院正面設計圖，1873年，Otto Brückwald繪。下方有華格納的筆蹟：「去掉裝飾！」(Die Ornamente fort!)

25 GSuD 16, 131-161。

> 尊貴的舞台慶典劇的贊助人，請不要對演出者或筆者動怒，如果他們對您給予的令人興奮的掌聲，沒有如您期待地，個別出現在舞台上致謝。因為大家有共識，不要這樣做，才能在觀眾眼前，呈現他們所演出的藝術作品是一個整體。[26]

他也告知觀衆，該如何用劇本：

> 為了獲得舞台場景正確的效果，觀眾席的光線必須加以減低，以致於在演出進行時，是無法閱讀劇本的。因之，如果您對戲劇的進行還不清楚，建議您，可以在演出開始前，閱讀整本劇本，或者在中場休息時，閱讀部份的劇本，以熟知內容。[27]

這些舉動，都呼應了他在劇本前言裡的呼籲：觀衆必須要求有好的演出，也要在觀賞演出時，同時思考，而不是期待進劇院去放鬆自己。華格納的苦口婆心，也都成了後世演出歌劇的金科玉律。

華格納去世後，他的遺孀與子孫繼承遺志，一步步地擴大了音樂節的規模，也奠定了音樂節的運作模式。

1883年之後，柯西瑪自是不做第二人想的繼承人，主持音樂節。在1886到1906年間，音樂節繼斷續續地舉行了九次，除了《指環》外，她安排演出一些華格納其他的作品：《崔斯坦與伊索德》(1886)、《紐倫堡的名歌手》(1888)、《唐懷瑟》(1891)、《羅安格林》(1894)和《飛行的荷蘭人》(1901)。這五部加上《指環》和《帕西法爾》，就是至今拜魯特音樂節每年輪流演出的劇目。1908年起，齊格

26 GSuD 16, 160。

27 GSuD 16, 160。於此推之，今日許多劇院在演出歌劇時，於舞台上方打出歌詞之原文內容或翻譯，華格納必然不認同。

（上圖）柯西瑪．華格納(Cosima Wagner, 1837-1930)。
（中圖）齊格菲．華格納(Siegfried Wagner, 1869-1930)。
（下圖）溫妮弗瑞德．華格納(Winifred Wagner, 1897-1980)。

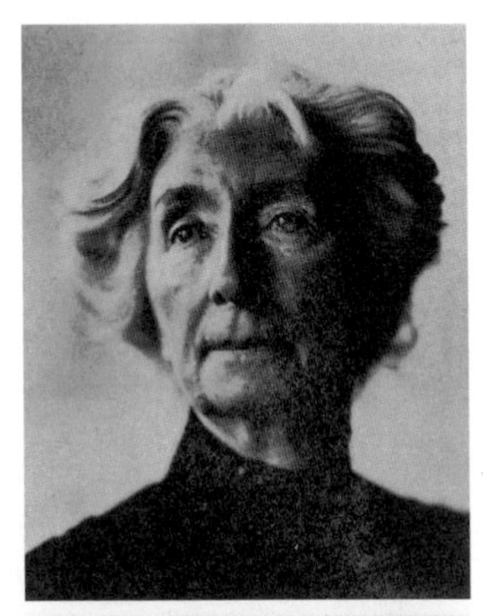

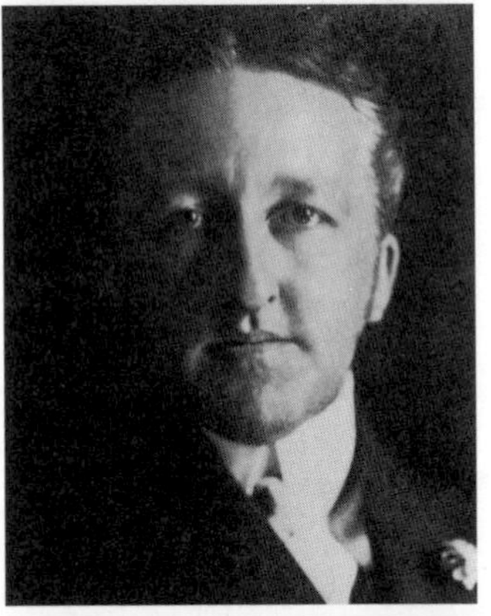

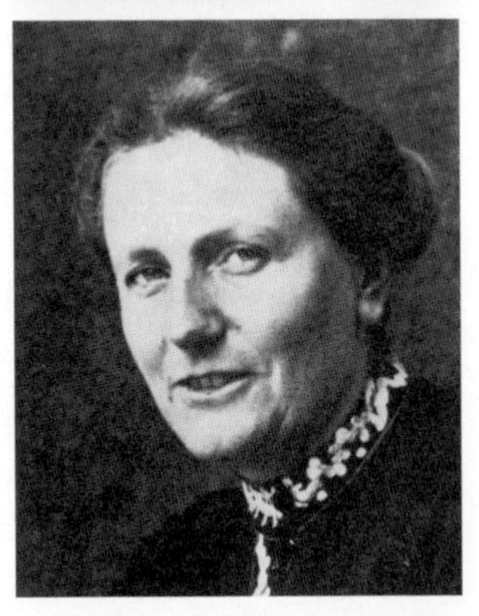

菲接下音樂節的工作，至他於1930年去世爲止，舉行了十次音樂節。接下齊格菲棒子的，是他的妻子溫妮弗瑞德(Winifred Wagner, 1897-1980)，於1931年至1944年主持著音樂節。這段時間，也是希特勒(Adolf Hitler)統治德國的時候，而華格納正是希特勒崇拜的對象。希特勒的現身拜魯特音樂節，加上溫妮弗瑞德這位原籍英國的華格納媳婦對希特勒的崇拜，拜魯特音樂節和納粹之間，被許多反希特勒以及反反猶的人士，畫上了等號，在當時即拒絕參加演出，其中不乏名指揮家如托斯卡尼尼(Arturo Toscanini)者。但也有因著對華格納本人的崇敬，不顧一切，努力撐持音樂節的進行者，例如理查．史特勞斯(Richard Strauss)。二次世界大戰結束後，這些藝術家，包括華格納本人，和

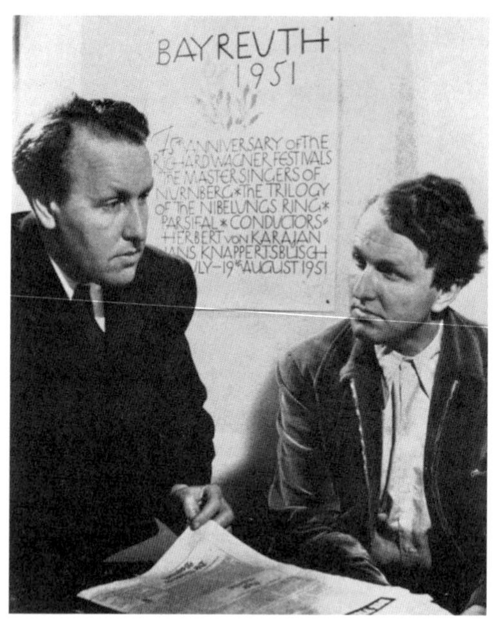

左：魏蘭德·華格納(Wieland Wagner, 1917-1966), 右：渥夫崗·華格納(Wolfgang Wagner, 1919生)。背景為1951年音樂節的海報。

拜魯特音樂節，都因著和希特勒或納粹當局的直接、間接，或主動、被動關係，被加上與個人藝術成就不相關的評價，至今依舊是談論的焦點。

1945年，德國戰敗，拜魯特音樂節與希特勒的關係，成爲音樂節沈重的包袱。大家都很清楚，不論音樂節是否再行運作，溫妮弗瑞德都不可能繼續主持，於是在確認了她音樂節的擁有權後，溫妮弗瑞德將這份權力轉交她的兒子，魏蘭德 (Wieland Wagner)和渥夫崗(Wolfgang Wagner)兩兄弟，音樂節開始由華格納的孫子輩主持。兩人要面對的第一個挑戰，自是音樂節要如何重新開始。

兩兄弟面對的問題，和祖父當年的情形，頗有幾分相像，解決的方式也差不多。在拜魯特當地人士的協助下，成立了「拜魯特之友協會」(Gesellschaft der Freunde von Bayreuth)，開始具體進行音樂節重新運作的工作。另一方面，既然必須重新開始，如何長期運作，有何種藝術訴求，也是必須面對的課題。兩兄弟決定將音樂節重新予以清楚的定位，以祖父華格納的作品爲素材，在歌劇演出方面做實驗，賦予這些作品不同的時代意義，追求舞台演出藝術的最高境界。1951

年，以「新拜魯特」(Neubayreuth)爲訴求，拜魯特音樂節以新的面貌出現；亦是由此開始，音樂節才得以每年舉行。兩兄弟中，魏蘭德長於藝術，渥夫崗長於行政，二者相輔相成，再度奠定了拜魯特音樂節的聲譽。兩兄弟亦依循音樂節傳統，分別多次執導不同的華格納作品。兩人之中，魏蘭德將歌劇舞台抽象化的構想，對戰後歌劇的演出和「歌劇導演」[28]觀念的形成，有很大的影響。

1966年，魏蘭德英年早逝，渥夫崗一人主持音樂節。他發揮經濟管理長才，在七〇年代初，成功地結合各層次的官方固定補助，將私人的音樂節財團法人化。1973年，在當時西德聯邦政府、巴伐利亞邦政府和地方政府合力支持下，半官方的「華格納基金會」成立，確保了音樂節的財源無虞[29]和每年的得以舉行；渥夫崗則是此一企業聘用的首任總監，任期爲終身。不僅如此，基金會的章程中有一但書，在日後繼承人選的考慮上，當競爭者資格相若時，以華格納家族中人爲優先。自此時開始，在法律上，拜魯特音樂節不再是華格納家族企業，但這一個條款，亦爲華格納家族的後代，保留了接掌音樂節的優先資格。

音樂節係以《指環》爲中心來安排每年的內容。一個新的《指環》製作通常會連演五年，在這五年間，每年搭配三部其他的作品。五年後，通常有一年不演出《指環》，當年則演出五部其他的作品，其中通常有一部爲全新的製作。拜魯特音樂節的演出時間，基本上，依舊依著華格納當年的想法，大部份由下午四點開始，幕和幕間都有至少

---

28 請參考本書〈拜魯特音樂節與歌劇導演 — 以「百年指環」為例〉一文。

29 1998年，德國政權轉換。新政府上台不久之後，即宣佈將中止對拜魯特音樂節基金會的補助，引起一片嘩然；尤其在德國以外，眾多的華格納協會均對此表示不滿。在德國境內，反應卻沒有那麼激烈，主因即在於，基金會原本即有條文，若聯邦政府停止補助，相關經費將由拜魯特所在地之巴伐利亞邦政府接下。另一方面，德國政府體系為聯邦制，教育文化政策之制定與實施歸屬各邦，聯邦政府中僅有政務委員主管對外文化政策，以及相當少的經費，補助特殊之文化活動，例如拜魯特音樂節。因之，聯邦政府補助款原本就不高，音樂節基金會並不會因此產生問題。當年新政府此一措施，徒然引來藝文界訕笑而已。

四十分鐘的休息時間，讓演出者和觀眾都能喘一口氣，拆、搭景亦可從容進行；約在晚上十點至十點半之間，演出才結束。唯有《飛行的荷蘭人》和《萊茵的黃金》自傍晚六點開始，在兩小時多的時間內，一氣呵成。因之，拜魯特音樂節的演出幾乎是全天候的，不僅是演出者，觀眾也要有相當的精神和體力。拜魯特還有自己的開演儀式：在每一幕開始前，會有一個小型的管樂隊，在劇院正前方左側的小陽台上，吹奏下一幕的主導動機。這個管樂隊自開演前十五分鐘開始，每五分鐘出現一次，第一次時只吹一次主導動機，第二次時（即開演前十分鐘）兩次，第三次時（五分鐘前）三次。因此，聽到這個小樂隊吹奏時，就要開始準備進場了。在樂隊吹奏時，衆人聚集在小陽台下，翹首聆聽，彷彿在膜拜華格納的音樂之神，有著很特殊的藝術宗教氣息。[30]

音樂節每年的新製作也就是該年度的焦點所在，由於每一個新製作都會演上五、六年才下檔，因之，每一年演出前，都會經過重新排練，指揮、導演、歌者等等，也有機會一再修正個人的詮釋手法。也由於係以製作爲中心，製作的導演是不會變動的，並且鑑於導演和指揮的配合，在一個歌劇製作中，經常扮演了很重要的角色，因之，除非有特殊情形，在拜魯特，同一製作再度演出時，指揮多半仍是同一位。變化最大的則是歌者，拜魯特音樂節不以大牌爲號召，相反地，它經常自歐洲各劇院發掘有潛力的新秀，給予他們演出的機會，長年以來，培養了許多著名的華格納歌劇的歌者。至今，拜魯特音樂節的樂團及合唱團仍然依循華格納當年的模式，由德奧地區不同樂團的成員，以及各地有興趣的歌者，經過甄試之後組成，每年約在音樂節開始一個月前，進行排練。雖然係臨時性的團體，由於音樂節高度的藝術性和藝術成就，早已成爲許多音樂工作者的夢想之一，因此，這兩

30 拜魯特音樂節的歷年製作，許多都早已有錄影發行，其中有不少錄影裡，亦錄下了這個開演儀式。

個團體雖屬臨時性質，每年成員的流動性卻並不大。許多人更將演出與渡假合一，在此渡過一個有意義的夏天。

由劇院的設備可以看出，音樂節對於藝術成就的追求，絕非口號。劇院的主建築仍然保留了一百多年前的情形，無論建築外觀或內部大廳都沒有什麼裝飾，全無一般劇院的金壁輝煌。觀衆席座位設備簡單，背部無靠墊，左右無扶手，前後排距離不大，亞洲人的一般身材還勉強可以連續坐上兩小時，不致於特別覺得不舒適，歐洲人就很辛苦了；由此觀之，很難理解，華格納當年宣稱「一千五百個舒適的座位」[31]的「舒適」，是以何種標準來看。不僅觀衆席簡單，自觀衆席看不見的下沈的樂團席也非常狹窄。由於劇院沒有空調設備，對指揮和團員而言，天熱時有如在火爐中悶燒，若非一股藝術的狂熱支撐，眞是苦不堪言，好在由於觀衆看不見，也不必服裝整齊地上場，有些指揮還認爲很不錯。

但是，爲排練或演出之需要和方便，劇院當局則是不遺餘力地，儘量添製各種設備，樂團、合唱團均有其專屬的練習場地。在舞台方面，除了主舞台外，和它同樣大小的排練舞台尙有四座，可以同時提供不同的導演機會，在平常排練時，即可清楚地預估上了主舞台後的情形，不致於因場地改變，一切都走樣。就佈景和道具的製作而言，亦很方便，一切都可在排練舞台上進行，在搬上主舞台後，也不會有大差錯。此外，對於新製作所需的新設備，音樂節當局都在儘可能的情形下，予以添製。很長一段時間裡，拜魯特音樂節慶典劇院的舞台設備，可稱是最先進的。因之，在此地導戲，如果對於以往的製作有所瞭解，是可以運用現有設備，做出新的舞台效果的。另一方面，若自以爲是，專走偏鋒，在拜魯特，會遇到立即的挑戰，因爲，「觀衆」是音樂節的另一個特色。

由於係以華格納的作品爲中心，觀衆中不乏專業性很高的人士。

31 GSuD 16, 131。

很長一段時間裡，音樂節每年製作的節目單中，絕無劇情簡介等內容，卻有許多音樂、戲劇、文學界的學者們對華格納的研究成果，帶動了華格納研究的風氣。演出中，某些觀衆不當的舉止，亦經常會引來他人的噓聲，例如習慣上在《帕西法爾》第一幕結束時，沒有鼓掌，自也無謝幕，早已成了此劇演出時的傳統，但是不時總有拜魯特新客的不識相鼓掌，招來一片噓聲和怒目相視，好不尷尬。此外，華格納當年不許個人接受掌聲的禁令，在1953年被打破，自此，觀衆有更多的參與演出感。每場演出結束謝幕時，經常不僅有掌聲，也有噓聲，自是可想而知；觀衆對整體、個人給予不同程度的掌聲和噓聲，甚至二者兼有的情形，時常可見；連渥夫崗本人在過去幾年，都經常在舞台上招致滿堂噓聲。在拜魯特，無論是導演、指揮，或是有名的歌者，都得面對觀衆的嚴厲挑戰。相對地，對於完美的演出，觀衆更不吝惜給予立即的回饋，可以有半小時以上的熱烈掌聲，也是常事。

「沒有思考，是不可能有真正的藝術印象」，華格納如此地告訴大家，他時代的人以及他後世的人。拜魯特音樂節雖只演出他的作品，但他期待，能經由所有參與的人，將這份藝術精神擴散到各地。在他生前，未能親眼看到這一點，一百多年後的今天，他的期待，在德國各地的劇目劇院裡，清楚地被實現了。在這些劇院中，演出華格納的作品已是常態，相形之下，拜魯特音樂節的製作若不能超越它們，必會招來質疑，而這一點，也是音樂節過去十多年的困境。同段時間裡，渥夫崗繼承人的問題亦浮上檯面，華格納的後代爲了爭奪音樂節的執掌彼此攻訐，醜態畢露，有如上演《諸神的黃昏》。華格納地下有知，不知做何感想？！

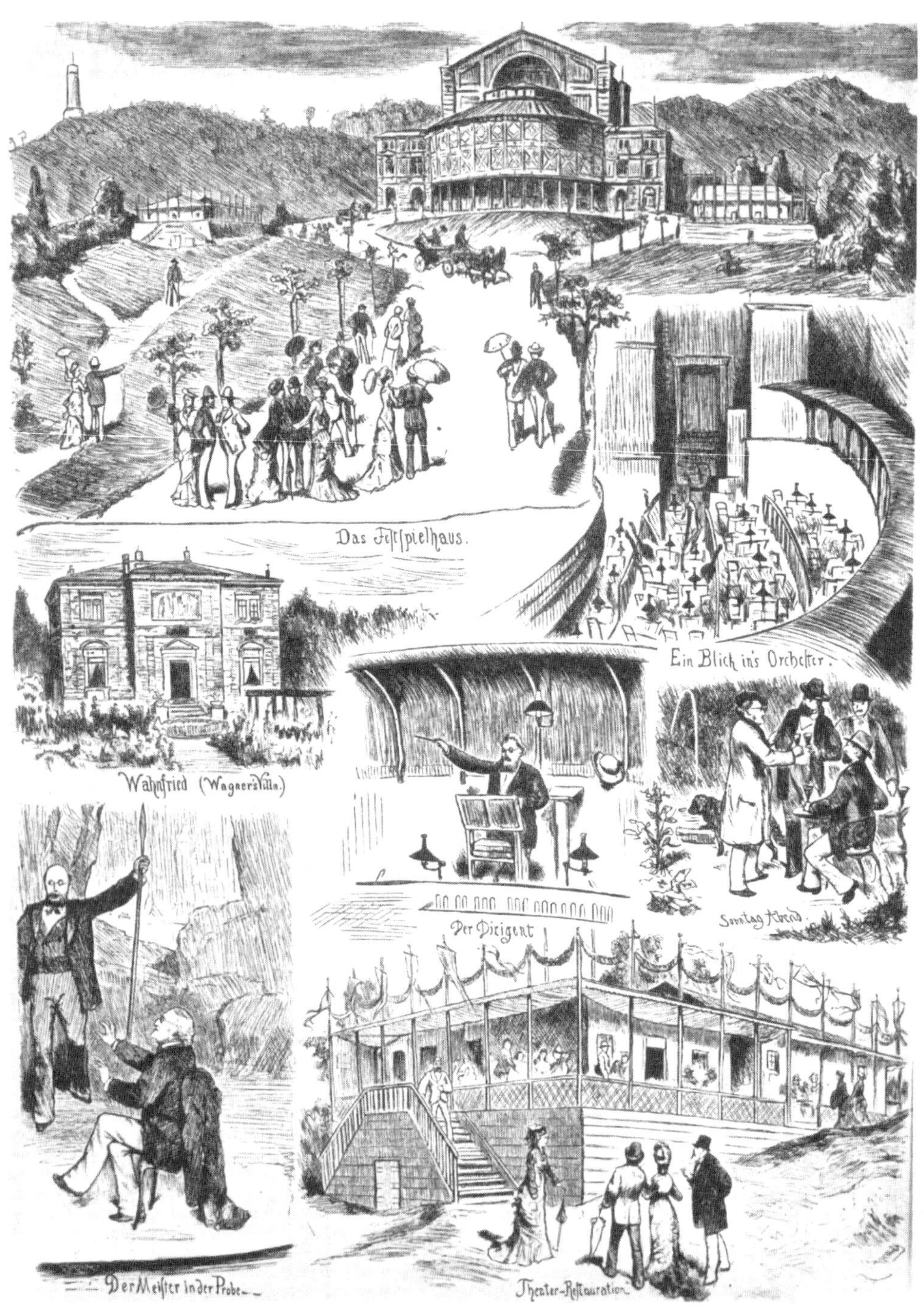

1876年萊比錫畫報(Leipziger Illustrierte Zeitung)有關拜魯特音樂節的漫畫。圖中文字由下至上、由左至右為：大師排練中。劇院餐廳。指揮。週日晚上。癲寧居。樂團席一瞥。慶典劇院。

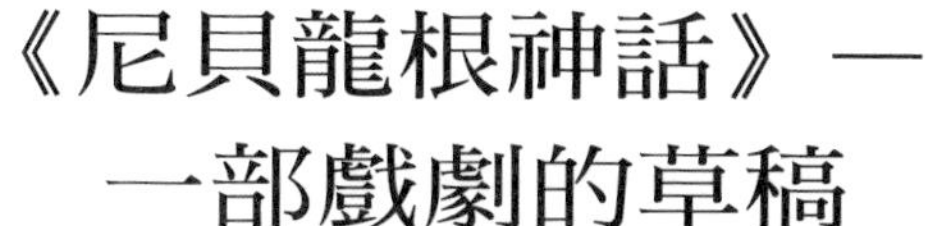

《尼貝龍根神話》—一部戲劇的草稿

華格納(Richard Wagner) 著

羅基敏 譯

本文原名

Der Nibelungen-Mythus. Als Entwurf zu einem Drama，寫於1848年。

原文出處：GSuD 2, 156-166.

譯文說明：

1) 文中與日後《指環》劇本有所出入之名稱，將於譯文內標示原文，其餘之名稱則不另做原文標示。

2) 華格納原文中有關名稱的特別說明，則依舊保留。

由夜晚與死亡的芽苞長出了一個民族，它住在尼貝海姆(Nibelheim,也稱Nebelheim)，也就是住在地底下陰黯的深淵與洞窟裡。這些人叫做尼貝龍根，就像死屍的蟲子一般，他們不停地動著、穿鑿著大地的內部，他們燃燒著、提鍊著、焠磨著硬硬的金屬。阿貝里希取得了晶亮高貴的萊茵黃金，將它由河水的深處偷出來，並且以奸詐絕妙的技巧，打成了一支指環，這支指環讓他能以最高的力量統治著他全族的人。就這樣，他成了他們的統治者，逼著他們，只爲他一個人不停的工作，而收集了難以計算的尼貝龍根寶藏，其中最重要的寶物爲許願盔，戴上它，可以變化成每個形體。這是在阿貝里希的逼迫下，他的兄弟萊金(Reigin，就是迷魅，也稱奧依格(Mime-Eugel))爲他打造完成的。如此這般地準備好，阿貝里希打算追求世界的統治權，以擁有世界的一切。

巨人這一族天生傲慢、力大無窮、體格魁梧，爲尼貝龍根狂野的訴求感到困擾，面對阿貝里希追求統治的狡滑手段，空有神力卻頭腦簡單的巨人是沒辦法的，他們滿心憂慮地看著尼貝龍根冶鍊精良的武器，藉著人類英雄之手，它們可以將巨人族滅亡。已經狀大到要統治世界的諸神族，正好可以利用這兩族之間的矛盾。佛旦和巨人族定下合約，爲諸神造座城堡，在這裡，諸神將能夠維持世界秩序，統治世界。城堡造好後，巨人族要求尼貝龍根寶藏做爲酬勞。諸神以他們最高的聰明，讓阿貝里希中計，必須以寶藏來贖得生命，阿貝里希只想留下指環，無所不知的諸神知道指環蘊有阿貝里希力量的秘密，也搶下了指環。於是阿貝里希對指環下了咒語，它會毀滅所有擁有指環的人。佛旦將寶藏擺在巨人面前，卻想保有指環，才好保障他的唯一統治權。巨人硬逼他要指環。三位命運之女警告佛旦，諸神將會毀滅，在她們的勸說下，佛旦改變了主意。

巨人將寶藏和指環放在尼塔(Gnita，就是奈得(Neid))深谷裡，命一條大蟲看管。受到指環魔力的控制，尼貝龍根和阿貝里希都回到以往被奴役的卑微身份。但是巨人不懂得運用指環的神力，他們笨笨的想法裡，只要尼貝龍根族不做怪，就很夠了。於是這隻大蟲嚇人地躺著，守護著寶藏，時間就這樣地過了多少年。面對新生諸神族的光芒，巨人族逐漸蒼白，只能無力地看著。尼貝龍根族則淒慘地絞盡腦汁、徒勞無功地繼續地不停動著。阿貝里希一刻不停地思考著要再取得指環。

諸神現在治理著世界，推行許多措施，以聰明的律法結合各種元素，並且小心翼翼地培植著人類一族。諸神的力量超乎一切。但是，諸神取得統治權的這份平和，卻不是建立在和解之上，而是透過暴力和詭計。他們係出於道德良知，追求高度的世界秩序，他們做的不義之事，也就緊緊地附著在他們身上。由尼貝海姆的深處發出的聲音，提醒著他們的罪行。因爲，尼貝龍根的被奴役並沒有中斷，只有阿貝里希的統治權被剝奪了。而這個統治權的被剝奪，卻不是爲了較高的目標，在那隻大蟲的肚子下，尼貝龍根的靈魂與自由被埋葬了。因此，阿貝里希反抗諸神的計劃是有道理的。佛旦自己沒有辦法去除這份不義，除非再加一份不義。唯一的可能是，有人在不受諸神的影響之下，出於自由意志，承擔所有罪行，並且犧牲贖罪，才能解除這份魔力。諸神看中了人類一族，應該可以有這份自由意志。於是諸神嘗試將神性轉移到人類身上，提高他們的力量，當他們對自己的力量有所知覺時，自己能夠擊倒諸神的保護，來完成自己的自由意志，做自己想做的事情。爲了達成這個去除自身罪行的高度標的，諸神開始教育人類。在如此被創造出來的人類裡，當諸神的直接影響也會在人類良知的自由裡消逝，而自我毀滅之時，他們的目的就可以達成了。諸神以他們的種在人類中繁衍，誕生了許多有力量的人類族群，在各種爭戰中鍛鍊著力量。佛旦心愛的娘子軍以盾牌保護著他們，以女武神的身份，她們帶著在戰場上死亡的英雄，回到瓦哈拉神殿。在那裡，英雄們成爲佛旦的夥伴，繼續練習戰鬥，過著舒適的生活。

一個自己有能力、完全自主，而能以自身的自由意志，面對死亡，也能勇敢承擔的英雄，卻一直都沒有誕生。這個英雄終於要在威松族裡出現：有一對夫婦膝下無子，佛旦將一顆荷兒妲(Holda)的蘋果給他們吃，婦人即產下了一對雙胞胎，男名齊格蒙，女名齊格琳德。齊格蒙取了妻子，齊格琳德嫁了渾丁，兩個婚姻亦都未能有子嗣。為了要生出一個眞正的威松，兄妹二人結成了夫婦之實。齊格琳德的先生渾丁得知此一出軌之事後，休了妻子，找上齊格蒙決鬥。女武神布琳希德(Brünnhild) 違背佛旦的意旨，保護著齊格蒙。佛旦的想法是，要藉著兄妹二人的罪行，來保護諸神免於毀滅。眼看著齊格蒙在布琳希德的盾牌下，要以佛旦送給他的劍，給予渾丁致命的一擊，此時，大神佛旦出現，以他的矛擋下這一擊，齊格蒙的劍斷成了兩截，落敗死去。布琳希德因著她的不服從命令，被佛旦處罰。他將她逐出女武神的行列，放逐到一片岩石間，並將她陷入長眠的狀態。在那裡，這位神界的童貞女將會嫁給找到她、並將她由睡眠中喚醒的男人。布琳希德哀求佛旦寬恕，請他在岩石四周設立嚇人的火牆，這樣可以保證，只有最勇敢的英雄才能得到她。

被休出的齊格琳德在懷孕多時後，於野外產下一子齊格菲(Siegfried，意思是「以勝利帶來和平」)。在齊格琳德陣痛呼喊時，阿貝里希的兄弟萊金(迷魅)由深淵裡出來，到她身邊幫忙。生產後，齊格琳德告訴萊金她的故事，並將孩子託交給他，之後，她就去世了。萊金撫養著齊格菲長大成人，教他冶金鍊鐵，告訴他生父死亡的故事，交給他父親被擊成兩段的劍；在迷魅的指導下，齊格菲將斷劍再度熔鑄成完整的劍(命名霸而猛(Balmung))。接著，迷魅慫恿這個年輕人去殺大蟲，來表示對自己的謝意。齊格菲卻想著要先為父親復仇，他出門去，找到了渾丁，並且殺了他。之後，他才滿足迷魅的願望，和大蟲爭戰，也殺掉了大蟲。齊格菲將沾了大蟲血而發熱的手指放到口中，以將它降溫，而不由自主地嚐到了大蟲的血，霎那間，他突然聽懂了四週圍繞著他歌唱的鳥兒們的話語。它們稱頌著齊格菲的偉大功績，告訴他，在大蟲的洞窟裡，藏著尼貝龍根寶藏，它們並且警告他，要小心迷魅，他只是利用齊格菲，來取得寶藏，他現在算計著齊格菲的性命，才好一人獨自擁有寶藏。於是齊格菲依照鳥兒的指示，殺死迷魅，從寶藏中取出指環和頭盔。接著，他繼續聆聽鳥兒們的話，它們建議他，去獲得最美好的女子布琳希德。於是齊格菲出發了，到了布琳希德的岩石城堡，穿過燃燒著的火牆，喚醒了布琳希德。她欣喜地認出齊格菲，威松族最勇敢的英雄，將自己託付給他。齊格菲送給她阿貝里希的指環爲信物，將它帶在她的手指上。當齊格菲要進行新的冒險時，布琳希德將她的秘密知識傳授齊格菲，並且警告他，要小心詭計和不忠會帶來的危險。兩人互相許下誓言後，齊格菲就出發了。

另一個也是來自諸神所生的族群，是在萊茵河畔的季比宏，在那裡，現在的統治者是昆特和他的妹妹古德倫。昆特的母親葛莉希德(Grimhild)曾在阿貝里希的逼迫下，爲他產下一個非婚生兒子哈根。就像諸神將願望和希望寄託在齊格菲身上一般，阿貝里希將他再度取得指環的希望，寄託在他所生產的英雄哈根身上。哈根外觀蒼白、嚴肅、陰沈，小小年紀看來就飽經滄桑，比他的實際年齡蒼老許多。在他小時候，阿貝里希就教他各種知識和計謀，灌輸他爸爸的命運，並且刺激他，要取得指環。哈根孔武有力，但是阿貝里希認爲他不夠強壯，無法殺死大蟲。由於阿貝里希不再有力量，無法阻止他的兄弟迷魅透過齊格菲取得寶藏，但是，哈根要將齊格菲導向毀滅，在齊格菲死亡時，由他那裡取得指環。與昆特和古德倫相反，哈根沈默寡言。他們怕他，但是佩服他的聰明和知識。昆特知道哈根特殊出身的秘密，也知道他不是眞正的家族兄弟；昆特曾經稱他是精靈之子。

哈根曾經告訴昆特，布琳希德是最值得追求的女子，哈根的說法讓昆特很想擁有布琳希德，此時，齊格菲正來到萊茵河畔的季比宏。在古德倫面前，哈根稱頌著齊格菲，古德倫因而對齊格菲心生愛慕。在哈根的建議下，古德倫遞給齊格菲一杯酒表示歡迎之意。哈根在酒裡動了手腳，藥酒發揮了功能，讓齊格菲忘記了與布琳希德的一段，也忘記了兩人的成婚。齊格菲立刻愛上了古德倫，要取她爲妻。昆特同意了，但是提出一個條件，要齊格菲幫助他贏得布琳希德。齊格菲一口答應，兩人結成拜把兄弟，並歃血爲盟，哈根則有意避開了。

齊格菲和昆特啓程，來到布琳希德的岩石城堡。昆特留在船上，齊格菲第一次、也是最後一次，利用了他是尼貝龍根主子的力量，他帶上了許願盔，變成了昆特的體型和外貌，就這樣地，他穿過火牆，找到布琳希德。在齊格菲取得她貞操時，她也失去了她超人的力量，並且，她將她所知道的一切知識都給了齊格菲，而這些知識在他身上派不上用場，但是，布琳希德卻成了一個普通的女人，面對這個新的、大膽的訪客，她的抗拒完全無用。此人由她手上強取得指環，要做爲她和昆特成親的信物。他又逼她進入廳中，在那裡，他在她身邊過夜，讓她驚訝的是，他將他的劍放在兩個人之間。第二天清晨，他將她帶到船上，在不被注意到的情形下，他讓眞的昆特取代他，陪在布琳希德身邊，並且，藉著許願盔的力量，齊格菲很快地沿著萊茵河，先行到了季比宏堡。昆特與情緒低落、沈默不語的布琳希德，順著萊茵河到了家，齊格菲站在古德倫身邊，與哈根一同迎接著他們的到來。布琳希德看到齊格菲以古德倫先生的身份出現，無比地驚駭；齊格菲面對她時，冷漠、客氣的態度更讓她驚訝。齊格菲要她回到昆特身邊時，她看到了他手上的指環，意識到其中必有詭計。於是她要求齊格菲交出指環，因爲指環不屬於他，而是昆特由她那裡取得的。齊格菲拒絕了。布琳希德要求昆特，從齊格菲手上拿下指環，昆特一頭霧水，遲疑著。布琳希德質疑，那就是齊格菲由她那裡取得指環了。齊格菲認得指環，表示著，「我不是由任何女人處拿到它的，是以我的力量由大蟲那裡得到的。指環讓我成爲尼貝龍根主人，我不會將這份權力讓給任何人。」哈根站到兩人中間，問著布琳希德，她是否清楚地認識這只指環？如果是她的指環，就是齊格菲以詭計取得它，它就應只能屬於昆特，她的先生。布琳希德大聲地痛斥著橫在眼前的奸計，並對齊格菲起了可怕的報復之心。她告訴昆特，他被齊格菲騙了：「我嫁的人不是你，而是這個男人，他佔有了我。」齊格菲罵她寡廉鮮恥，他忠於他歃血的兄弟之盟，他將劍擺在布琳希德和自己之間，他並且要求她，證明這一點。布琳希德只想著要致齊格菲於死地，刻意不想瞭解齊格菲，她堅稱他說謊，提到他的劍霸而猛根本不對，在他親愛地和她燕好時，她看到劍靜靜地掛在牆上。衆人和古德倫衝向齊格菲，要求他對這份控訴，要能夠清楚辯白。齊格菲盛大地發誓，為他所講的話背書。布琳希德罵他發假誓，他向她和昆特立下了那麼多誓言，卻都違背了，現在他還發假誓，為一份謊言背書。大家都非常激動。齊格菲叫著昆特，要好好地管他的女人，她不知羞恥地讓她自己和她先生的名譽蒙上污點。之後，他就和古德倫一同離開了大廳。

昆特覺得很丟臉，心情非常不好，遮住了臉，坐在一旁。布琳希德內心充滿著可怕的憤怒，哈根走到她身邊，向她表示，願為她的名譽復仇。布琳希德譏笑哈根沒什麼力量，能夠勝過齊格菲，他亮晶晶的眼睛就算在變裝成他人的形體下，都對她散發著光亮，齊格菲只要看哈根一眼，哈根的勇氣就消失了。哈根說，他當然曉得齊格菲可怕的力量，所以，她應該告訴他，齊格菲的罩門在那裡。布琳希德當年鍛鍊了齊格菲，並且以秘語武裝他，不受傷害。現在她告訴哈根，要攻擊齊格菲的背部，因為她知道，這位英雄永遠不會以背部面對敵人，所以她沒有對背部下保護。昆特應該要知道謀殺計劃。他們要求他要為自己的名譽復仇，布琳希德責怪他的膽小和欺騙。昆特知道自己的過錯，也知道要經由齊格菲之死，來終止自己的恥辱。他卻害怕，會因為破壞了歃血的兄弟盟，而犯下罪行。布琳希德痛苦地譏笑他，在她身上可是犯了種種的罪行。哈根以取得尼貝龍根的指環說服昆特，因為齊格菲只有在死亡時，才會放棄它。昆特於是同意了。哈根建議在次日舉行一場狩獵，在狩獵當中，伺機殺死齊格菲。並且，也不能讓古德倫知道這是謀殺。昆特耽心古德倫。由於對古德倫的妒忌，布琳希德的報復之心更加強烈。於是三個人立下了謀殺齊格菲的計劃。齊格菲與古德倫裝扮光鮮地出現在廳裡，邀請大家參加祭祀和婚禮。結盟的三人虛情假意地接受了邀請，齊格菲和古德倫對於看來又回復的和平，感到高興。

第二天早上，齊格菲追一頭野獸，追到萊茵河畔一處偏僻的山谷裡。水面上冒出了三個水女(Wasserfrauen)，她們是水底深處的女兒，能預知未來。阿貝里希當年就是由水底，將清亮的萊茵的黃金偷走，以將它打成具有力量的、能定生死的指環。當指環再回到水裡，重新回到它當初的純潔元素時，指環的咒語和力量就會消失了。水女們注意到指環，想由齊格菲手上取得它，齊格菲拒絕了。(他無知地接收了諸神的罪行，經由他的拒絕、他的獨立自主，他爲諸神的不義贖罪了。) 她們告訴他有關指環的咒語和不幸，他應該將它扔到河裡，否則他會在當日就失去生命。齊格菲回答著：「妳們這些狡滑的女人，不要想騙到我的權力，咒語和妳們的威脅，我一點都不會在意。我的勇氣讓我做的事，是我的金科玉律。我憑我的感覺做事，我就是這樣。妳們叫它詛咒或庇佑都可以，我聽從它，不做違反我力量的事。」三位水女：「你想超越諸神嗎？」齊格菲：「妳們告訴我，要怎麼樣勝過諸神，我就會依我的勇氣和他們戰鬥。我見過三位比妳們聰明的女士，她們知道，諸神將會害怕地爭戰。諸神希望，我站在他們一邊打仗，對他們是好的。所以嘍，我不在乎妳們的威脅。指環是我的，我就這麼將我的生命拋在腦後。」(他抓起一塊土，將它丟向腦後。) 三位水女譏嘲齊格菲，口出狂言，自以爲是，就像被矇蔽、不自由。「他違背了誓言，而不自知；他失掉了比指環更高更有價值的東西，而不自知；他學過秘語與魔力，他卻忘了。再會吧，齊格菲！我們知道有位驕傲的女子，當你被擊倒時，她在今天就會取得指環。去她那裡！她比較會聽我們的。」

齊格菲笑著看著她們邊唱著歌，逐漸遠去。他喊著：「如果我不是對古德倫忠實，就會抓妳們中間一個過來！」他注意到打獵的隊伍慢慢接近了，吹起了他的號角。昆特和哈根帶頭，獵人們圍繞著齊格菲。衆人坐下來用餐。齊格菲心情很好，一派輕鬆地自我解嘲，打獵一無所獲，只看到水裡動物，但是他卻沒有裝備去捕捉它們，否則他可以帶給大家三隻野水鳥，它們預告，他今天會死去。哈根邊喝酒，邊接著這些玩笑話，問著齊格菲，他是否眞地聽懂鳥兒們的歌聲和語言？昆特臉色沈重，默默不語。齊格菲想逗他高興，就唱著歌，講自己年輕時候的故事。由迷魅的冒險開始，如何斬殺大蟲，又怎麼地通曉鳥語。接下去，他回憶起鳥兒告訴他，去找屬於他的布琳希德，他又怎麼穿越火牆，喚醒了布琳希德。他的記憶慢慢地回來了。兩隻烏鴉叫著，在他的頭上飛過。哈根打斷齊格菲，問著：「烏鴉說什麼？」齊格菲陡然起身，哈根說：「我知道，它們急著飛到佛旦那兒去，告訴他，你馬上就要去報到了。」他將矛刺進齊格菲的背部。昆特聽了齊格菲的敘述後，知道了布琳希德莫名其妙的行爲是怎麼回事，突然明白了齊格菲的清白，爲了要救齊格菲，抓住哈根的手臂，卻未能攔下那一擊。齊格菲舉起盾牌，要擊殺哈根，卻力不從心，不支倒地。哈根轉過身去，昆特與衆人滿心憂慮地圍繞著齊格菲，他再次地張開眼睛：「布琳希德！布琳希德！妳是光亮的佛旦之子！我看到妳光輝明亮地走向我！妳燦爛地笑坐在妳的馬兒上，它精神抖擻地在空中飛行。妳向著我過來，加入這裡的戰爭！我多幸運與妳結爲連理，現在帶我去瓦哈拉，我要在那裡，接過妳，光亮的夢中女子，遞給我的酒杯，爲所有英雄的名譽，飲著衆父的蜜酒！布琳希德！布琳希德！祝福妳！」他逝去。衆人將屍體放在盾牌上，昆特帶頭，他們盛大地渡過岩岸離開。

季比宏的大廳，在背景裡，可看到大廳的前端延伸到萊茵河岸。屍體被放在大廳裡。哈根發出可怕的叫聲，叫出古德倫，告訴她，一隻野豬殺了她的先生。古德倫滿心驚恐地撲倒在齊格菲的屍體上，控訴著，是兄弟們謀害了他。昆特指著哈根，他是那隻野豬，是殺害齊格菲的兇手。哈根說：「好吧，是我殺了他，沒有別人敢做這件事，所以，屬於他的東西，也是我的戰利品，指環是我的！」昆特站到他面前，斥責著：「不知羞恥的精靈之子，指環是我的，因爲它是布琳希德的，所以是我的。一切都是由她而起！」哈根與昆特爭鬥，昆特死在哈根手中。哈根要由屍體取下指環，屍體的手卻高高舉起，哈根嚇地向後退，古德倫大聲地哀叫著。此時，布琳希德盛大地出現在衆人之間：「收起妳的悲痛，妳虛榮的憤怒！這裡站著他的妻子，被你們大家出賣的人！現在我要回我的權益，因爲該發生的，都已發生了！」古德倫：「啊！不幸的人！妳是那個爲我們帶來災難的人。」布琳希德：「可憐的人，閉嘴！妳只是他的情婦。我是他的髮妻，他對我發誓時，看都沒看過妳！」古德倫：「我眞慘！該死的哈根，你出的餿主意，要我用藥酒偷得她的郎君。而我現在才知道，他是喝了藥酒，才忘了布琳希德。」布琳希德：「噢，他是清白的！沒有人忠於誓言，像他那樣。所以，哈根並沒有殺死他，是爲佛旦標誌了他，我現在要陪他去佛旦那裡。如今我也贖罪了，我是純潔自由的，因爲那最高的統治者逼我做了此事。」她命令衆人，在河岸準備一個柴堆，要火化齊格菲的屍體，不要馬兒，也不要奴隸陪葬，爲了他的榮耀，只要她自己的軀體陪他去諸神處。在此之前，她要取得她的繼承權，許願盔要一同火化，指環則帶在她自己手上。「你最勇敢的英雄，你怎麼放棄了我！我所有的知識都交給了你，會死亡的你，而失掉了我的智慧。你卻不會利用它，只聽憑你自己。現在你死去了，它自由了，我的知識又回來了，而我認得指環的秘語。我也認得秘語的金科玉律，命運之女的老話！聽著，你們統治的諸神，你們的不義被去除了。感謝這位英雄，他接收了你們的罪過。他將它交到我手中，完成整個工作。尼貝龍根族的奴役被解除了，他們將不再受指環控制。阿貝里希不會再得到指環，他不會再奴役你們，因此，他也像你們一樣地自由了。聰明的水底姐妹們，指環是你們的，火化我的火燄，會洗淨可怕的咒語。妳們將它化解，守護它，無災無難，萊茵的黃金曾由妳們那裡被搶走，來冶鍊奴役和災難。只有一位統治著，衆父，偉大的你！你的力量是永遠的，我將這位帶給你，接受他，他是值得的！」在歡慶的歌聲裡，布琳希德走上柴堆，走向齊格菲的屍體。在前景，古德倫倒在被殺死的昆特身上，沈浸在痛苦裡。火燄蓋過了布琳希德與齊格菲，驀地發出無比的火花，在灰黯的雲端上，發出燦爛的光亮。在火光中，布琳希德穿戴著盔甲，騎在馬上，以女武神的身份，手中抱著齊格菲，逐漸地遠去。同時，萊茵河突然漲潮，波濤捲到大廳入口。三個水女出現，將頭盔和指環取回。哈根像瘋子般地衝向她們，要由她們手中搶回寶物。水女們抓住他，帶著他一同潛入水底深處。

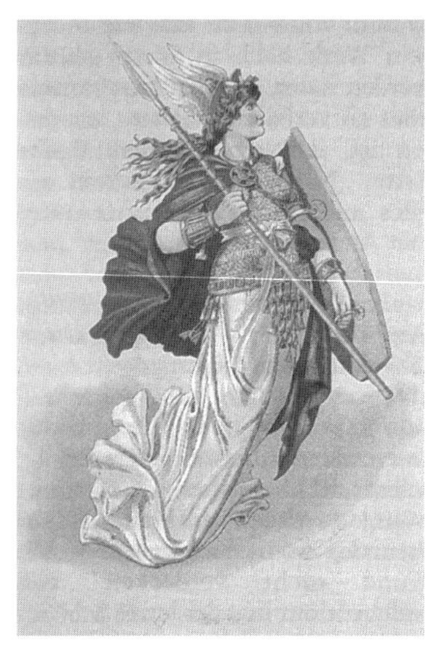

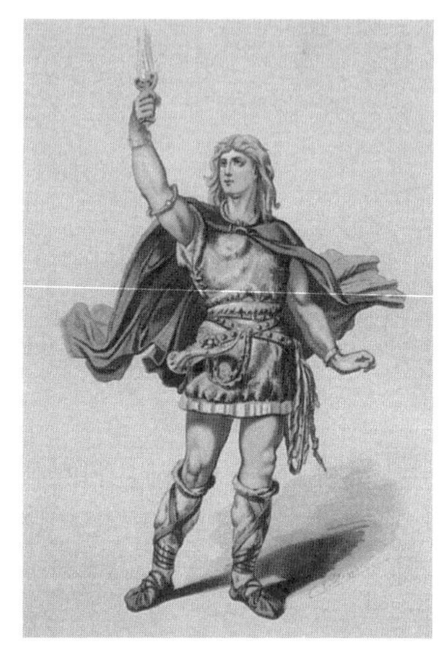

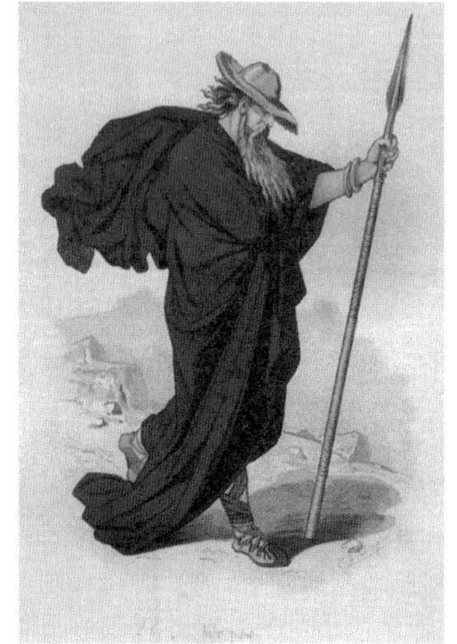

都普勒(Karl Emil Doepler, 1823-1905), 1876年《指環》於拜魯特首演服裝設計圖。

左上：布琳希德

上：齊格菲

左下：流浪者。

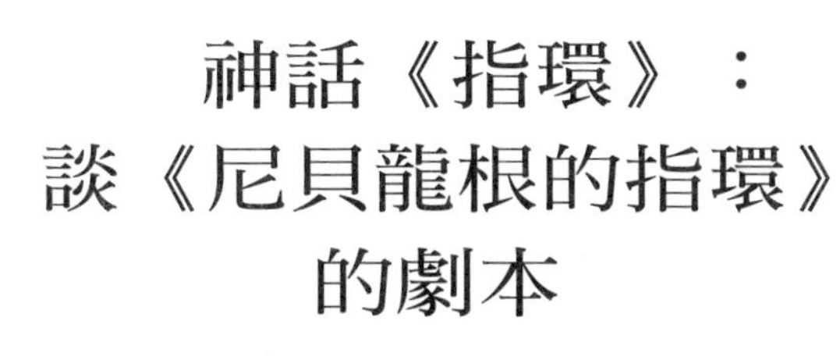

神話《指環》：談《尼貝龍根的指環》的劇本

羅基敏

每一個民族都有自己的神話故事，在沒有文字記載的年代裡，神話的流傳主要透過口述，代代輾轉相傳，日後再有人將其以文字記下，就成了今日大家所知道的內容。口傳的過程裡，會有所添加或遺漏；文字記述的過程，總摻入了文學寫作的成份；雖然很多時候，作者的名字並未留下來。各民族的源起、遷徙，幾乎都是透過神話留下，姑不論其可信度有多高，僅因其中蘊含的神秘氣氛，就是它會代代相傳，人們一聽再聽，永不嫌棄的原因。另一方面，由各個民族的神話故事，亦可看出民族之間的關係，以及各個民族遷徙的路線。尼貝龍根的故事，正反映了日耳曼民族由北而南大遷徙的情形。

德語的《尼貝龍根之歌》(*Das Nibelungenlied*)見諸於文字，應在1200年左右，係以中古德文記下。[1]故事以美麗的克琳姆希德(Kriemhild) [2]開始，隨即進入齊格菲，這位斬龍英雄在父母的寵愛下長大，他想要取得當代美女克琳姆希德，於是來到她的國度。他先幫妻舅取得布琳希德，再如願取得美人。布琳希德發現征服她的，竟是齊格菲之後，決定要殺掉他，在大臣哈根的用計下，斬龍英雄也就被妻舅等人謀害逝去。在葬禮上，克琳姆希德確定了兇手是自己的兄弟。葬禮之後，她繼承了夫君生前擁有的尼貝龍根寶藏(Nibelungenhort)，卻又被親兄弟掠奪，並沈在萊茵河底。克琳姆希德懷著多重復仇之心再嫁匈奴王，邀請兄弟前來慶祝，最後殺掉了親兄弟，甚至整族的人，但依舊未能取回寶藏。因之，齊格菲的故事只是《尼貝龍根之歌》的前半部；相較於前半的英雄故事，故事的後半部更顯殺氣騰騰、血流成河，並由萊茵河流域一直延伸到匈奴居處。但是，齊格菲小時候的故事，《尼貝龍根之歌》則交待不多，例如他如何是斬龍英雄、如何擁有尼貝龍根寶藏、什麼是尼貝龍根寶藏、他和布琳希德的淵源、

1 詳見Joachim Heinzle / Klaus Klein / Ute Obhof (eds.), *Die Nibelungen. Sage — Epos — Mythe*, Wiesbaden (Reichert) 2003。

2 即是《指環》裡的古德倫。本文中，僅在提到未在華格納《指環》中被使用的人名時，才附上原文。其他名字，若僅在名字拼法上有所出入，則不再列上。

布琳希德在他死後是如何等等，《尼貝龍根之歌》均只點到為止，甚至沒有交待。這些不足的部份，則可以在不同的北方神話裡，找到較詳細的敘述，[3]也反映了日耳曼民族源自北歐的歷史。

北方尼貝龍根神話的流傳更形複雜，一般所知道的《艾妲》(*Edda*)，其實有兩種不同形式的流傳：詩和散文。詩版本的最早文字記述約在1270年左右，係以北方古語記下，內容以不同的人物為中心，以一首首「歌」的形式講唱，例如布琳希德之歌、齊古兒(Sigurd)之歌等等。早在此之前，約1220年左右，冰島文人斯諾利(Snorri Sturluson)見到，北方古語詩作由於其複雜度，將會失傳，而以散文形式，記下了神話故事，亦以《艾妲》稱之，今日學者習以「年輕艾妲」相稱，以與北方古語版區隔。他的散文版裡，有許多故事內容，是在古語版中沒有的，一般推測，他應係由當時的口傳來源取得這些內容，因之，古語版裡交待不清之處，有些可由散文版中補上。[4]除了《艾妲》外，還有《佛松傳奇》(*Völsungasaga*)等等，以不同語言記述的不同版本[5]，它們的內容，都提供了文學創作者許多靈感。

十九世紀裡，德國文學界曾經有過一陣神話風潮。[6]在學界，中古德文《尼貝龍根之歌》的不同手抄本，蔚成一股研究風潮；另一方面，北歐各種版本的神話記述，如《艾妲》等等，也因著與日耳曼民族起源的關係，引起文學界的高度興趣，結合《尼貝龍根之歌》、《艾妲》以及其他所謂「北方尼貝龍根」神話的各種版本，創作完成的各式德語文學作品，在整個十九世紀裡，都可以看得到，數不勝

---

3 Hermann Reichert, "Die Nibelungensage im mittelalterlichen Skandinavien", Heinzle/ Klein/ Obhof 2003, 29-88；文章一開始便指出，尼貝龍根故事的記述，除主要集中在德國和北歐外，尚可在英國，甚至愛爾蘭和西班牙找到。

4 "Snorri Sturluson, *Edda*", Walter Jens (ed.), *Kindlers Neues Literatur Lexikon*, München (Kindler) 1988, 21 vols., vol. 15, 646-648。

5 詳見Reichert 2003。

6 其中最著名的產品，應屬格林兄弟收集、整理寫作的格林童話。

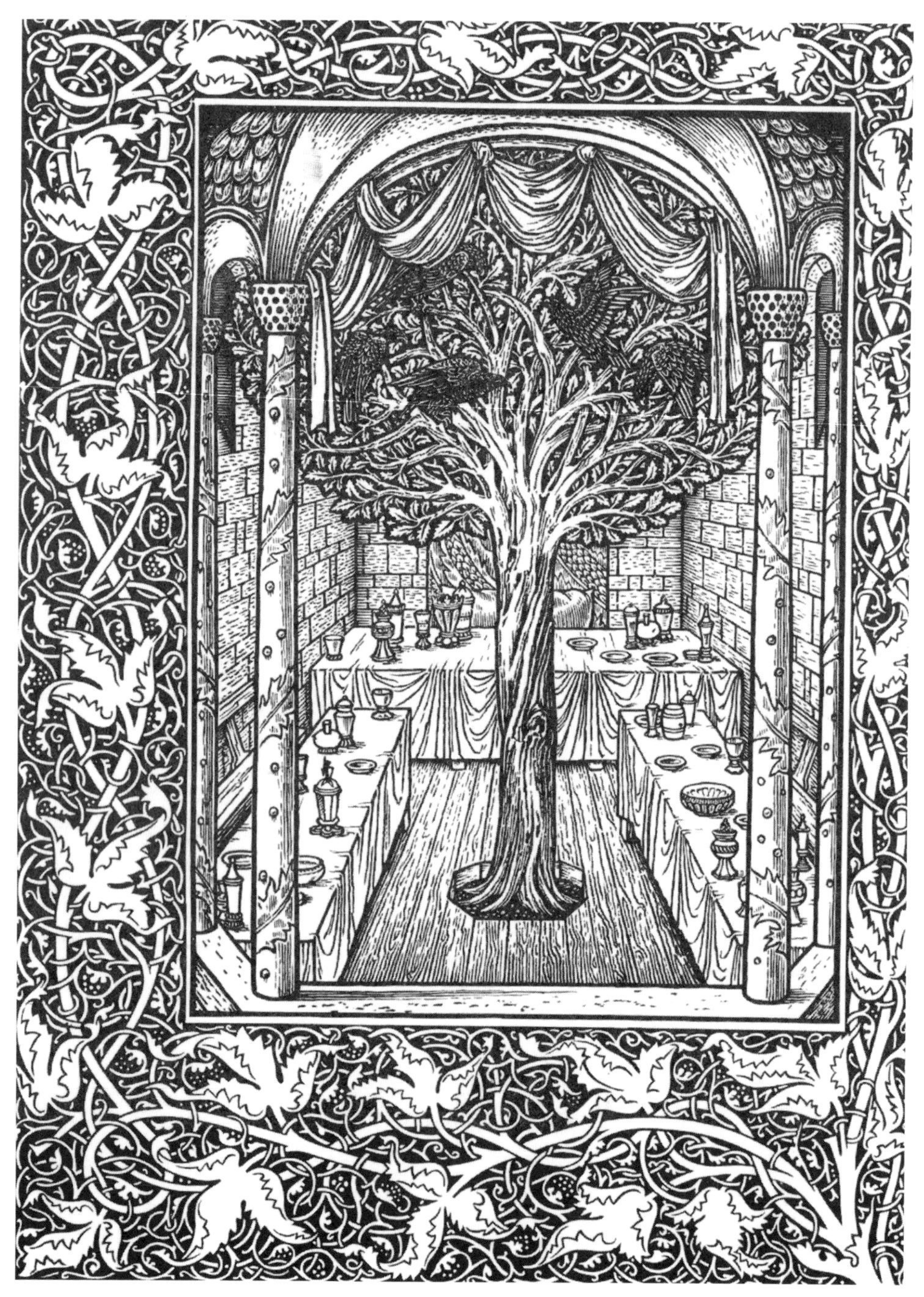

莫理斯(William Morris)，為*The Story of Sigurd the Volsung and the Fall of the Nibelungs*, 1898一書設計之卷頭插畫。

數；由此觀之，華格納的《指環》正是這股風潮的一個產品。在這些作品中，規模、形式與《指環》類似，並在當時相當受歡迎的作品，在華格納之前，有福克(Friedrich de la Motte Fouqué)的《北方英雄》(*Der Held des Nordens*, 1808-1810)；與華格納同時，有黑伯(Christian Friedrich Hebbel)的《尼貝龍根》(*Die Nibelungen*, 1855-1860)；僅將三者做外觀上的比較，即可一窺神話題材提供文學創作的可能性。

福克的《北方英雄》由三部作品組成，主角名採用北方古語版齊古兒。第一部的故事結束在齊古兒被謀害死亡；第二部以他未亡人慘烈的復仇爲核心；第三部則取自北方神話裡，齊古兒女兒的故事。[7]黑伯的《尼貝龍根》也是三部曲(Trilogy)的形式，但完全以《尼貝龍根之歌》爲藍本，主角名齊格菲。[8]福克的作品對華格納在劇本詩句的書寫上，有著明顯的直接影響；黑伯的作品和華格納的《指環》幾乎同時完成，自不可能有何影響。必須注意的是，福克與黑伯的三部曲，情節內容都採用了全本的《尼貝龍根之歌》，華格納的《指環》四部則僅寫到齊格菲之死，亦即是《尼貝龍根之歌》的前半。福克與黑伯將神話轉化爲文學文類，情節上未多加更動，華格納則重新溶鑄神話人物和情節，並將衆人覬覦的對象，在尼貝龍根寶藏外，再加上一個具有統治世界力量的指環，隱喻人世間無止盡追求金錢與權力的宿命，然而，最終這些都得回歸大自然。[9]如此的轉化，也將華格納個人的人生觀注入了作品中。

將「指環」擺在故事情節的核心，明顯地，源頭來自神話故事裡，讓布琳希德決定要殺齊格菲的「證物」指環，但在各種版本神話

7 *Kindler* 1988, vol. 5, 731-732。

8 *Kindler* 1988, vol. 7, 492-493。1863年，亦即是華格納將《指環》劇本出版的那年，黑伯以此作品獲得當年的「席勒獎」。

9 《指環》劇情的此一回歸大自然的特質，對後世許多具神話性質的文學作品有很大的影響，至今依然；請參考Dieter Borchmeyer, *Richard Wagner. Ahasvers Wandlungen*, Frankfurt/Leipzig (Insel) 2002, 276-307。

裡，無論各個指環[10]原來的主人為何，指環本身都沒有統治的世界力量，也不是各方追逐的目標。[11]「指環」在作品中具有的這一個多方面意義，正是華格納的《指環》與其他尼貝龍根作品之關鍵不同處，也是他用以貫穿四部作品的利器。作品規模的龐大，更堅定他必須以專屬音樂節，才能演出的想法，並繼續延伸發展，完成了他的音樂戲劇理念。由華格納1862年十二月三日，寫給劇本出版商韋伯的信裡，可以看到，他自己對這一點非常清楚：

> ……至於作品名稱，我不打算改變，因為我在最近要交給您的前言裡，就是用這個名稱，前言裡，也會將全劇的名稱與我計劃的舞台演出結合。[12]

在《指環》漫長的創作過程中，1848年完成的《尼貝龍根神話》【以下簡稱《神話》】[13]，呈現了華格納最早的戲劇構思，日後《指環》劇中各主要人物的關係，以及主要的劇情進行，都已經清楚地存在。而短短的《神話》，如何能被寫成一部《齊格菲之死》，也能被寫成全本《指環》，其中之細節改變，亦顯示了，華格納為何要向前一再加大規模。[14]相較於《神話》，《指環》的主要劇情以及絕大部份的人

10 各種版本的尼貝龍根神話裡，有不同的指環出現，在華格納的《指環》裡都經過轉化。相關情形，本文會在後面提及。

11 亦請參見Volker Mertens, "Richard Wagner und das Mittelalter", in: Ulrich Müller/Ursula Müller (eds.), *Richard Wagner und sein Mittelalter*, Anif/Salzburg (Müller-Speiser) 1989, 984;《指環》部份見32-51。

12 *Richard Wagner: Sämtliche Briefe*. Herausgegeben von der Richard-Wagner-Stiftung Bayreuth, Editionsleitung Werner Breig, Band 14: Briefe des Jahres 1862, hg. von Andreas Mielke, redaktionelle Mitarbeit Isabel Kraft, Wiesbaden/ Leipzig/ Paris (Breitkopf & Härtel), 2002, 346。

13 為便利閱讀，本文以下提到華格納的《尼貝龍根神話》時，皆以《神話》簡稱之；神話未加《》者，表示為原始神話之情節。

14 創作過程的細節，請參考本書〈慶典劇與音樂節：《尼貝龍根的指環》與拜魯特音樂節〉一文，以及〈華格納《尼貝龍根的指環》創作至首演年表〉。

物，並無重大改變，但是，《神話》中並沒有艾兒妲的存在，諸神中只見佛旦之名，巨人則沒有名字，亦無爭鬥之事。此外，尚有其他人物互動及情節上的差異。這些互動及差異，均可在不同的北方神話裡，找到來源。但是，華格納將這些神話故事段落，散放在四部作品，精心編排後，重組出來的新故事，則有了新的戲劇面貌。[15]

黃金與寶藏

《神話》中，僅以很簡單方式，交待了侏儒、巨人、諸神三族間的互動。《指環》裡，三族的恩怨成為《萊茵的黃金》之情節中心。

《尼貝龍根之歌》裡，寶藏被沈入萊茵河底，自此找不到，係河水與寶藏唯一的關係。歌劇裡，華格納倒果為因，讓黃金原本即屬於萊茵河，是大自然的一部份，由萊茵的女兒看守。黃金的神秘力量，則透過萊茵的女兒和阿貝里希的對話，公諸於世：要拒絕情愛，才能取寶藏、打造指環。華格納擬藉此，展現人性貪財貪權的悲哀面，用心昭然若揭。這個想法在《神話》裡已經存在，不同的是，在《神話》結束時，才出現的水女(Wasserfrauen)，作曲家讓她們成為《萊茵的黃金》最早上場的角色，她們是大自然的一部份，與《諸神的黃昏》結束時，她們現身取回指環，遙相呼應。「塵歸塵，土歸土」，取自大自然的，要回歸大自然的理念，在《指環》裡被突顯出來了。

在《神話》裡，巨人完成城堡後，立即要求佛旦要取得尼貝龍根寶藏做為報償，並無佛萊亞的一段，也無洛格的獻計。巨人取得寶藏後，也沒有內鬨的情節。《萊茵的黃金》則讓巨人在聽到洛格的敘述後，才因耽心侏儒坐大，而要求以寶藏代替佛旦原本應允的佛萊亞，讓巨人顯得更笨。在此加上的角色，如火神洛格、掌管諸神青春泉源

15 華格納一步步改寫的細節以及他工作的方式，請見Otto Strobel, *Skizzen und Entwürfe zur Ring-Dichtung*, München (Bruckmann) 1930。

金蘋果的女神、雷神、彩虹神等等，均是北方神話裡的諸神祇；[16]華格納的劇本裡，提到弗萊亞時，有時亦以荷兒姐(Holda)稱之，提到艾兒妲時，有時以瓦拉(Wala)名之，原因即在於此。情節方面，造城堡者要求以佛萊亞做爲報償、家族內鬨的情節，都源出於不同的北方神話故事。

巨人兄弟內鬨的情節，源出《佛松傳奇》。原來的故事是：歐丁(Odin，即是佛旦的前身)、洛吉(Loki，洛格的前身)和另一人[17]同行，途中，洛吉誤殺了某族長之子，還剝了皮。當晚，三位卻正好借宿該族長家，還出示剝下的皮。族長和其二子抓住他們，逼洛吉去取侏儒的寶藏，以裝滿皮囊，來交換性命。洛吉依言而行，用計抓住侏儒，取得寶藏，還連侏儒手上的指環也一併搶下。侏儒失掉所有後，向指環下了詛咒，擁有指環和寶藏的人，都會死亡。洛吉交給族長寶藏，但是還差一點，才能裝滿皮囊，洛吉只好以指環補上，但也同時告知侏儒的詛咒，族長卻不在意。族長不肯與兩個兒子分寶藏，不久之後，族長的大兒子法夫尼爾(Fafnir)殺了父親，帶著全部的寶藏逃逸；侏儒的詛咒首次應驗了。另一個兒子萊金(Reigin)什麼都沒分到，立誓復仇；這個寶藏的故事，也是他說給齊古兒(Sigurd)聽的，因爲他希望齊古兒能幫他殺掉兄弟，取得他應得的寶藏。在講故事時，萊金也說了，法夫尼爾身材高大，自己則一向弱小。

華格納在《神話》裡，提到迷魅時，附加了其他名字，也透露了，他的迷魅其實是好幾個神話角色的綜合體。萊金的擅於冶金鍊

16 《尼貝龍根之歌》被記述時，歐洲大陸已是以基督宗教的天主教為共同的唯一信仰，這部神話裡，完全沒有各種神的蹤跡，可想而知；相對地，字裡行間不時可看到，信仰天主為諸位主角生命裡重要的一環。口傳神話輾轉相傳時，會隨著時空環境有所改變的情形，於此可見一斑。北方神話的流傳裡，亦可看到類似的情形，但還保留了較多的神話原形。除北方神話外，華格納還參考了當時的其他相關著作，如格林兄弟的《德國神話》(*Deutsche Mythologie*)等，見Mertens 1989, 49。

17 此人未在《指環》中被使用，故略去其名不提。本文以下內容裡，若遇神話人物之名未在《指環》中被使用時，亦不提其名。

鐵，在華格納將他擺入侏儒一族時，也同時將他的專長交給了侏儒族全體，並且也讓阿貝里希有了兄弟。

《神話》裡，三言兩語帶過的巨人取得寶藏的過程，在《萊茵的黃金》中，華格納運用了齊古兒的這段故事，寫成高潮迭起的長長故事。他藉由洛格之口，讓巨人聽到寶藏的故事，而要求以寶藏換佛萊亞。寶藏到時，又讓法索德捨不得佛萊亞，而藉此要求，將許願盔和指環都丟入寶藏中；華格納在此，巧妙地強調了之前萊茵女兒的說明，也同時在劇情中，滲入了些許人間情愛。兩相對照，法弗納只要寶藏，不要美人，亦是阿貝里希的翻版。華格納在短短的時間內，讓萊茵女兒的話語一再地在舞台上應驗，提醒觀者，人類爲追求金錢和權力，甚至可以犧牲情愛的悲哀面。《神話》的巨人，在歌劇裡以兩人呈現，明顯地，係爲了讓指環的詛咒立即應驗；在將弒父情節改成兄弟相殘之時，劇作家亦將弒父之子的名字，轉移到殺兄弟、奪寶藏的巨人身上。

《尼貝龍根之歌》裡，齊格菲隨身帶著一件許願衣，是他的尼貝龍根寶藏的一件寶物，外觀與一般大衣並無不同，但穿上後，力量大增，並且會隱身不見。他兩次使用許願衣，皆是幫助昆特取得布琳希德。第一次是與昆特同去布琳希德的北方王國，在兩人比武時，齊格菲隱身助昆特贏得三回合，布琳希德只好答應昆特的求婚；第二次則是婚禮後，昆特無法讓布琳希德與他圓房，反而吃盡苦頭，昆特只好向齊格菲求助，齊格菲再次用許願衣，與布琳希德纏鬥，在她筋疲力盡時，取得她的指環和腰帶，伺機離開，昆特再進房，完成願望。其他神話版本裡，未必有許願衣的存在，若有，功能亦僅在於此。歌劇裡，華格納將許願衣轉爲許願盔，並讓它在《萊茵的黃金》即出現，是阿貝里希命人打造的寶物。當洛格要阿貝里希展示許願盔的功能時，愛現的侏儒中了計，在變成小青蛙時，被佛旦抓住，逼取寶藏。這一個設計，讓《萊茵的黃金》頓時間，有著童話故事的可愛，也突顯了許願盔是另一件寶物的地位。

北方神話故事諸版本裡，都有可知未來的先知；他們明顯是《神話》裡三位命運之女的源頭。在《萊茵的黃金》中，大地之母艾兒妲取代了命運之女，現身警告佛旦，並且預示了諸神的滅亡；三位命運之女則直到《諸神的黃昏》才上場。爲了呈現諸神一族，除了佛旦之外，華格納讓日耳曼神話裡的其他諸神現身，他們的造型和職司，爲作品添加許多神話色彩。

至於萊茵黃金的傳奇，以及佛旦、佛利卡夫妻的關係，則出自華格納自己的靈感。如此這般，在《神話》的基礎上，華格納創造了侏儒、巨人、諸神三族間的恩怨，賦予作品更高的戲劇性，而成就了《萊茵的黃金》。在這裡略做展現的感情糾葛，是《神話》裡沒有的，也爲後面的情節舖了路。

人性的女武神

《神話》裡，與日後《女武神》相關的情節，佔有的篇幅非常少。並且，依舊是依著各種北方神話的版本，布琳希德僅是位違背大神命令的女武神。這段故事在各種版本的神話裡，都非常短，出現在齊古兒的故事裡，並且是他解開她的盔甲，她醒來後，由她口中講出的故事：她違反了大神的命令，在戰爭中保護了不該保護的一方，因而被大神用睡眠刺處罰長睡。但她發誓不嫁膽小的人，於是大神在她四週逐起火牆。除了自己的故事外，她還告訴齊古兒未來的事，包括他會娶古德倫。至於布琳希德抗命保護的對象是齊格蒙，則是《神話》中才有的轉化。

《尼貝龍根之歌》係以齊格蒙和齊格琳德的王國開始，齊格菲是他們的兒子，是斬龍英雄，以英勇著名。華格納用了親子關係和名字，但是，《女武神》的故事內容，他則由《佛松傳奇》裡擷取。在這裡，齊格蒙佔了很大的篇幅，其英雄事蹟不下於齊格菲，有過多次婚姻，並且有許多兒子。

齊格蒙的故事裡，有一段，是關於他和他妹妹的。齊格蒙的父親未經得他唯一的女兒同意，即將她出嫁。在婚禮上，一位老人將劍插入樹幹，齊格蒙拔出了劍，他的妹婿試圖向他買劍，卻被拒絕了，於是親家立刻成了仇家。一場血腥的混戰後，只有齊格蒙被妹妹救下，兩人決定復仇。妹妹發覺自己生的兒子不能為她們復仇，於是喬裝打扮後，至森林中找齊格蒙，後者沒有發覺她的真正身份，於是和她生了一個孩子。妹妹將孩子送至森林中，讓齊格蒙養大。父子二人打算復仇，卻被活捉，並被活埋。緊要關頭時，妹妹將寶劍丟入兩人被活埋處，救出二人。父子二人放火燒大廳，並守住出口，不讓任何人逃出來。妹妹雖然從未愛過自己的丈夫，但畢竟參與了謀殺親夫的計劃，決定留在廳內，而被燒死。

齊格蒙的故事裡，最後有一段，係年長的齊格蒙向一位女子求婚，同時求親者尚有其他人，其中一人是渾丁。該女子選擇了最英勇的齊格蒙，於是渾丁興兵來攻，又是血戰多場。原本不敗的齊格蒙，在戰場上遇到一位老者，穿著大衣、獨眼、手中拿根矛，當他的寶劍遇上老者的矛時，即斷成數片，於是齊格蒙戰敗。當他的妻子找到垂危的先生時，他交待她收好劍，將腹中兒子產下，兒子會將劍鑄合，再創基業。齊格蒙去世後，妻子果然產下一子，命名齊古兒，也就是齊格菲。這位穿著大衣、獨眼、手中拿根矛的老人，正是大神歐丁；《指環》裡佛旦的造型，無疑地，源出於此。

《女武神》裡，華格納將兩段齊格蒙的故事移花接木，合成一個，但是讓兄妹失散，所以，哥哥並未參加妹妹的婚禮，寶劍則成了兩人相認的證物。這一段故事，在舞台上看不到，華格納安排由兄妹二人相見時，分別敘述各人的版本，同時間，並由樂團暗示著寶劍和佛旦的關係。不巧借宿仇人家，是神話裡的動機，被轉用到齊格蒙身上，呈現一個天生苦命的英雄。妹妹背叛親夫的情節，固也出於神話，但是，華格納讓渾丁成爲她的夫婿，由此接上渾丁與齊格蒙大戰，後者寶劍斷於大神之矛，戰敗而死的情節。這一場戰爭，則在舞台上呈現，並且讓布琳希德在與齊格蒙一段感性對話後，保護齊格蒙，又在行動敗露後，落荒而逃，並帶走齊格蒙的斷劍和昏倒的齊格琳德，爲故事的後續留下伏筆。

在原始神話裡，《萊茵的黃金》劇情來源，是遠遠在齊格蒙故事之後的。不僅如此，無論在原來的神話或華格納的《神話》中，佛旦和雙胞胎以及布琳希德之間，都沒有任何家庭甚至親戚關係。在《女武神》中，故事細節雖然並無改變，但人物被簡化，致使恩怨集中在少數幾個角色身上。並且，因著華格納賦予人物之間親密的父女、父子關係，而使得全劇充滿了人間感情，並有著強烈的戲劇張力。他爲了要多知道未來的事，與艾兒妲生了布琳希德；又因爲要培養自由意志的人，爲諸神頂罪，而與威松族生了雙胞胎。他的「風流」行爲讓齊格蒙與布琳希德成爲同父異母兄妹，也讓神話故事中，高高在上的大神佛旦人性化了。

佛旦身爲統治者，在以詭計和暴力取得指環的同時，即種下了諸神滅亡的必然後果。他雖嚐試以其他的方式挽救，但自欺欺人的伎倆，在他與佛利卡夫妻口角的對話裡，被一語道破。他不得不手刃親子、放逐親女，最終依舊無法改變結果。華格納試圖透過這個故事，表露統治者亦不能違反律法的理念，隨著諸神的行爲和一再強調的諸神滅亡，直接、間接地傳達出來。

火爆浪子齊格菲

在劇情進行的主線上，華格納經常將大段的故事做重新的編排。在細節的處理上，則經常可看到，一些細小的動機被結合在一起，用來一針見血地呈現角色的特質，或立時顯現的戲劇效果。《齊格菲》的第一幕，正是如此的一個例子。

全劇以迷魅的自言自語開始，很可能參考自福克三部曲的第一部《齊古兒》(Sigurd, 1808)。齊格菲以鐵砧試鑄好的劍，先是劍毀，最後以父親留下的斷劍重鑄後的劍，則將鐵砧一劈爲二，是《佛松傳奇》裡齊古兒的行徑。至於齊格菲自己鑄劍，則在烏蘭(Luwig Uhland)的詩作《齊格菲寶劍之歌》(*Lied von Siegfrieds Schwert*, 1812)中，可找到前身。[18]爲劍取名，在諸多神話故事中都可以看到，亦提供歌劇音樂的題材。大神打扮成流浪者，和他人以頭爲賭注，玩猜謎遊戲，以及可想而知的打賭結果，源出北方神話；只是打賭的題目不同，對象亦不是迷魅。《齊格菲》第一幕，實有如華格納玩拼圖遊戲，拼湊出熱鬧的一幕。

第二幕則以神話裡，齊古兒殺掉法夫尼爾的故事爲主，僅在細節上稍做改變。與華格納筆下的齊格菲相比，神話裡的齊古兒，在後父的宮廷長大，受到萊金的教導，並不是個沒腦筋的火爆浪子，他殺死法夫尼爾，係經過多方思考和請教他人後，小心設計完成的，才得以全身而退。法夫尼爾臨死前，警告齊古兒遠離寶藏，也要小心和他同行的萊金。萊金來後，喝了法夫尼爾的血，並割下他的心，要齊古兒在火上烤熟，自己則去一旁睡覺。齊古兒烤著心，看到有汁液流出來，即伸手去摸一摸，不料燙傷了自己的手指。他本能地將手指伸到口中，正當他嚐到心臟的血時，突然聽懂了枝頭上三隻鳥兒的對話。鳥兒要他吃了整顆心，殺了居心不良的萊金，取得寶藏，並且去找在

18 烏蘭本人亦下了很多功夫，研究北方神話，並有不少相關作品；這部詩作即是其中的一部。

火牆中長睡的布琳希德。

早在《神話》的階段，華格納就已設計了齊格琳德逃亡後，野外產子，萊金幫忙的情節，而讓萊金成爲齊格琳德託孤的對象。歌劇裡，華格納讓迷魅敘述這一段故事，以銜接《女武神》的前情。《神話》的這一段並不算長，但其中迷魅與萊金混合出現的情形，正透露了歌劇角色在神話世界裡的不同來源。《神話》裡，齊格菲先殺渾丁，再去殺法弗納，無疑地，還是依著神話的齊古兒爲父復化的情節。寫成《齊格菲》時，由於渾丁已於《女武神》第二幕裡，死於佛旦之手。這一段情節在《齊格菲》裡，自不可能再存在。除了齊格菲、法弗納和迷魅外，華格納還讓阿貝里希與裝扮爲流浪者的佛旦，在暗處觀看事情的發展，以呈現人人關心指環去處的情形。

第三幕開始時，佛旦問艾兒妲的一景，亦源自神話的《流浪者之歌》。大神問瓦拉地底之事，而瓦拉到最後，才知道眼前這位是大神。歌劇裡，佛旦、瓦拉、布琳希德之間的關係，在這裡發揮了台詞中未直接呈現的絃外之音。齊格菲通過火牆，找到布琳希德的故事，在不同的神話中均有，前面亦已提過，不再贅述。

在大神問瓦拉以及齊格菲找到布琳希德之間，華格納加上了佛旦和齊格菲祖孫相見不相識、不相認的一段，並讓齊格菲怒劈佛旦的矛。這一劈有著多重的功能，不僅再次呈現齊格菲火爆浪子的特質，並且藉著此次矛斷劍存的結果，成全佛旦在《女武神》結束時加上的障礙，也同時展現齊格菲不受諸神控制的事實，更再次預示了諸神的毀滅。[19]

19 華格納筆下佛旦的風流韻事，則讓齊格菲娶了他的姑姑兼阿姨，並且齊格菲是作品主角的事實，自會讓本地讀者立時想到《神雕俠侶》。

火燒神殿

齊格菲背叛布琳希德，並喬裝打扮成金蘭兄弟，爲他娶得布琳希德爲妻，自己則娶金蘭兄弟之妹的故事，在《尼貝龍根之歌》裡，和在各種北方神話版本裡，基本上並無很大的差異。大部份版本裡，齊格菲因服了藥酒，忘了布琳希德。這個在歐洲文學經常可看到的動機，華格納自不會放過，並且將它處理成愛情藥酒，不僅讓齊格菲忘了髮妻，還立刻愛上了眼前的第一人。布琳希德如何確認，再次穿過火牆，逼她成親的人是齊格菲，神話故事的版本則另有曲折的過程，其中，古德倫(或克琳姆希德)[20]是關鍵人物。

在兩對新人成婚好一陣子後，有一天，布琳希德和古德倫相遇[21]，兩人爭論著誰的先生比較偉大。古德倫氣急之下，說出當年穿過火牆的是她的先生，和布琳希德同宿三夜的是他，並且拿出齊格菲由布琳希德處取得的指環爲證[22]。面對鐵證如山，布琳希德臉色發白，一言不發地回家，立刻向昆特要求，齊格菲必須死去。哈根看到王后受辱，在昆特同意下，用計得知齊格菲背部弱點所在，在一次狩獵途中，攻擊了他的弱點，齊格菲因而死亡。《佛松傳奇》裡，則是以行刺方式進行，在這裡，身負重任的刺客多次鼓起勇氣，卻因齊格菲醒著，看到他的目光，心生畏懼，無法下手。在多次嚐試後，終於在一清晨，齊格菲尚在睡眠中，刺客一擊中的，重傷的齊格菲醒來，拔出身上的劍，射向刺客，將他劈成兩半，當場死亡。齊格菲交待後事後，亦逝去。歌劇中，華格納給布琳希德的話語，只要齊格菲看一眼，對方就沒勇氣，明顯地亦有神話的源頭。

20 這一段故事裡的人物，在不同版本中，有著不同的名字。為求敘述方便，皆以《指環》人物名字統一稱之。

21 各式神話裡，有在教堂前遇到的，也有到河邊游泳或洗頭的。

22 《尼貝龍根之歌》中，還加上齊格菲取得的布琳希德貼身的腰帶。

在《神話》裡，華格納即已去掉了神話裡的女人吵架，而讓布琳希德親自看到齊格菲手上的指環信物，發現穿過火牆的是齊格菲。這個改變大幅削弱了古德倫的戲份，將《尼貝龍根之歌》裡，眞正的女主角，轉化成《諸神的黃昏》的配角。這一個改變，也同時確認了布琳希德在歌劇裡的重要性，奠下了華格納得以將劇本向前一再延伸的基礎。不同於神話裡，布琳希德積極主動要求齊格菲的死亡，歌劇裡，是哈根見狀，伺機挑起布琳希德的報復之心，聯手謀害齊格菲，做成第二幕的高潮。並且，這些過程都在她和昆特的婚禮前，就發生了。

許多神話版本裡，使用藥酒是昆特母親的主意，她只是很單純地希望能將這位英雄長留國內，故而讓他服藥酒後，忘了以往的事，娶了古德倫爲妻。另一方面，神話版本的哈根，具有貴族和武士的身份，他係爲王后出頭，才決心用計殺齊格菲。早在《神話》的階段，華格納就改變了哈根的身份，以不少篇幅說明哈根的身份，他與昆特兄妹是同母異父，爲阿貝里希的兒子，而讓歌劇裡的齊格菲，有個天生敵手，並且，華格納依著《尼貝龍根之歌》的內容，讓哈根告訴昆特兄妹，齊格菲是何人，更進而讓哈根操控全局，由建議使用藥酒直到擊殺齊格菲，全是哈根的主意和行動。哈根在齊格菲與昆特歃血爲盟時，有意避開，這個設計，應參考了齊古兒故事裡，殺死他的人，是一位沒有和他結金蘭的武士。歌劇裡，相較於哈根的足智多謀，或說陰險狠毒，昆特兄妹顯得被動單純，全無神話裡的統治者風範。

在一些神話版本裡，齊古兒在婚禮後，藥酒失效，想起了布琳希德。但是木已成舟，他沒有聲張。大部份的情節，則是齊古兒至死，都未想起他和布琳希德的過往情事。華格納則安排哈根做解鈴人，給了解藥，齊格菲服下後，想起往事，閃神間，給了哈根下手的機會，這樣的設計，讓齊格菲死地清清醒醒，在臨死前，可以唱出他對布琳希德不變的至愛。作曲家在此，以當初他吻醒布琳希德的音樂爲基礎，寫這一段音樂，充份發揮主導動機的功能，讓聞者憶及前情，能不動容！這一個安排又和全劇結束時，布琳希德表明對齊格菲不變的愛先後呼應，讓這個作品依然充滿了至情至愛。

除了《尼貝龍根之歌》之外，幾乎所有的神話裡，都可看到，齊格菲死後，布琳希德亦不想再活，並要求將兩人屍體火化，且將寶劍置於兩人當中，如同齊格菲為昆特再度找到她的情形一般；不同版本裡還有不同的陪葬品。這應是華格納安排布琳希德帶著愛馬殉情，且在舞台上，以一場大火結束全劇的靈感來源。但是，歌劇裡，布琳希德沒有要寶劍陪葬，而要讓大火純淨許願盔和指環，好將它們再清清白白地，還給萊茵的女兒，完成寶藏回歸大自然的結局。不僅如此，這把火還燒上了神殿，應驗了之前一再強調的「諸神毀滅」的預言。

看不見的劇情

歌劇劇情的進行，經常是跳躍式的，要演出四晚、劇情跨越數代的《指環》，其劇情更難免有這個現象。前後作品之間，都過了很多年，每部作品裡，也都有新的角色和人物出現。華格納經常以主角敘述的方式，交待劇情的落差，將這些敘述段落，巧妙地安排在劇情進行中，是《指環》得以成功的另一關鍵。

《萊茵的黃金》呈現了諸神、巨人、侏儒三族之間的恩恩怨怨。在《女武神》開場，齊格蒙逃至渾丁家之前，發生了很多事，是在舞台上沒有演出來的。《女武神》第一幕裡，雙胞胎兄妹的身世，經由兩人對話的內容呈現，兩人因而得以相認、相戀，並相偕逃亡。第二幕裡，先經由佛旦與佛莉卡的夫妻吵架，交待了一部份過程，也同時呈現佛莉卡係掌管婚姻女神的身份。之後，再讓喪氣的佛旦，面對心愛的布琳希德，以長大的敘述，說出更多的事情。

佛旦和佛莉卡的爭執重點，在於佛莉卡責備佛旦的四處風流。因為，這段期間裡，佛旦組成的女武神隊伍，都是他在外面所生；不僅如此，他還隱姓埋名，和威松族的女人生了一對雙胞胎；如今這對雙胞胎竟相戀結合，「士可忍，孰不可忍」。佛旦的說法則是，無論是布琳希德、女武神或雙胞胎，都是爲了讓諸神族免於毀滅的命運，而採取的措施，但是佛莉卡卻認爲都只是藉口，並且，一點一點地指出問題所在，最後，她要求佛旦與女武神均不得保護齊格蒙。這段對話不僅揭露了雙胞胎係佛旦生養，也表明了，佛旦想藉齊格蒙之手，爲諸神脫罪，是不可能的。

接下去，佛旦對布琳希德的敘述，是一段長大的獨白。內容一方面交待《萊茵的黃金》故事前情，一方面說明，在《萊茵的黃金》幕落後，《女武神》幕啓前，發生了那些事情。於是，在布琳希德知道過去事情的同時，觀者也同時知道了這些在舞台上看不見的故事。巨人法弗納取得寶藏和指環後，並不知道要如何運用它們，於是將它們放在山裡，自己則變化成一隻大蟲，日夜看守著它們。侏儒阿貝里希不甘心就此失去指環，處心積慮地要奪回指環，並且讓一位女子懷了他的孩子。以佛旦爲首的諸神，則擔心艾兒妲的預言「諸神終將毀滅」會應驗，想盡辦法做了許多防護措施；這些措施正是令佛莉卡不快的風流行爲。這段獨白裡，也交待了布琳希德是佛旦所生，她的母親是世上最聰明的女子艾兒妲。[23]

在《女武神》與《齊格菲》之間，發生的最重要事情，應就是齊格菲的出生和長大。這段故事集中在《齊格菲》第一幕，由迷魅以分段的方式呈現。第一幕一開始，迷魅的獨白裡，就交待了，齊格菲已經長大，並且孔武有力；同時，迷魅也透露了，他自己希望藉齊格菲之手，殺死法弗納，取得指環。稍晚，在齊格菲的暴力相向下，迷魅

23 佛旦對布琳希德說：「世上最聰明的女子／為我生了妳，布琳希德」(der Welt weisestes Weib / gebar mir, Brünnhilde, dich.) 緊接著，佛旦又說：「與八個姐妹一起／我將妳養大(Mit acht Schwestern / zog ich dich auf .)。這幾句話讓許多人以為，所有的女武神皆出自艾兒妲。然而，佛旦的話中並無很清楚地交待此點。但若看《齊格菲》中，艾兒妲再度出現時，提到她和佛旦的孩子，用的一直是單數，關心的對象，明顯地，亦只有布琳希德一人，足以證明布琳希德和八位女武神並非同母所生，也說明了，為何她是佛旦最鍾愛的女武神。

說出了齊格琳德森林產子、託孤後，即逝去的故事。在這段敘述裡，華格納的音樂活潑地呈現了迷魅的心機，讓他在敘述當中，還不時提醒齊格菲，他是多辛苦地將他拉拔長大，齊格菲則總是火爆地要他言歸正傳。

《女武神》裡，佛旦對布琳希德的敘述內容，部份有交待前情的目的。這個手法，在整部《指環》裡經常出現，換言之，既使未看前一部，經由這個手法，也可以知道之前發生了什麼事。《齊格菲》第一幕中，迷魅與佛旦喬裝的流浪者之對話和猜謎，也具有同樣的功能。《諸神的黃昏》裡，第一幕有哈根對昆特兄妹講述齊格菲的事蹟，第三幕有齊格菲回憶小時候，都是同樣的手法。比較特別的，則是《諸神的黃昏》序幕，三位命運之女所唱的內容，它不僅交待前情，還告訴大家，佛旦如何取得統治權。這一點，也正是《齊格菲之死》與《諸神的黃昏》最明顯的差異處。

由《齊格菲之死》到《諸神的黃昏》

比較《齊格菲之死》和《諸神的黃昏》的劇本，可以看到，二者的結構和內容上相去不遠，但在一些關鍵處有所不同。[24]在結構上，《齊格菲之死》的一個序幕（Vorspiel）後接三幕的結構，在《諸神的黃昏》中沒有絲毫的改變；《齊格菲之死》的序幕，甚至亦是以三位命運之女的三重唱開始，但是，她們唱的內容則有所不同。

在《齊格菲之死》中，三位命運之女出現的目的，主要在於交代前情。她們手中的繩索牽引著世界的運行，先後唱出阿貝里希偷得指環，到齊格菲發現布琳希德的經過，也就是後來《指環》裡，由《萊茵的黃金》到《齊格菲》的大致情節。換言之，《齊格菲之死》裡，

24 就詩句寫作而言，兩部劇本情節相同處，華格納並非全盤接收，而有所更動。請參見Mertens 1989，36。

《神話》大約三分之一的內容，是由命運之女唱出的。《諸神的黃昏》序幕裡，命運之女陳述的重點，則放在佛旦和諸神一族的命運上。她們邊唱著，邊將繩索掛在一棵即將枯死的白楊樹上，這棵樹自從被佛旦摘去一個樹枝，做他的矛後，開始逐漸枯萎，而佛旦則爲了取得這個樹枝，喝智慧之泉的水，取得統治世界的智慧，付出他的一個眼睛做代價，統治的律令則刻在矛上。藉此，華格納告訴大家，爲何佛旦的造型總是獨眼、手中拿根矛。在齊格菲砍斷他的矛之後，佛旦知道神殿將毀，諸神將滅，令人將枯死的樹砍下，堆在神殿中，等待這一天的到來。唱著唱著，她們發現繩索被巖石割裂，終至斷裂，她們因而驚惶失措，不知未來一切將如何繼續運行，趕緊回到大地之母那兒去。接下去齊格菲和布琳希德道別的場景，則幾乎無甚改變。

比較這兩段序幕，命運之女手上的繩子由單純地牽引世界運行，轉爲繩索斷裂，她們的戲劇角色，也因此由交代前情轉爲暗示諸神將亡。佛旦成爲敘述的中心，也讓諸神不致於在此劇中完全缺席。另一方面，經由這段敘述，也呈現了佛旦追逐權力付出的代價，並不少於阿貝里希。

在人物方面，《齊格菲之死》與《諸神的黃昏》幾乎完全相同，唯一的改變是，前者中的衆女武神，在後者裡，爲一位女武神瓦特勞特取代。《齊格菲之死》第一幕中，衆女武神在出任務途中，過訪布琳希德，嘆息她如今只是個普通女子，布琳希德則再三強調她活在愛裡，很快樂。但是，在《諸神的黃昏》裡，同樣的地方只出現一位女武神瓦特勞特，並且她還是不顧佛旦的禁令，不許任何姐妹和布琳希德聯絡，匆匆忙忙地偷溜出來。瓦特勞特的敘述內容，係由瓦哈拉神殿的角度，交待過去發生的事。她告訴布琳希德，自從布琳希德離開天庭後，佛旦即以流浪者的姿態走遍世界各地。在他終於回來後，召集諸神砍伐柴火，堆在神殿中，命諸神聚在他的寶座旁，自己則手中緊握著斷裂的矛，一言不發地坐在寶座上，不吃不喝，再也不派女武神們出任務，只派出兩隻烏鴉探消息。大家都嚇壞了，最後在瓦特勞特哭求下，他才說出指環必須要回到萊茵的女兒手中，諸神和世界才有救。因此她才不顧禁令，急忙趕來找布琳希德商量，想個辦法。布琳希德起初一頭霧水，不知瓦特勞特說什麼。但是當瓦特勞特看到布琳希德戴著那只指環時，大吃一驚，哀求她將指環還給萊茵的女兒。布琳希德因那是齊格菲送給她的禮物，執意不肯，痛罵瓦特勞特沒有感情，初見瓦特勞特的「千里遇故人」的興奮和感動，立刻轉爲想起當年，佛旦竟不念父女情深而加以嚴厲處罰，她認爲諸神的命運已與她無關，憤怒地要求瓦特勞特立刻離開。藉著這一個布琳希德和其他女武神對話內容的改變，《諸神的黃昏》第一幕裡，諸神的毀滅在即，又再一次被強調，並且更清楚地呈現了布琳希德對齊格菲的愛。這兩個改變也與全劇結束時，沒有對白，僅以音樂呈現的諸神毀滅的場景，遙相呼應。

而這個結束方式，也是《齊格菲之死》和《諸神的黃昏》二者間最大的不同。前者依著《神話》的藍本進行。齊格菲死後，布琳希德回復女武神身份，帶著齊格菲和愛馬在火光中回到佛旦處，指環和許願盔回到萊茵的女兒手中，尼貝龍根的阿貝里希空忙一場，即係以一位英雄之死，換來了諸神的脫罪永生。

在《諸神的黃昏》中，布琳希德除了同樣將指環還給萊茵的女兒、命人設柴堆焚燒齊格菲屍體外，並對佛旦和諸神提出控訴，害死了齊格菲。她決定以身殉情，並宣告這把火也將焚毀神殿。因之，同樣是一把火，在《諸神的黃昏》裡，燒出了一個極富震撼性的結束。這個結束在《指環》全劇裡，自《萊茵的黃金》開始，即一而再、再而三地被強調，擴大了全劇的戲劇張力，一直推到這個震撼性的結束。

這些改變，看似對主要的劇情進行影響不大，事實上均別有用心，在在爲布琳希德爲愛殉情、諸神毀滅的收場做準備。音樂上的最後段落裡，布琳希德數遍人間無奈、道盡人間至情的長大一曲，在如此的結尾下，更具效果，全劇結束在解脫動機上，有遺憾，更有完滿。

再觀《齊格菲之死》中，在齊格菲找到布琳希德以前發生的種

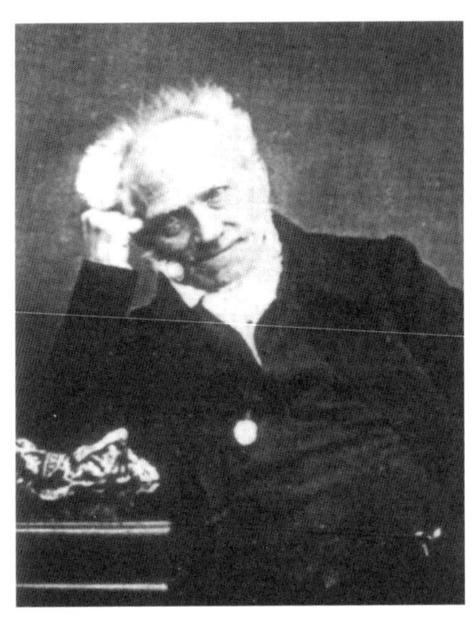
叔本華(Arthur Schopenhauer, 1788-1860)

種，只以「序言」方式處理，一筆帶過，佛旦等諸神在劇中根本未出現，全劇的中心看來是以一個悲劇英雄之死，換取諸神的脫罪永生。但是，如此的訴求，應不會是華格納的創作重點所在，齊格菲臨死前表白他對布琳希德的愛，以及布琳希德的殉情，才應是全劇的重心和高潮。但是，僅只一部《齊格菲之死》，是不可能深刻地將這些訴求表達完整，因此要向前加一部《年輕的齊格菲》。在這樣逐步向前推的過程中，華格納發現了這個題材蘊藏的，不只是一個英雄的生與死，還有更多的其他東西，因此他一再追加，一再修改，終於完成這一部前無古人的鉅作。

表面上看來，無論是《齊格菲之死》或是全本《指環》，在情節上，都不脫神話的代代復仇，至最後各族皆亡的結局。然而，華格納在數度增改之後，原來以英雄齊格菲爲中心的故事，變成了華格納筆下的佛旦和諸神命運爲主，並且充滿人性的神話，反映了創作者的心路歷程，以及其省思後的結論，其中，叔本華(Arthur Schopenhauer)的影響清晰可見。《齊格菲之死》的結局，指向諸神得以脫罪，穩坐統治寶座；《諸神的黃昏》則傾向以毀滅來贖罪，一切回歸原始的大自然狀態。這個改變賦予了《指環》更多的神話氣息，也留給後世更多的詮釋與想像空間。[25]

25 Mertens 1989, 46-51。

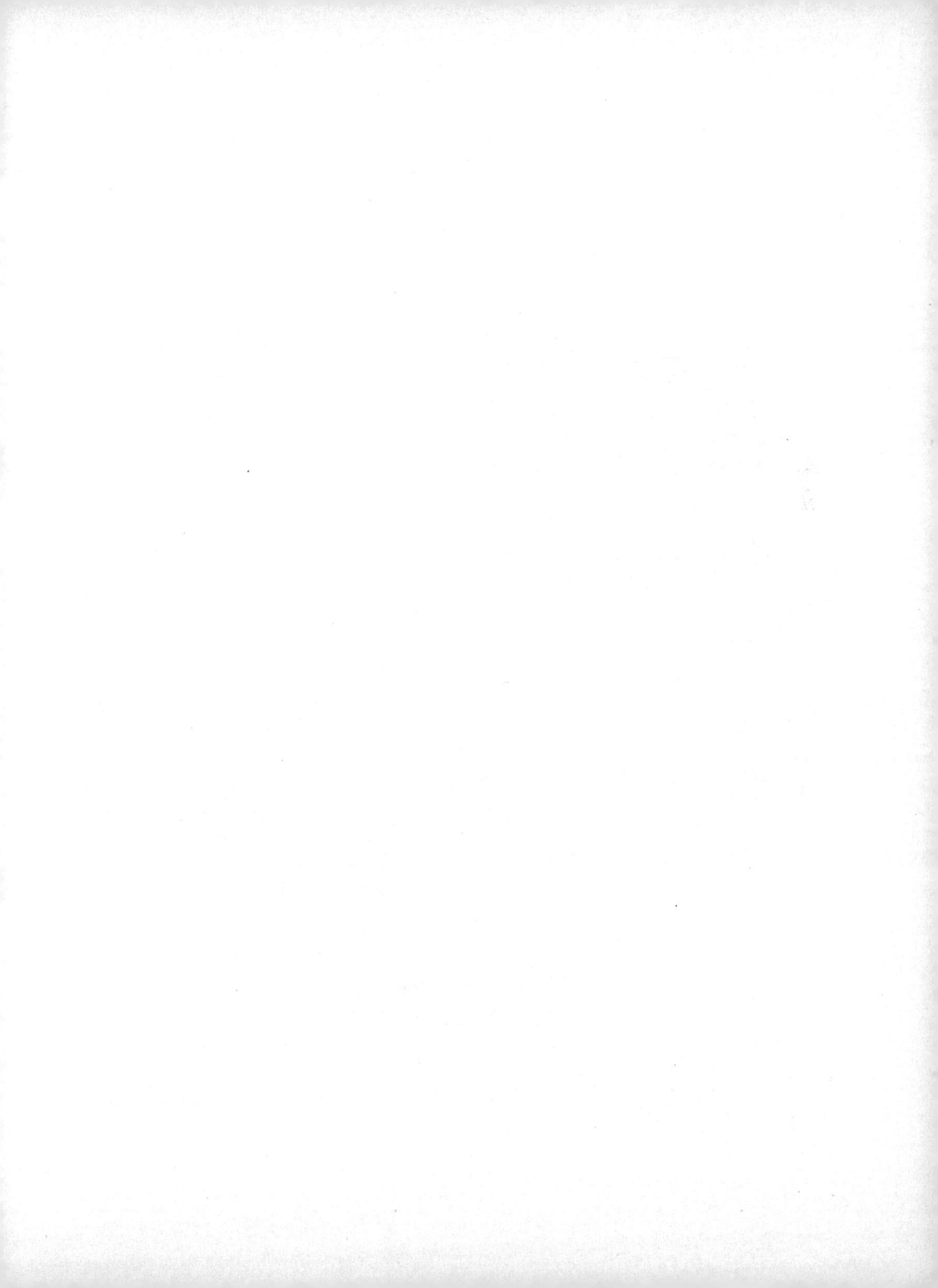

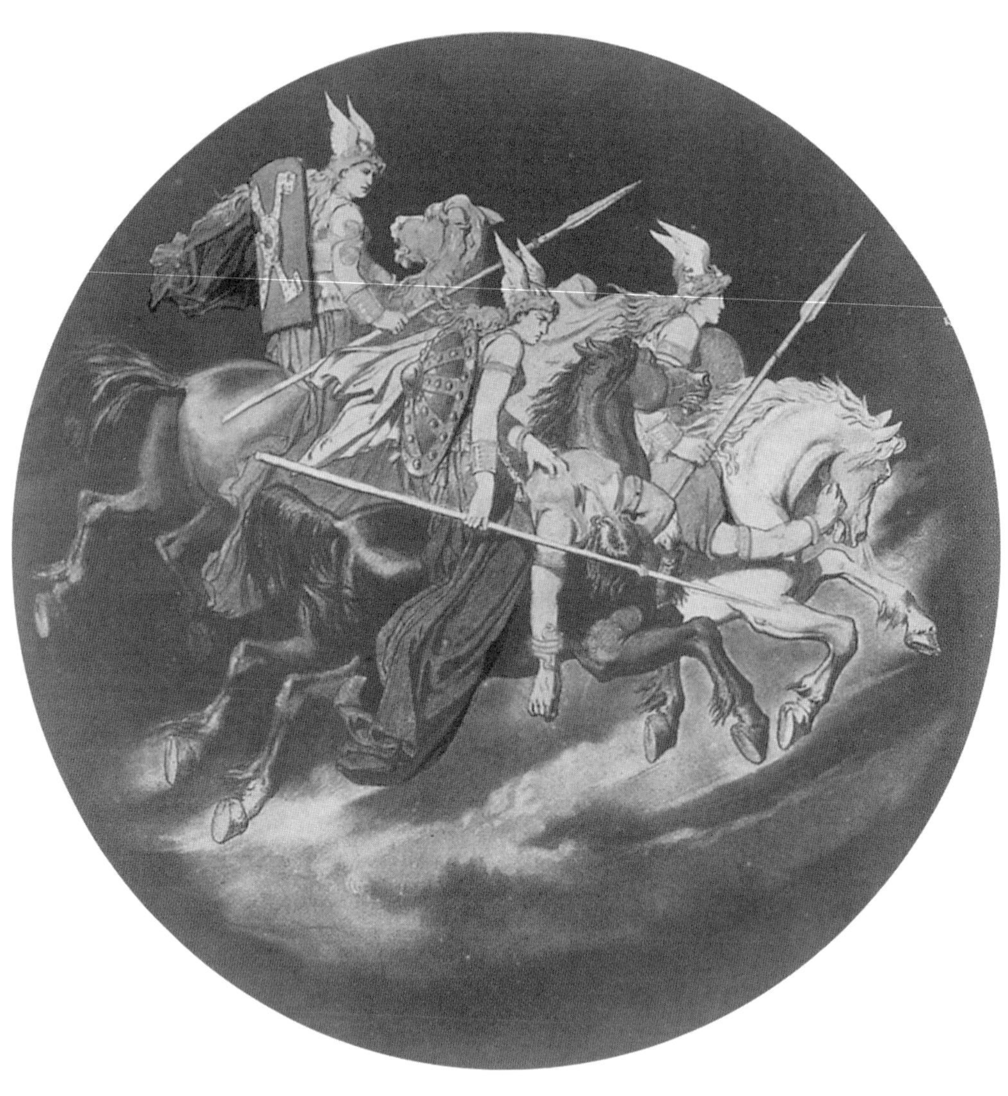

都普勒(Karl Emil Doepler, 1823-1905), 1876年《指環》於拜魯特首演投影用玻璃片；三位女武神。

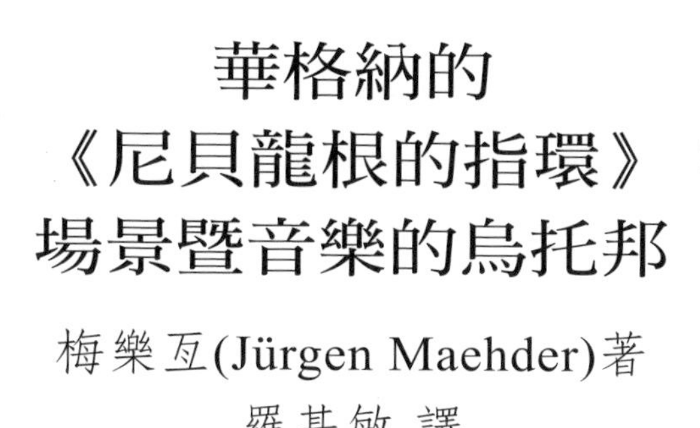

華格納的《尼貝龍根的指環》：場景暨音樂的烏托邦

梅樂亙(Jürgen Maehder)著

羅基敏 譯

本文原名：

Richard Wagners *Ring des Nibelungen* als szenisch-musikalische Utopie。

一、舞台想像

Man braucht nur das Textbuch zu lesen, um Wagners malerisches Auge und seinen genialen Sinn für den Theatereffekt zu bewundern. Wie ist das alles nicht nur ausgedacht, sondern leibhaftig angeschaut! Wie Siegfried durch die Flammen gegen den Rhein reitet, nach dem Abschied von Brünnhilde, wie diese bei Siegfrieds Leichenfeier sich auf das Roß schwingt und in den brennenden Scheiterhaufen sprengt — das sind Bilder, denen nichts Ähnliches auf der Bühne vorangegangen ist.

我們只需要閱讀劇本，就會為華格納的畫家眼睛和他對舞台效果的天才感覺所驚羨。所有的一切不僅思考週密，還活生生的看到了！齊格菲在和布琳希德告別後，是如何穿越火牆、騎向萊茵河；布琳希德在火葬齊格菲的盛典時，是如何地飛躍上馬，蹤身跳入燃燒著的柴堆裡。在此之前的舞台上是沒有類似的景象的。

—漢斯力克(Eduard Hanslick)，談《尼貝龍根的指環》首演的〈拜魯特信件〉第四封(Vierter der *Bayreuther Briefe* über die Uraufführung des *Nibelungenringes*)，見：Eduard Hanslick, *Musikalische Stationen*, Berlin 1880。

1876年，《尼貝龍根的指環》全劇以完整的形態，在拜魯特音樂節首演。在當時，這個首演不僅是音樂界的大事，也是劇場界以及劇場技術界的大事，也引起當代人士有褒有貶的不同評價。早在首演前多年，《指環》的劇本就已印行。劇本裡頗具理想性的烏托邦式舞台說明，必然刺激了華格納時代的人們，期待看到這些到那時候爲止未曾想到過的舞台效果。尤斯特(Klaus Günther Just)指出，華格納詩作的想像不僅在於發明對白，更特別在於創造了對舞台場景的描述，而詩作所描述的情形，遠遠超出了十九世紀的舞台與燈光技術所可以做到的程度。[1]華格納所想像的《萊茵的黃金》第一景的水底場景，可做爲一個例子，以看到他對舞台場景的烏托邦想像：

> 碧綠的曚矓光影，愈向上愈亮，愈向下愈暗。高處滿佈著波動的水，由右邊向左邊不停地流動著。波浪向著低處去，消散在愈來愈細密的潮濕霧氣中。地面上大約人身高的空間，看來像是沒有水。如同雲朵般地，水漫開到夜晚的深淵裡。舞台後方，到處都豎立著陡峭的岩壁，隔開了舞台的空間；整個地面都高低不平，沒有一塊是平的，每個角落看起來都像是在深谷般的幽暗裡。
> 舞台中間有塊暗礁，它細細的尖端一直伸到密集閃亮的水波之上。一位萊茵的女兒優雅地繞著這塊暗礁，游泳著。[2]

華格納當年計劃著拜魯特慶典劇院時，他腦海裡，係以巴黎大歌劇院完美的舞台演出爲模式。1860/61年間，《唐懷瑟》在巴黎演出，華格納參加了排練工作。在大歌劇院工作的這段期間，他親身體

1 Klaus Günther Just, "Richard Wagner — ein Dichter? Marginalien zum Opernlibretto des 19. Jahrhunderts", in: Stefan Kunze (ed.), *Richard Wagner. Von der Oper zum Musikdrama*, Bern/München (Francke) 1978, 79 - 94。

2 Richard Wagner, *Rheingold*, GSuD 5, 200。

驗了劇院的舞台和燈光技術。這份經驗對於規劃他理想中的劇院，明顯地有所幫助。爲了躲債，華格納四處遷徙流亡，終於能在巴伐利亞國王路德維希二世的庇護下，享有幾年穩定及安全的時光。在慕尼黑期間，華格納與宮廷歌劇以及其演出場所國家劇院，建立了密切的關係。在積極地參與《崔斯坦與伊索德》和《紐倫堡的名歌手》排練後，華格納對慕尼黑的舞台技術更爲熟悉。1868/69年間，慕尼黑重新裝修國家劇院，布蘭德(Carl Brandt)負責舞台技術的改建，並重新設計。幾年後，華格納委請他設計建造拜魯特慶典劇院，自非偶然。

鮑曼(Carl Friedrich Baumann)指出[3]，華格納在拜魯特所使用的舞台技術，主要以慕尼黑國家劇院1869年以後的情形，以及柏林維多利亞劇院(Victoria-Theater)的舞台技術爲基礎，而這兩個劇院的舞台設備，都是布蘭德在1860年間設計建造的。對於現代舞台及燈光技術的發展，華格納的作品扮演了非凡的角色。這個事實經常讓人們忘記，拜魯特慶典劇院於1876年揭幕時，其中的舞台燈光等設備，與其他歐洲的劇院並無不同。十九世紀二〇年代裡，燈光技術有了革命性的改變，瓦斯照明取代了巴洛克繪景舞台(die barocke Illusionsbühne)使用的蠟燭和煤油燈；之後，歐洲劇院的舞台技術就沒有特別重要的革新。雖然個別角色與合唱團的走位、身段逐漸走向完美，搬演故事的背景卻一成不變，依舊是傳統的舞台，它的空間係由對稱、成對排列的畫景做出的背景。在舞台頂棚(Schnürboden)[4]，還是掛著沿幕(Soffitten)，亦即是畫出的藍色布條，以隔開觀衆向上的視線；沿幕充其量只能做出一個不完美的天邊情景。使用弧形天幕(Rundhorizont)，以加強舞台情景，以及使用與其相關的投影可能性，讓《指環》的首演引起了一致的驚嘆。

---

3 Carl Friedrich Baumann, *Bühnentechnik im Festspielhaus Bayreuth*, München (Prestel) 1980。

4 【譯註】本地亦有稱之為「絲瓜棚」者。本文有關劇院舞台技術相關專有名詞之中譯名，蒙蔡秀錦教授協助，特於此表達感謝。

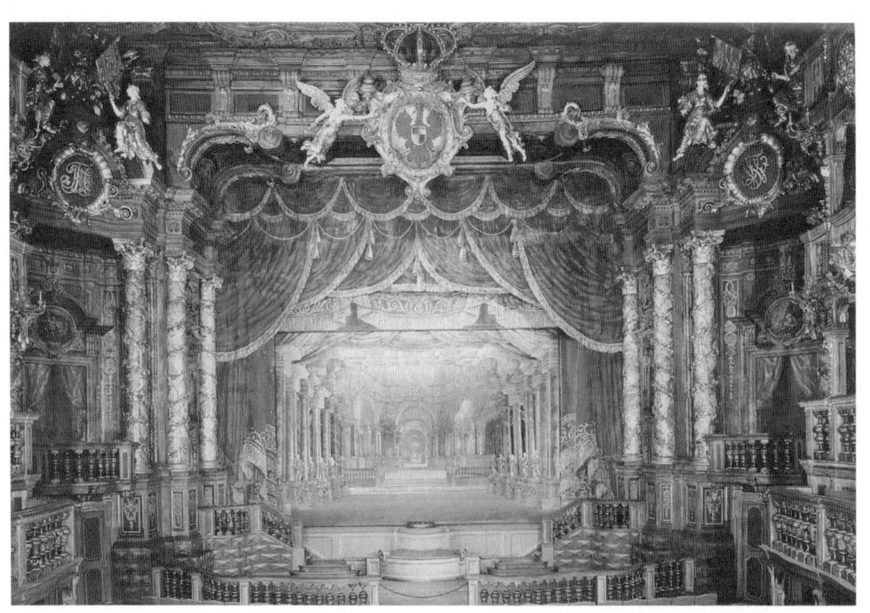

拜魯特領主夫人劇院舞台。該劇院係今日少數仍保留著巴洛克景片舞台的劇院之一。

早在1800年，英國物理學家戴維(Humphrey Davy)就已發現了弧光(Lichtbogen)。由於它光亮的強度，要用到舞台上，還得等許多年，直到它能夠被遮蔽後，才能符合劇院日常使用所需。劇院裡，第一次將弧光用在演出上，係用在麥耶貝爾(Giacomo Meyerbeer)的《先知》(*Le prophète*, 1849年於巴黎大歌劇院首演)裡，第三幕結束時，於大教堂前的日出場景。許多戲劇史學者總以爲，自此刻開始，使用電力做舞台燈光成爲常態。然而，拜魯特慶典劇院於1876年開始運作時，還是以瓦斯照明爲主要的燈光設備[5]，這個事實，應要讓舞台技術的戲劇史學者感到不可思議才是。以煤炭電極做出弧光的方式，是用幾噸重的電池儲存電力，並且每隔幾分鐘，就得調整一次電極的差別。只要電極調整的問題，特別是持續的電力供應問題未能解

5 請參見Baumann 1980, 204-263。

決之前，就算是公衆場所持續的電力照明，也是不可能的；而就經濟觀點而言，公衆場所照明還不是最重要的。西門子(Werner v. Siemens)於1867年發明發電機，以原有的瓦斯供應方式爲範本，開啓了中央式的電力設備。電極調整器則在1878年才發明。所以，漢斯力克在他對《指環》首演的評論裡，提到的電力照明效果，也只是在整體的瓦斯照明使用情形下，單一的特殊效果。

比弧形天幕更重要的，是華格納對不間斷進行的換景的夢想，它的實踐，證明了華格納的舞台想像能力，遠遠超出他時代的一般程度。到十九世紀中葉，巴黎大歌劇院換景時，還是在舞台監督的吹哨子和大呼小叫下，以景片舞台(Kulissenbühne)的機械設備來進行。在拜魯特，則至少嚐試了，經由使用一個中隔幕 (rideau de manœvre)，讓觀衆看不到舞台工人的工作情形。《指環》中有著大自然的生物和非生物，這些新的角色導致華格納有新的要求，不同的場景要在進出都不被察覺的情形下更換。1876年使用水蒸氣做出煙霧彌漫的情形，並不理想，而引來漢斯力克的訕笑。雖然如此，沒有一位在場觀賞者，能不爲這個手法的目的所著迷；直到1976年，薛侯(Patrice Chéreau)才完美地使用了這個藝術手法。漢斯力克所描述的「劇場」音樂家華格納，若不論作者個人的音樂美學觀點，也不提字裡行間流露之對華格納的嫌惡，在一百多年後讀來，依舊栩栩如生：

> 從來就沒有一個歌劇裡，有過那麼多場景的奇觀。人們到今天認為不可能，或者更正確地說，從未想像過的人工手法，一個接一個地出現：在水底深處游泳的萊茵的女兒、在一道彩虹上散步的諸神、阿貝里希先變成怪龍，再變成青蛙，還有又吐火又唱歌的龍、魔力的火牆、神殿起火等等。藉著這些，詩人為作曲家最燦爛的天才—音畫—，打開了最大的遊戲空間。可是，這真地就是這位戲劇作曲家最高的期許，為一連串的魔幻機械設備做音樂？

……

華格納無時無刻不用各種方式，做出最強的感官印象。在大幕尚未升起前，看不見的樂團充滿神秘的起伏聲音，就讓聽者陷入輕微的迷幻情境。幕升起後，在還沒有一位角色開口唱歌前，一個如幻境的燈光展示的童話場景，就讓我們持續著迷著。在許多夜晚的場景裡，刺眼的電力燈光照著主角，五色的煙霧上下飄浮，有時集中在一起，有時分散在整個舞台上。在《萊茵的黃金》裡，這些煙霧甚至取代了中場換景的功能，它們是華格納新的戲劇兵工廠的主要利器。做為沒有形式的幻想式的、完全不被感覺到的元素，這個一直湧現的蒸氣特別完全符合華格納的音樂原則。

……

所有與自然科學相關的現代進步的東西，都被華格納拿來用。我們很驚訝地看著巨大的機械設備、瓦斯照明設備、蒸氣機，在拜魯特舞台上上下下。在電力燈光發明前，華格納的《指環》只能被寫出一點點，就像沒有豎琴和低音土巴號，也不能寫《指環》一樣。[6]

使用蒸氣掩飾換景情形，在當時係還不能完全掌控的。有鑒於此，華格納發明可更換之佈景道具(Wandeldekoration)，嚐試將換景不被察覺的原則，轉移到可以捲起的布幕，它是佔據空間較少的媒材。《帕西法爾》首演時，第一次用了這種可更換之佈景道具，它對於歐洲劇場技術有著本質的影響。數年以後，威爾第(Giuseppe Verdi)、柏依鐸(Arrigo Boito)和黎柯笛(Giulio Ricordi)採用這種方式，在威爾第的《奧泰羅》(*Otello*) 1887年於米蘭(Milano)斯卡拉劇

---

6 Eduard Hanslick, *Musikkritiken*, ed. Lothar Fahlbusch, Leipzig (Reclam) 1972, 199-200。

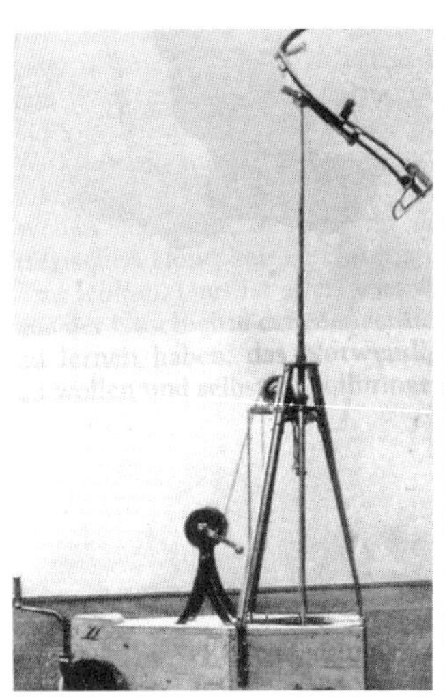

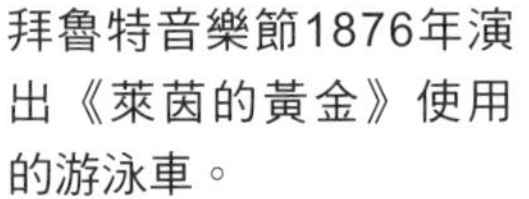

拜魯特音樂節1876年演出《萊茵的黃金》使用的游泳車。

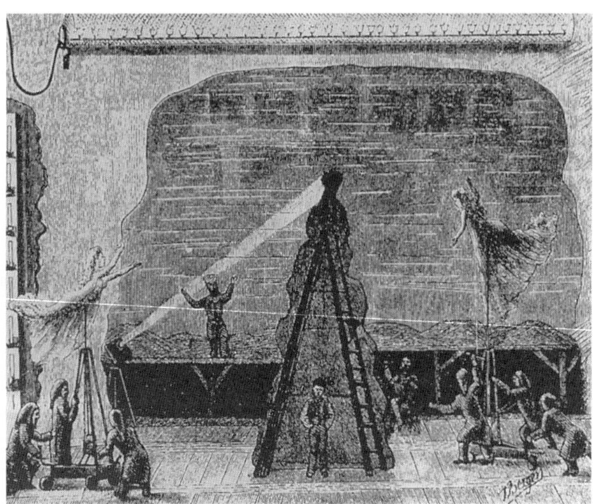

拜魯特音樂節1876年《指環》使用游泳車在舞台上的運用情形。

院(Teatro alla Scala)首演時，用來呈現第一幕的海上暴風雨場景。[7]稍晚，黎柯笛公司也信賴地使用這種舞台效果。易利卡(Luigi Illica)與弗藍凱第(Alberto Franchetti)的《哥倫布》(*Cristoforo Colombo*)第二幕裡，天空透視的轉換亦是用移動佈景的方式做到；至今，黎柯笛公司檔案室還保有該演出的小模型[8]。

華格納時代的舞台技術，主要依舊是以透視手法畫景以擬寫眞實。《指環》的場景說明與舞台動作所描繪的景象，以那個時候的舞台條件，只能做到一部份。由拜魯特首演留下的佈景圖，後人可以很

7 James Hepokoski/ Mercedes Viale Ferrero, *Otello di Giuseppe Verdi, Musica e Spettacolo*, Milano (Ricordi) 1990。

8 Jürgen Maehder, "Szenische Imagination und Stoffwahl in der italienischen Oper des Fin de siècle", in: Jürgen Maehder/Jürg Stenzl (eds.), *Zwischen Opera buffa und Melodramma. Italienische Oper im 18. und 19. Jahrhundert*, Bern/Frankfurt (Peter Lang) 1994, 187-248。

有把握地重組當時的情形[9]。首演時使用了一些新的舞台技術工具，例如萊茵的女兒使用的吊具(Flug-Korsette)[10]、游泳車(Schwimmwagen)等等，皆是爲了《指環》的需要，而做出的高效能舞台技術[11]。諸此種種，都爲《指環》創作者提供見證，他要在十九世紀鏡框式舞台的框架裡，在有限的條件下，創造一個無所不包的想像天地。在華格納的時代，彩虹橋只能被做到像個「七色肝腸」(siebenfarbige Leberwurst)[12]。《指環》想以它的創作者所夢想的形體，在舞台上落實，在那個時代，只能是烏托邦。不可或忘的是，華格納的劇場想像，基本上，係與他的時代能夠提供的舞台呈現情形結合的。這個想像難以完全落實，自是可想而知。

針對《指環》演出時，舞台呈現的基本困難，昆澤(Stefan Kunze)指出問題之所在：

> 所有到目前為止的嚐試，將華格納戲劇音樂的想像恰適地轉化到舞台實際上，顯示了，答案不容易找到，關係則是模糊的。一些場景的難於克服，例如萊茵女兒場景、法弗納的上場、世界起火或女武神騎行等等，並不是主要原因。華格納所想像的，與一個可理解、客觀存在的世界沒什麼關係，才是重點。沒有一個傳統可以提供景象形式和觀點。與古希臘神話相較，日耳曼神話從未有景象和觀點，直到華格納出現。完成《萊茵的黃金》總譜的那天，

9 請參見Baumann 1980, 90-121。

10《萊茵的黃金》在慕尼黑首演時，係用吊具做出萊茵的女兒游泳的景象。

11 Friedrich Kranich d. J., *Bühnentechnik der Gegenwart*, 2 voll., München/Berlin 1929/1933; 特別是 vol. 1, 176頁起及183頁起。克蘭尼希(Kranich)本人曾任拜魯特音樂節舞台技術總監，對劇院舞台技術的持續演進有著重要的貢獻。他所著該書，係以華格納《指環》對舞台技術的要求為主要內容。

12 漢斯力克的用語；見Eduard Hanslick, *Musikkritiken*, Leipzig (Reclam) 1972, 208。

> 1854年一月十五日，他寫信給李斯特，提到「建造一個不存在的世界，是個嘔心泣血的工作」。演出《指環》，必須要把這句話也帶到舞台上。[13]

歐洲話劇劇場的傳統，特別是德語古典文學的劇場傳統，只能將在舞台上搬演的事件，透過語言呈現來想像。由作品戲劇質素(Dramaturgie)的定律出發，《指環》回歸到空的舞台，發揮創造想像的力量。在十九世紀的歌劇世界裡，大自然場景是一個新的種類，絕非偶然。[14]這些場景裡，大自然的水、火、土、空氣四元素，各有其代言人，它們是《指環》人物之間階級關係的秘密中心。華格納的音樂讓大自然也說話了，尼采如是地揭示著：

> 一般而言，可以說，大自然所有到目前為止不想講話的東西，「音樂人」的華格納都給了它們語言；他不相信，有什麼東西是必須啞口無言的。他也潛入晨曦、森林、霧氣、深谷、山巔、夜晚的陰森和月亮的光輝中，發現它們秘密的渴求：它們也想出聲。[15]

13 Stefan Kunze, "Richard Wagners imaginäre Szene. Gedanken zu Musik und Regie im Musikdrama", in: Hans Jürg Lüthi (ed.), *Dramatisches Werk und Theaterwirklichkeit*, Bern (Paul Haupt) 1983, 35 - 44。

14 Stefan Kunze, "Naturszenen in Wagners Musikdrama", *Kongreßbericht Bonn 1970*, 199-207; 重刊於Herbert Barth (ed.), *Bayreuther Dramaturgie. Der Ring des Nibelungen*, Stuttgart/Zürich (Belser) 1980, 299-308。

15 Friedrich Nietzsche, *Unzeitgemäße Betrachtungen, in: Sämtliche Werke*, ed. Giorgio Colli / Mazzino Montinari, München (dtv) 1980, vol. 1, 490-491。

二、音響色澤之建構

»Sie [die Farbe] wird bei ihm formbildend; er hat die emanzipierten Klänge aufs neue, in einer vor ihm ganz ungeahnten Weise, integriert zu einem ebenso differenzierten wie bruchlosen Klangspiegel. So ließe der gesamte Aufbau des Siegfried, eines in Wahrheit unbekannten, aber kompositorisch höchst wichtigen Werkes, als Farbkonstruktion sich erweisen.«

它【音色】成為他建立形式的工具；他將解放的聲響，以一種他自己完全未想過的方式，溶成一個既有差別，卻也沒有縫隙的聲響鏡面。因之，《齊格菲》的整體架構其實是音色的建構。這是一部還未被真正認知的、但是在作曲手法上最重要的作品。

—阿多諾(Theodor W. Adorno), *Wagner und Bayreuth*, 1966年五月七日演講，刊行於1967年拜魯特音樂節節目單。

做爲維也納古典樂派的繼承者，作品本身的特質逐漸被重視。最先在德語與法語歌劇中，稍晚也在義大利歌劇裡，作曲家的作品傾向追求一個個人不容混淆的聲響結構。這個原創性的標準一旦建立之後，它亦被用到個別的作品上。每一部歌劇要有其個別聲響世界之結構，成爲作品的常態。經由重複使用個別的樂器聲音，做出音響色澤結構，係最簡單的方式；然而，使用未加混合的樂器音色，能做出之音色變化的可能性，卻很有限。要在每一部作品裡，追求一個自始至終結構成形的個別樂團語法，則要在一個聲響複雜度較高的層次上，才能做到。這個層次的得以完成，得經由一個特殊的過程：混合聲響，或是依作品的意義結構所編排的、個別的樂器聲響。在要求歌劇舞台之戲劇眞實度的時代裡，這種聲響結構必須依附在歌劇劇情的戲劇質素(Dramaturgie)上，自是理所當然。因之，在每一個作品裡，必須依戲劇質素的構成關係，選擇混合音響和純粹的樂器音色，重新組合；每樣樂器可以被用在不同的聲響混合方式裡，也可以以它自己的純粹聲響，在一個意義領域中出現[16]。

在《唐懷瑟》總譜中，華格納終於跨越了德語浪漫歌劇配器手法的層次，而能清楚地賦予每樣樂器其個別戲劇質素的功能。在《羅恩格林》裡，他則完成了另一步，做出一個完全個別化的聲響詮釋。在作品裡，樂團的評論涵蓋了劇情的所有重點。並且，經由一個新的樂團處理方式，作曲家構思了樂團的整體聲響，音樂的每個時刻都是一個與整體聲響相關的單元。全面地掌控樂團配器技法，成爲作曲家製造聲響幻境的工具；個別樂器的音色，不再是樂團音樂思想的最小單位，而溶入了一個抽象的聲響價値之作曲思考中，這個思考甚至可以由所使用的樂器配置，抽離出來[17]。華格納的樂劇，要求將一個烏托邦式的藝術概念，在舞台上做當下的實踐。應著這個要求，在《羅恩格林》之後的作品裡，特別是《指環》的藝術要求，眞實存在之音響

16 Jürgen Maehder, *Klangfarbe als Bauelement des musikalischen Satzes — Zur Kritik des Instrumentationsbegriffs*, Diss. Bern 1977; 梅樂亙(Jürgen Maehder)，〈德國浪漫文學與音樂中音響色澤的詩文化〉，劉紀蕙(編)，《框架內外：藝術、文類與符號疆界》(輔仁大學比較文學研究所文學與文化研究叢書第二冊)，台北(立緒)1999，239-284。

17 Jürgen Maehder, "Giacomo Meyerbeer und Richard Wagner — Zur Europäisierung der Opernkomposition um die Mitte des 19. Jahrhunderts", in: Thomas Betzwieser etc. (eds.), *Bühnenklänge. Festschrift für Sieghart Döhring zum 65. Geburtstag*, München (Ricordi) 2005, 205-225。

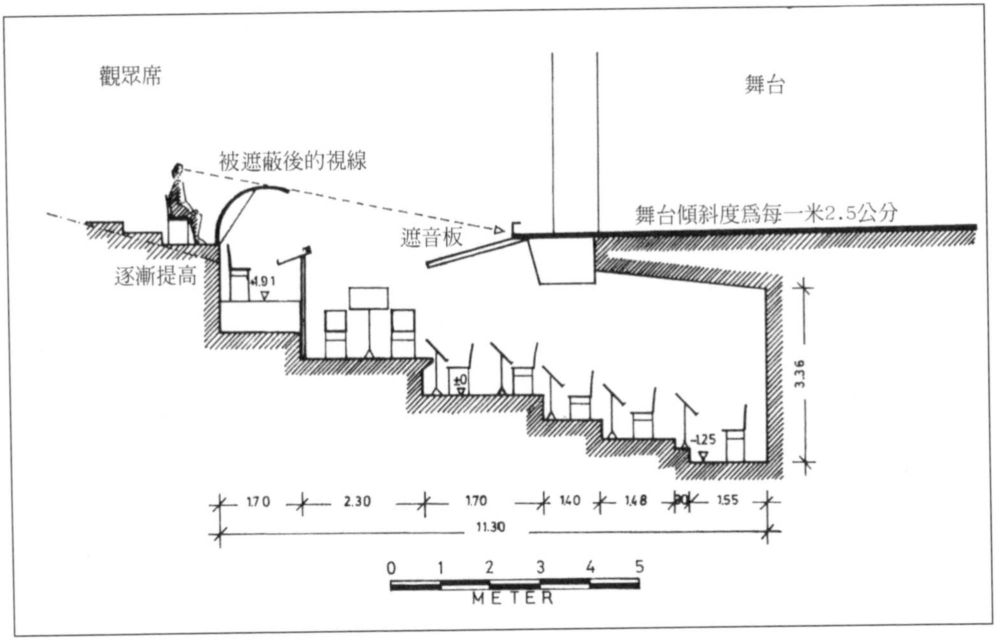

觀眾席
舞台
被遮蔽後的視線
舞台傾斜度爲每一米2.5公分
遮音板
逐漸提高
+1.91
±0
-1.25
3.36
1.70 2.30 1.70 1.40 1.48 .30 1.55
11.30
0 1 2 3 4 5
METER

拜魯特慶典劇院樂團席剖面圖。

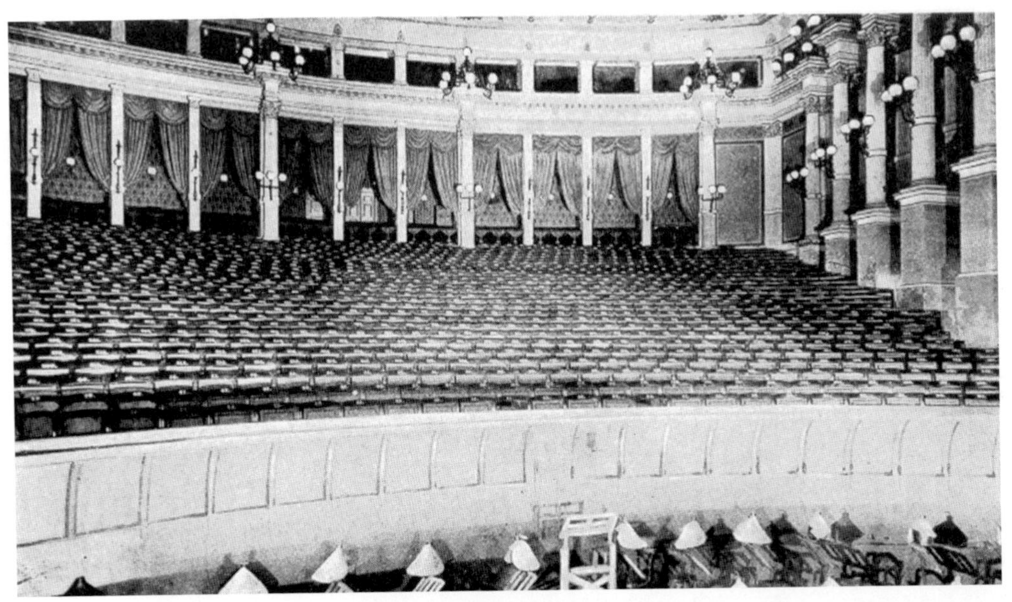

拜魯特慶典劇院觀眾席。

色澤的場域被昇華了。華格納樂劇的樂器配置可以被視爲「烏托邦」，不僅在於，在他之前，還沒有一個作曲家敢爲一個編制這麼強大的樂團寫音樂，也因爲，在《指環》總譜中，有一些指定使用的樂器，在音樂被譜寫時，還僅存在於它的創作者之想像天地裡。

華格納的音樂節想法裡，要建造一個慶典劇院，而這個劇院必須具備特殊的、符合作品結構的音響，更與音樂節想法有著密切的結合。慶典劇院的特殊聲響，加上建造不同的新樂器，以及原則上擴大樂團編制的方式，完成了華格納聲響創新的手法。就擴大樂團編制而言，對於整體音量的功效，自不待言，然而，經由慶典劇院的樂團席位置，這份功效又部份被揚棄了。因之，《指環》總譜裡第一次標示的木管各由四人演奏，其主要功能不僅在於增強音量，也給了華格納可能性，將他在《羅恩格林》中嚐試成功的管樂聲部混成技法，更有沿續性地使用。在增加管樂的同時，絃樂編制也被增加到十九世紀裡未曾有過的強度，並且也是爲了同樣的目的：演奏者人數增加，各組內部的分組可能性也就增加。《萊茵的黃金》裡，獨奏式的絃樂分部很早就出現，例如全劇開始時的大自然場景；它們正反映了華格納原始的聲響訴求。

完成聲響的材料來源，在樂團做出聲響時，總都還附著在聲響上，即是所謂的「人間殘餘」(Erdenrest)。拜魯特慶典劇院被遮蓋的樂團，不僅能去除這份殘餘，也掩飾了生產過程，讓觀衆無法以視覺認知，樂團聲響係如何被製造出來的。如此產生的聲響整體，要求將個別樂器聲響去個別化，以有利於所有樂器群做彼此聲響的融合。然而，拜魯特被遮蓋的樂團的音響與所有樂團樂器的關係，卻絕不是「中性的」。它主要反映了它的創造者精準的聲響想法，經由這個想法，《指環》樂團的樂器有了一種音響「價值」；這個情形，或可類比一種錄音手法：在錄製一種複雜的聲源時，使用一種非直線的麥克風，其效果和此類似。經由此過程，樂團樂器的音色會有聲響的改變，其程度取決於各個樂器位置與樂團聲波開口的相對關係。絃樂與豎琴位於樂團席較高的位置，聲音被遮蓋的程度較小，相對地，低音銅管和打擊樂器，它們的聲波密度，明顯地被減低了。經由拜魯特聲響板，聲波被隱藏了。如此的聲波反射到舞台空間時，低頻率被壓制，再次地加強了這個效果。拜魯特樂團各個樂器位置的配置，反映出一個聲音理念，而《指環》的總譜結構，正與這個理念相對應。這個事實，爲華格納特殊的才華，能夠具體地想像到目前爲止未曾聽過的聲音，提供了明證。

在華格納後期樂劇作品裡，樂譜上標明的許多樂器，在他寫作當

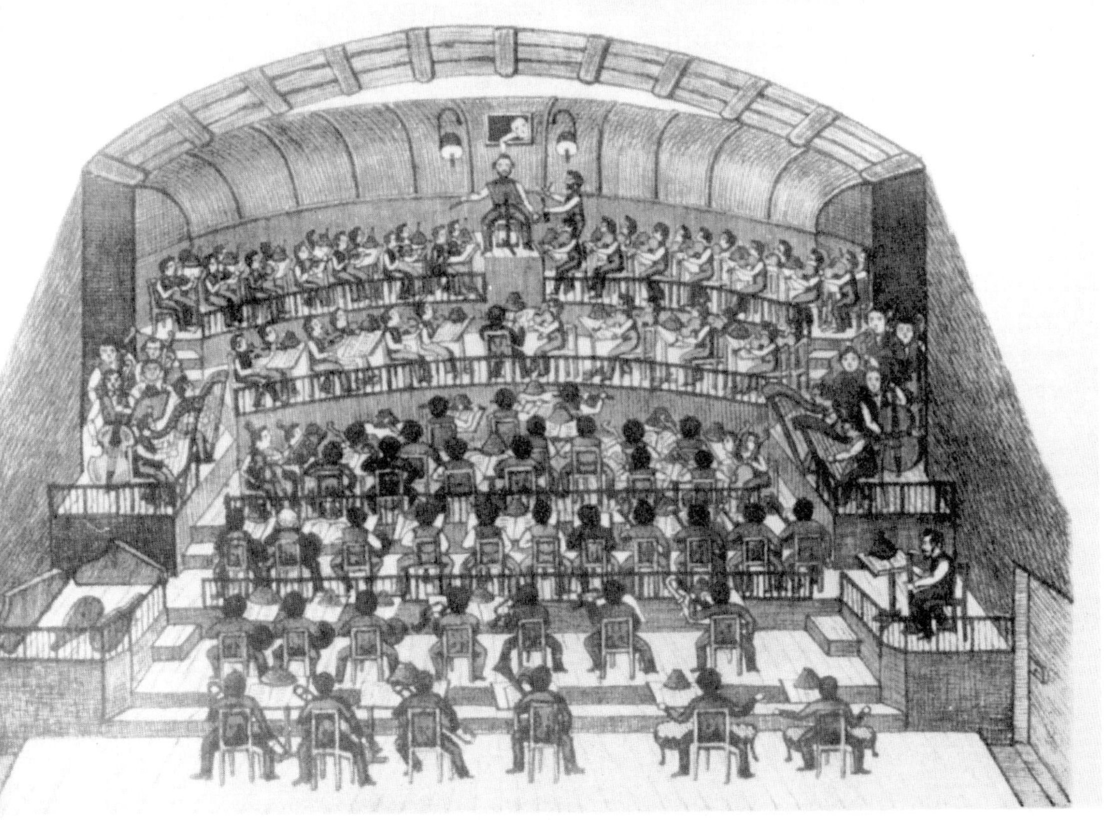

拜魯特慶典劇院樂團席，沾筆畫。

時，只存在於他自己的想像中；現實世界裡，這些樂器還有待製造。它們包括了：《指環》裡的華格納土巴、低音小號、倍低音伸縮號、鐵砧；《崔斯坦與伊索德》第三幕裡的大自然樂器，它要被用來取代英國管，呈現牧人的快樂小曲；《紐倫堡的名歌手》第二幕裡的降G音牛角；《帕西法爾》裡的c-G-A-E的低音管鐘。作曲家在樂譜裡標明尚不存在的樂器，這個事實，彰顯了他所想像的音響色澤結構的烏托邦特質。爲了製造一個他自己想像的土巴聲響，華格納在譜上標明，用法國號的吹口來演奏薩克斯土巴(Saxtuba)。這個標示開啓了一個軍樂與藝術音樂的兩棲樂器，也做出了音樂史上第一個人工合成的樂器。[18]在寫作《指環》期間，華格納土巴(Wagner-Tuba)的記譜方式，也慢慢地被發展出來。由此可見，作曲家本身至少花了十年的時間，找尋一條道路，以求實現自己的抽象聲音想像。《萊茵的黃金》裡，爲做到所要求的聲音，他爲一個尚不存在的樂器寫了音樂；《女武神》裡，他用了薩克斯(Adolphe Sax)製造的薩克斯號，這是個已經存在的樂器，但是，巴黎首次演出《唐懷瑟》的經驗顯示，華格納對這個樂器的聲響並不滿意；由《齊格菲》開始，他思考了華格納土巴的音樂，這則是一個尚待建造的樂器。衆所週知，不僅是他所要求之樂器量度的低音小號只是個烏托邦，[19]作曲家生前，亦未能夠在拜魯

18 參見Jürgen Maehder, "»Banda sul palco« Variable Besetzungen in der Bühnenmusik der italienischen Oper des 19. Jahrhunderts als Relikte alter Besetzungstraditionen?", in: D. Berke/ D. Hanemann (eds.), *Alte Musik als ästhetische Gegenwart. Kongreßbericht Stuttgart 1985*, Kassel (Bärenreiter) 1987, vol. II, 293-310。

19 爵瓦爾(F.-A. Gevaert)在他的配器法一書中指出，華格納《指環》總譜中的低音小號，涵蓋了第三至第十九(!)的自然音。依據華格納的計劃，大約應是倍低音伸縮號的管長；見F.-A. Gevaert, *Neu Instrumentenlehre*, 德譯：Hugo Riemann, Paris/Bruxelles 1887, 300。第十九自然音出現在《萊茵的黃金》第三景；見Eulenburg-TP, 532頁第三小節（【譯註】Dover版總譜，225頁最後一小節)。以一個加寬量度的低音C小號，來演奏低音小號的聲部，在作品誕生的年代，應被視為不得已的救急辦法。1890年左右，一般樂團小號管長減半後，華格納要求的低音小號與一般小號的對比差異，已經不是問題。

特慶典劇院演出《指環》時，聽到他爲此劇思索的華格納土巴。[20]

在總體藝術(Gesamtkunstwerk)的概念裡，也包含了對觀眾要全神貫注的要求。總體藝術的目標，要求演出不應該僅是臨場應變的結果，並且，在樂團處理的技巧細節層面上，也是經過仔細計劃的。新的音響色澤結構必須符合劇情邏輯，並且係持續轉化的。藉由如此的聲音想像，在《萊茵的黃金》之後的作品裡，華格納不僅爲每部劇作，創造其本身獨一無二的聲音世界，他並且同時將音樂意義結構裡的一部份，轉移到音響色澤組織的層面上。在觀眾的感知裡，音響色澤組合的架構，不僅經由對音色類似性關係的主觀判斷，得以完成，它也受到場景規劃所操控。《歌劇與戲劇》(*Oper und Drama*)裡，一段經常被引用的文字，可茲證明，華格納視音響色澤領域爲邏輯結構。在這段文字裡，作曲家嚐試著，將他對於語言發聲與語法的互依性，透過樂器音色之相似性關係的例子，呈現出來：

> 我們可以將一個樂器，就其對能表明自有特性之聲音的一定影響而言，標識為子音的根源開頭音。這個開頭音對於所有以它開始完成的音來說，是具結合性的頭韻。因之，樂器彼此之間的親屬關係依這些開頭音的相似性，很容易可以確定；由同一開頭音源出的子音，在被說出時，可以被分成是軟的或硬的聲音。事實上，我們有樂器家族，它們基本上也有相同的開頭音。根據家族成員的不同特質，這些開頭音可以用類似的方式做層次的區分；例如在語言裡，子音P，B，W。在說W時，會注意到它和F的類以性，同樣地，樂器家族的親屬關係可以在有許多分枝的範圍中，

20 James H. Keays, *An Investigation into the Origins of the Wagner Tuba*, Diss. Univ. of Illinois/ Urbana 1977, 60。在和英國亞歷山大(Alexander)樂器公司洽商不成後，華格納委託樂器製造家莫里茲(Moritz)製作華格納土巴。樂器在1877年才完成，自然趕不上《指環》的拜魯特首演。

> 輕易地找到。將它們擺在一起時，其中確實的結構還必須依照類似性或不同性，由樂團根據一個還未做到的「個別語言能力」來進行。由有意義的自主性觀點出發，來認知樂團，至今其實還差得很遠。[21]

某種程度的理論與作品的不一致性，可以在這段文字裡看到。在文字裡，華格納談的是個別樂器；相對地，在他稍晚的總譜中，並不是個別樂器的音色，而是作品獨有的混合聲響，才眞正地建立了作品的中心。姑且完全不論作品與進行中的理論思考之間，自然會有的落差，不可或忘的是，這些在蘇黎世時期寫成的理論著作，係完成於《羅恩格林》與《萊茵的黃金》的譜曲之間。因之，這些理論著作，甚至不能反映出任何《指環》「序夜」的譜曲經驗。

在華格納經常被引用的辭彙「過程的藝術」(Kunst des Übergangs)[22]裡，因著做到了動機主題基材之全方位媒介的成就，作曲家的驕傲隱然可見。「過程的藝術」一詞，更強烈地傳達了一個呈現情節的理念。這個理念掌握了一種樂團的評論特質，它與舞台上的諸多角色做出持續當下的、心理上的認同。如此的樂團正是作曲技巧的職責所在，挑戰樂團語法將各種關聯掌握在一起之力量。[23]「全知樂團」(das wissende Orchester)的樂團評論，必須適應情節的進行以及言說者的討論過程，《女武神》第二幕裡，佛旦與佛莉卡夫妻長大的爭論，即是一個很好的例子。因之，對於舞台上發生的事情，要以

21 Richard Wagner, *Oper und Drama*, GSuD 4, 166。

22 【譯註】請參考Carl Dahlhaus, 〈華格納的「過程的藝術」：《崔斯坦與伊索德》中之對唱〉，《愛之死》2003, 201-212。

23 Jürgen Maehder, "Studien zur Sprachvertonung in Wagners *Ring des Nibelungen*", *Programmhefte der Bayreuther Festspiele 1983: Programmheft »Walküre«*, 1-26 & *»Siegfried«* 1-27; 義譯："Studi sul rapporto testomusica nell'*Anello del Nibelungo* di Richard Wagner", in: *Nuova Rivista Musicale Italiana* 21/1987, 43-66 (vol. 1); 255-282 (vol. 2)。

音樂做出心理上能讓人相信的描摹，音樂本身需要有可變性；在很多情況下，這種可變性，在本質上已遠遠超出了主題邏輯之動機發展所能做到的範圍。對觀者而言，這種情形出現時，重要的資訊係經由樂團的聲響整體傳達，但觀者卻不是每一刻都會注意到，站在音樂結構前景的，並不是主題動機基材，而是特定音響色澤之存在。在《指環》裡，眞正音響色澤邏輯的情況彼彼皆是，難以說某些例子特別突出。在某些地方，除了明顯的樂團敘事技巧外，樂團並將舞台上的敘事重點，以音響色澤資訊的方式，媒介給聽者；這樣的情形，早在《萊茵的黃金》與《女武神》裡，就已有著高度複雜的結構，其中之弔詭令人驚訝。即以《女武神》第一幕齊格蒙的敘事爲例，其中有一段歌詞：

Doch war ich vom Vater versprengt;	但我與父親分散了；
seine Spur verlor ich,	他的行蹤，我失去，
je länger ich forschte;	再三地，我尋覓著；
eines Wolfes Fell	就一張狼皮
nur traf ich im Forst;	是我在林中找到的；
leer lag das vor mir,	空無一物，躺在我面前，
den Vater fand ich nicht.	父親，我卻找不到。

在該段歌詞之後出現的，不僅是神殿動機(Walhall-Motiv)，更重要的是，藉著這個不容混淆的伸縮號聲響，指涉神殿世界，達到了告訴聽者，齊格蒙父親其實是何人的目的。另一方面，第二幕裡，佛旦在和布琳希德對話時，詛咒著自己的權力：

So nimm meinen Segen,	那麼帶著我的祝福，
Niblungen-Sohn!	尼貝龍根之子！
Was tief mich ekelt,	那讓我深深厭惡的，

dir geb' ich's zum Erbe,	我都送給你承繼，
der Gottheit nichtigen Glanz:	神格裡毀滅的光亮：
zernage sie gierig dein Neid!	啃蝕它吧，貪婪地，你的忌妒！

在這裡，多個動機糾結在一起，形成一個複合體，加上不一致的音響色澤，做出高度密集的表達情形。在此時刻，音響色澤與破碎的動機片段之間產生一種緊張關係，它將佛旦詛咒裡的解構傾向，予以當下化；這種效果，不是以將某種特定姿態大書特書的方式，所能做到的。[24]

藉由一個新的樂團聲響結構，才能夠創造一個劇場世界。這個認知也反映在華格納《萊茵的黃金》之樂團草稿裡；它今天被收藏在普林斯頓大學(Princeton University)的夏德圖書館(Scheide Library)[25]。不同於寫作浪漫歌劇的過程，由於音樂句法的複雜度，讓作曲家在直接完成《萊茵的黃金》前奏曲的總譜之後，在譜曲草稿與總譜寫作之間，加入了另一個草思的過程。這一份草稿包含了前奏曲之外的完整總譜草思。研究此一文獻的結果顯示，除了很少數的細節外，整個作品已經以它最後的聲響形體，存在於作曲家的想像裡。更令人驚訝的，是一些華格納認爲必須要修改的細節。它們顯示了，在此時刻，作曲家發明了一個音響色澤的邏輯組合，它要能夠跨越《指環》四部總譜運作。總譜開始時，倍低音提琴和低音管，以不被察覺的方式，奏出長長的低音。在此低音之上，八支法國號以卡農的手法吹奏著。在作曲家的想像中，法國號的聲響係與大自然連結的。透過如此的開始方式，這個想像被確立了。因此，許願盔動機第一次出現時，總譜

24 請參考以下文章對此段落的精闢分析：Stefan Kunze, "Über den Kunstcharakter des Wagnerschen Musikdramas", in: Stefan Kunze (ed.), *Richard Wagner. Von der Oper zum Musikdrama*, Bern/München (Francke) 1978, 17頁起。

25 J. Merrill Knapp, "The Instrumentation Draft of Wagner's *Rheingold*", *Journal of American Musicological Society* 30/1977, 272-295。在此感謝普林斯頓大學夏德圖書館，容許我研究華格納的樂團草稿。

最後採用的四支使用弱音器的法國號聲響，並未立刻在草稿上出現。華格納先是草寫了一個四聲部的單簧管樂句，卻在寫低音單簧管聲部之前，修正整個樂句結構，才實現了今日大家熟悉的總譜聲響：四支使用弱音器的法國號以弱的力度(Pianissimo)演奏著。

《萊茵的黃金》之各個大自然場景裡，聲場以變換的內在活動，描繪著各個場景中，以空著的舞台呈現的大自然主角。在這些場景裡，《指環》樂團語法的創新處，於焉誕生。流動著的萊茵河之波浪音型、小號獨奏加上襯底打擊樂做出的萊茵黃金之光芒四射，還有雷電魔力以及彩虹橋的音場，它們先行展示了一個樂團語法模式，這個本質上複雜的模式，在後面的《指環》總譜裡才見發揮。它們第一次出現時，其聲響效果於產生的那一刻所擁有的新鮮感，也具有一個不會被消費掉的美學品質。不僅在《指環》人物以及他們之衝突的戲劇呈現裡，也在樂團語法以及音響色澤發明的領域中，《萊茵的黃金》總譜都展現了一個世界的成形。華格納為開始幾小節所做的決定，定義了一個十六小時藝術結締的音響色澤邏輯。這個藝術結締對現代樂團發展的影響，絕不容低估。

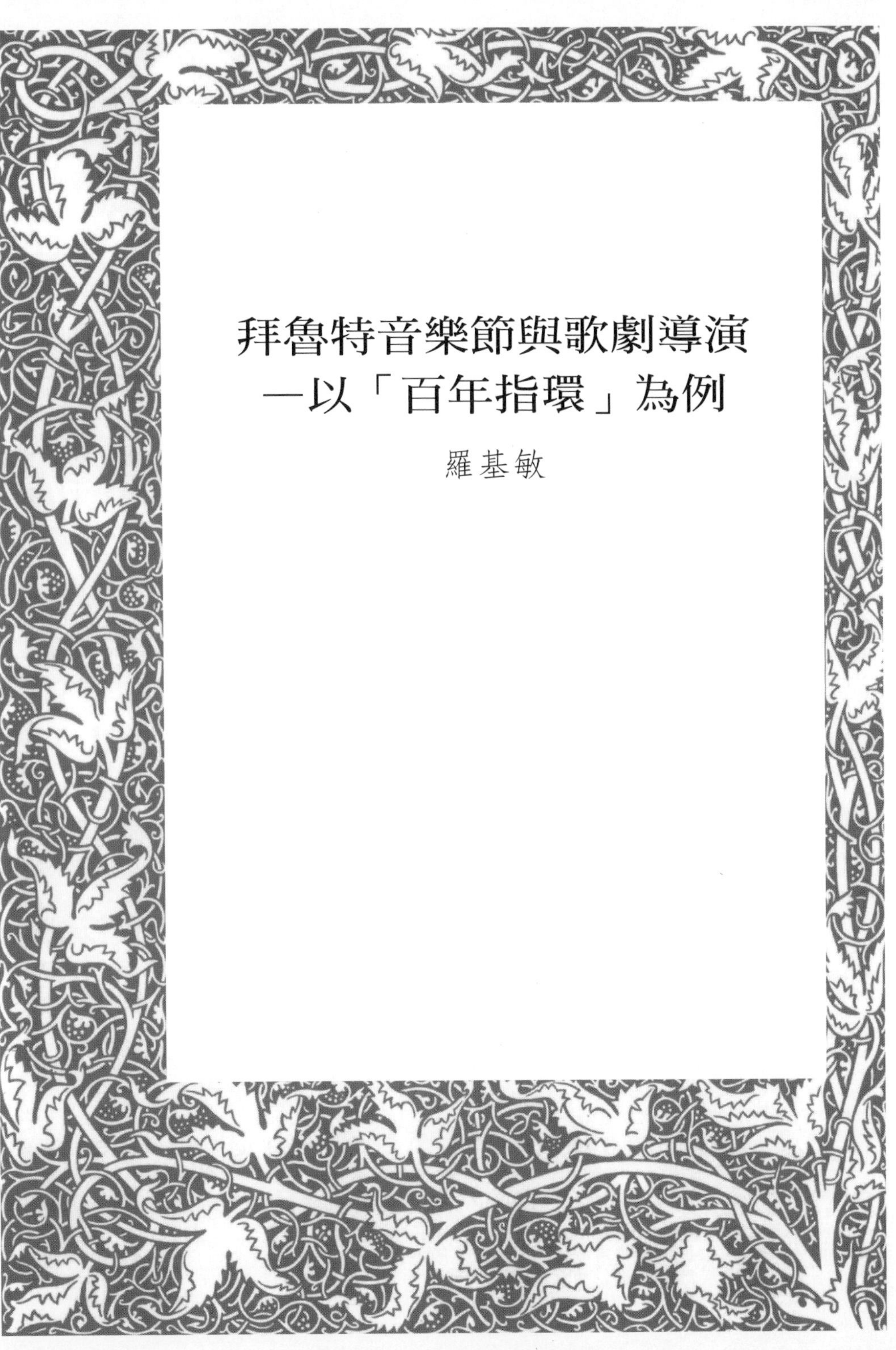

拜魯特音樂節與歌劇導演
—以「百年指環」為例

羅基敏

華格納的音樂節的構想主要源自他對當時一般劇院運作情形的不滿意，無法滿足他對藝術成就的要求。依據他的理想，音樂戲劇舞台藝術是由音樂、戲劇、舞台演出構成的一個整體，只要其中一項有所改變，就會產生另一個藝術作品。除了他的樂譜不變外，詮釋者、演出者的不同，也會使他的音樂有不同的戲劇效果，而這個效果的可能性是無窮的。華格納希望能有一個不受任何客觀條件限制的場所，供他以自己的音樂來做實驗，做藝術上的追求。在他生前，受限於諸多主客觀原因，未臻理想。進入廿世紀，「歌劇導演」的理論和實踐，使得他當年無法實現的願望，不僅得以在拜魯特音樂節見到，並擴散至各個城市的劇院裡。由此產生的巨大影響，不僅符合了華格納的期待，實質上的影響層面，應也超出了華格納當年的想像。

歌劇導演與歌劇製作

進入廿世紀，歌劇史的發展與過去的三百年有兩個主要不同點，一是新歌劇創作的數字銳減，二是廿世紀的歌劇演出劇目(Repertoire)主要係由「舊有」歌劇組成。除此之外，廿世紀的歌劇演出在歌劇史上佔有一個空前的重要地位。不僅新寫作的歌劇經常和當時的演出計劃結合，作曲家亦經常和首演預定的歌劇導演、舞台設計相關人士攜手，一同工作。[1]之所以形成如此的現象，歌劇導演的專業化是主要的原因。

嚴格而言，「歌劇導演」係廿世紀以後才有的名詞。這一詞看似簡單，其實有著很複雜的背景。這一個名詞源自兩個德文字，一個是Opernregisseur，指得是主控歌劇整體製作的人[2]，他的成品稱為

1 例如萊曼(Aribert Reimann) 的歌劇《李爾王》(*Lear*, 1978年於慕尼黑音樂節首演)，其首演導演彭內爾(Jean-Pierre Ponnelle)在作品創作階段，即與作曲家一同進行準備工作；請參考Klaus Schultz (ed.), *Aribert Reimanns »Lear«, Weg einer neuen Oper*, München (dtv) 1984。

2 至今，英文尚無統一的說法，producer或director皆有用之。

Opernregie，可以理解爲歌劇導演的製作理念。導演在一場歌劇演出中所佔的地位，基本上和導演在話劇中所佔的地位，很不相同。話劇演出的速度，可由念台詞的速度和導演要求演員做的動作來決定，也就是說，導演幾乎主宰了一切。但是，歌劇演出的速度，在先天上就受了音樂進行的限制，而沒有很大的彈性。相較之下，歌劇演出的導演顯得要比話劇演出的導演保守些，這也是爲什麼歌劇導演那麼晚，才成爲專業的主要原因。在華格納的時代，作曲者本身就是自己作品的「導演」，十九世紀時，義大利歌劇的「導演」經常是寫劇本的劇作家，這並不是說，他們實際執導筒，而是說，在劇本中，有關佈景、各角色上下場的時間，甚至服裝都已交待得清清楚楚，演出時依樣畫葫蘆就好了。廿世紀初，一些大指揮家如馬勒、理查・史特勞斯則自己身兼導演之職，尤其馬勒在他主持維也納國家劇院的十年間（1897-1907），將當地的歌劇演出帶入一個高峰，除了他的音樂詮釋外，他對舞台上演出細節的重視和用心，也是另一個主因。廿世紀後半裡，專職的歌劇導演不僅成形，更進而影響到歌劇的演進。[3]時至今日，歌劇演出本身即被視爲是一個獨立的藝術呈現，主其事者除音樂指揮外，歌劇導演更被視爲一個歌劇製作的靈魂人物。在歐洲，一個新製作的首演所引起的各方注意，經常不下於一部新創作歌劇的推出，對於歌劇製作理念的討論，更經常是報導或評論的焦點。

歌劇製作雖已成爲歌劇發展的另一重心，但是，直到最近，相關資料主要來自各個歌劇導演的傳記和訪談，有時還有各個製作的工作手冊、草圖、參與工作人員的口述回憶等等，[4]學術性的理論探討可稱鳳毛麟角。其中，梅樂亙於1979年發表的文章《做爲獨立藝術形式

3 關於歌劇製作的演進，可參考*The New Grove Dictionary of Opera*, ed. by Stanlie Sadie, London (Maximilan) 1992, 4 vols., 辭目"Production” (Vol. III, 1106-1132), “Stage Design” (Vol IV, 491-518)。

4 例如後面探討的拜魯特音樂節開幕百年慶的《指環》製作，在發行之錄音、錄影中所附的説明以及和該製作有關的各種畫冊及書籍等等。

的歌劇導演 — 談歐洲戰後音樂劇場的智慧化》[5]固有開創議題的貢獻，可惜至今尚難找到後繼者。

在該篇文章裡，梅樂亙討論了廿世紀歌劇演出美學觀的改變，對於廿世紀歌劇創作亦產生了影響。他首先指出，受到廿世紀初話劇劇場革命的影響，歌劇演出亦向前跨出了一大步，其中最重要的一點爲基本觀念的改變：歌劇演出不是一成不變的。換言之，如同音樂作品可以被演奏者做不同的詮釋一般，歌劇亦可以被演出者做不同的詮釋，詮釋的範圍則包括了音樂和舞台呈現兩方面。[6]因而，歌劇演出反映了當代的藝術偏好，並且係隨著時代的品味和風格而有所改變，乃是公認的事實。在此一基礎上，梅樂亙討論了音樂創作和當代戲劇演出風格的相關性，分析了歌劇劇目的歷史性，並且注意到，今日演出歌劇時，常可見到在不同的虛擬時間層面之間徘徊的情形。

梅樂亙指出，廿世紀初，新的劇場理論主張，可以用作品誕生時間的舞台演出方式，來呈現這個作品。也就是說，作品本身具有媒介者的作用，徘徊於兩個時間層面之間。就歌劇製作而言，兩個層面一爲作曲者創作歌劇時，腦中能夠想像到的舞台景象，另一個是歌劇被演出之時，舞台設備可以做到的可能性。例如今日演出蒙台威爾第(Claudio Monteverdi, 1567-1643)的《奧菲歐》(*L'Orfeo*, 1607)時，這兩個時間層面的差異幾近四百年。《奧菲歐》首演時，歌劇剛剛開始發展，連劇院都沒有，更遑論舞台設備，與今日劇院設施已經電腦化的情形，實有天壤之別。

除了這兩個決定性的層面外，還有第三個可以考慮的時間層面，

---

5 Jürgen Maehder, "Opernregie als autonome Kunstform — Zur Intellektualisierung des musikalischen Theaters im Europa der Nachkriegszeit", in: *Neue Zeitschrift für Musik*, No.140/1979, 342-349。該文經增訂後，以義大利文發表，見Jürgen Maehder, "La regia operistica come forma d'arte autonoma. Sull'intellettualizzazione del teatro musicale nell'Europa del dopoguerra", in: *Musica Realtà* 31/1990, 65-84。

6 音樂方面包含指揮、樂團和歌者，舞台方面則有導演以及舞台、燈光、服裝、造型等設計者，有時甚至還有編舞者。

就是作品劇情發生的時間。另一方面，十九、廿世紀的歌劇經常自小說或話劇取材，故而文學原作誕生的時間，又是另一個可以考慮的時間層面。梅樂亙以威爾第的《馬克白》(*Macbeth*)爲例，說明這四個時間層面：劇情發生在「十一世紀」的蘇格蘭，由莎士比亞在「1606年」完成同名的悲劇作品，以此爲素材，比亞維(Francesco Maria Piave)爲威爾第完成了歌劇劇本，後者譜寫的歌劇於「1847年」首演，而在「廿世紀末」再被演出。不可或忘的是，歌劇劇本中的場景說明，經常反映創作時代舞台設備的可能性。在威爾第的時代，歌劇演出係以瓦斯燈爲主要的照明設備，今日則被電力取代；在威爾第的時代，舞台佈景主要是畫景，今日則可加上爲演出製作的實景，甚至以電腦操控影像完成。歌劇中的角色安排、音樂內容，更是歌劇在那時代發展出的結果，絕非僅爲劇情需要而存在；例如，對今日的觀眾而言，要理解《馬克白》中鬼魂出現和女巫合唱存在的意義，係需要一些文化認知的。

因之，今日的歌劇製作不僅在於重現作曲者的音樂，還包括了歌劇導演的詮釋和理念呈現。

這一個在廿世紀後半逐漸成型的歌劇演出特質，在華格納要以音樂節演出《指環》的理念中，已可見雛形。不止是華格納自己，他之後接掌音樂節的家族成員，每位也都親手導演。1951年重新出發的「新拜魯特」，規模比以往擴大許多，兩兄弟都參與導戲，其中，魏蘭德展現出個人的獨特風格，在廿世紀後半的歌劇演出史上，佔有一席之地。他過世後，渥夫岡一人在主持音樂節事務外，自是難以再擔下更多的新製作。六〇年代末期開始，他大量邀請非華格納家族的各國人士來導戲，拜魯特的演出風格更形多樣。廿世紀後卅年裡，拜魯特集合了當時的菁英導演，多部製作都直接、間接推動著歌劇導演的快速發展。[7]

7 關於《崔斯坦與伊索德》的製作，請參考《愛之死》2003。

1976年，拜魯特音樂節開幕一百年，亦是《指環》全本首演一百年，當年的《指環》全新製作，係由布列茲(Pierre Boulez, 1925年生)指揮，薛侯(Patrice Chéreau, 1944年生)執導，是一個法國組合。[8]

根據布列茲的回憶，音樂節和他談此事最早應在1966年左右，進一步地討論則在1972/73年間，當時並和主事者渥夫崗取得默契，導演將經由布列茲推薦或同意而決定。布列茲曾和幾位歐洲有名的話劇、電影導演如柏格曼(Ingmar Bergman)、布魯克(Peter Brook)、史坦(Peter Stein)接觸，探詢他們的意見，卻接到不同的理由婉拒。最後，布列茲決定推薦自己的同胞，法國戲劇界奇葩、當時年方卅上下的薛侯，他也立時答應，此時，已是1974年了。布列茲和渥夫崗都知道薛侯從未看過《指環》，卻仍決定請他，希冀能以一個全新的角度，來詮釋這部劇作。薛侯的表現果然未令他們失望，1976年首年演出時，引來正反兩面的強烈反應。一些別出心裁的手法，例如《女武神》第三幕的眞馬上場、布琳希德長睡山頂，以瑞士的著名觀光景點馬特洪峰(Matterhorn)縮小版呈現[9]，效果並不如預期。在其後四年中，薛侯從善如流，繼續修改一些地方，呈現出一個特殊又令人折服的詮釋，終於獲得肯定，咸認爲是「世紀之作」。他賦予這一個作品的新氣息，對其後之《指環》的演出，有很大的影響，許多地方至今難以超越。

這一個「世紀之作」的錄影在歌劇錄影史上亦有其價值。除了錄下演出外，亦錄下排演的過程。布列茲、薛侯等人都上了鏡頭，未見過薛侯的人初見到他，定會訝異他的英俊瀟灑，不在電影明星之下。

8 關於此一製作之源起、各主要參與者的理念、排練過程等等，請參考Pierre Boulez et al. (eds.), *Historie d'un »Ring«. »Der Ring des Nibelungen« (L'Anneau du Nibelung) de Richard Wagner, Bayreuth 1976-1980*, Paris (Robert Laffont) 1980; 德文版: *Der »Ring«. Bayreuth 1976-1980*, Berlin/Hamburg (Kristall Verlag) 1980。書中亦有多幅演出照片，可以與錄影對照，一觀不同歌者帶來的不同戲劇效果。本文諸多資訊亦出於此書。

9 Ibid., 分見182, 189頁。

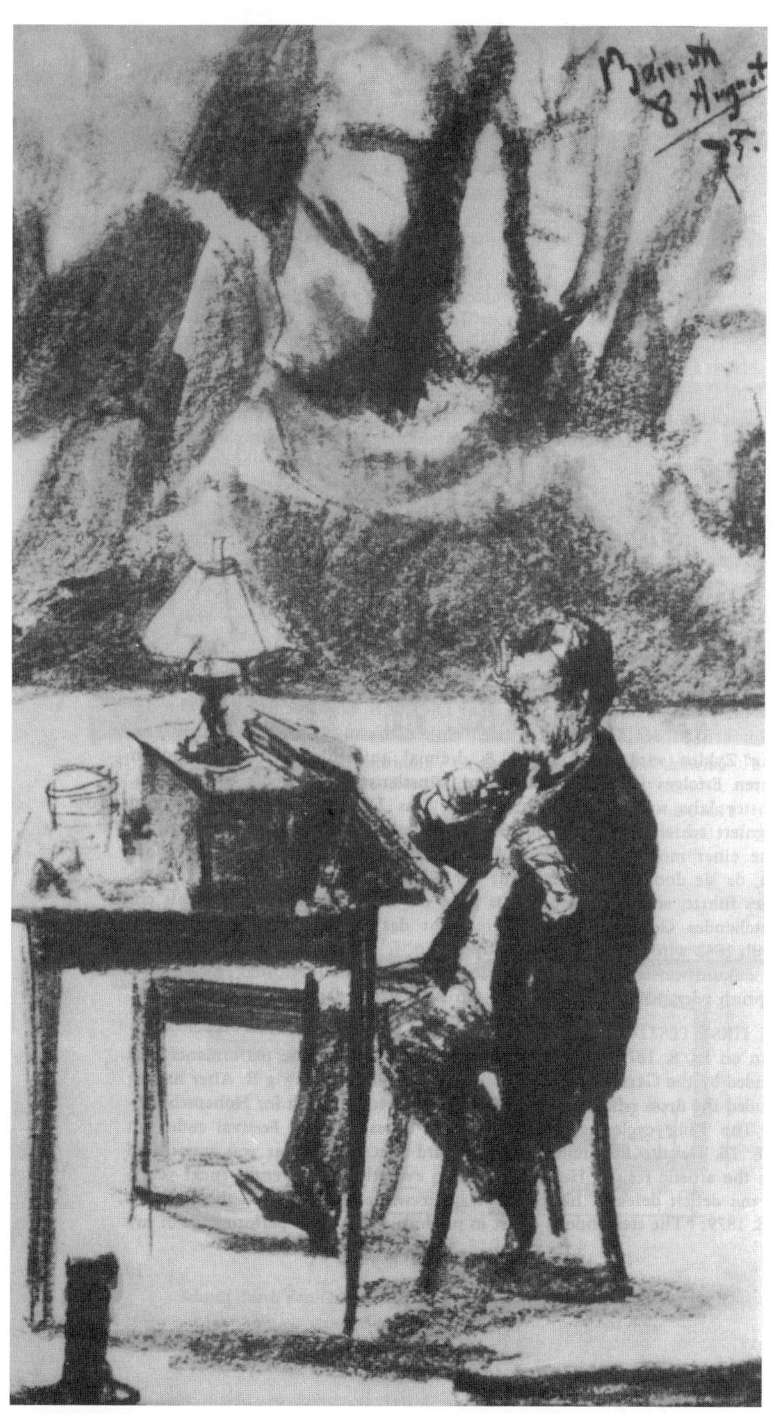

華格納於舞台排練之工作情形。Adolph von Menzel畫。

在鏡頭中，參與排演的人多為非德國人，卻都以相當流利的德語溝通，顯示了音樂工作者要想走上國際舞台，得必備數國語言才行。此外，錄影工作人員人人手執一本鋼琴縮譜，錄影前加裝燈具，經過分鏡、多方測試等等工作，才正式錄影，更值得國內做同樣工作者借鏡。除了這些和演出相關之幕後工作紀錄外，還加上華格納孫子、孫女介紹拜魯特音樂節以及一些和音樂節有關的史料，做成一部有多方面價值的紀錄片，取名為《指環的製作》(*The Making of the Ring*)，指得當然是如何完成此一演出的錄影。八〇年代末，這個製作以錄影帶形式發行；九〇年代裡，影碟(Laser Disc)為錄影新寵，將紀錄片和《萊茵的黃金》一起，做成兩片四面影碟銷售，銷路甚佳。再版時，卻自成一片一面單獨發售，唱片公司之生意經可見一斑。廿世紀與廿一世紀之交，DVD興起，這個「百年指環」的製作亦很早以DVD發行，在眾多的《指環》錄影裡，依舊很受歡迎，足以證明，「百年指環」絕非浪得虛名。

薛侯的「百年指環」

在執導這一鉅作以前，薛侯僅在拜魯特看了一次由渥夫崗執導的全劇演出，見識了全劇的規模。在此之前，薛侯僅導過兩部歌劇，但經驗不佳。在臨場參觀了慶典劇院後，薛侯立時感受到在此製作歌劇的優秀硬體條件，對整個工作興趣更大。身為法國人，薛侯全無先入為主的心理和意識型態上的壓力，正如華格納筆下的齊格菲和帕西法爾般，是個初生之犢(reiner Tor)，無懼一切外界的價值觀。在仔細聽錄音，並且用功研讀了有關此作之劇本、創作過程等相關資料後，薛侯發展出來製作的基本理念。他看到，整個作品的創作時間超過四分之一個世紀，換言之，已經過了一代。在神話、傳說的故事情節之外，反射出來的是歐洲十九世紀的人文、哲學、社會背景，有著許多值得思索、探討的地方。[10]薛侯於是決定為他的製作，將時間背景定在1830至1930年間，亦正是歐洲經過民主革命、工業革命，舊社會解體、新秩序建立的轉變階段，以這個大原則，薛侯串接起四晚，完成一個整體的製作。換言之，第一部《萊茵的黃金》的時間在1830年前後，製作中諸神的裝扮正反映了這個時間。[11]

薛侯將處理話劇演員肢體語言的精神，帶入他的歌劇製作中，讓歌者不僅以他們的歌聲，亦以他們的身體帶出音樂、帶出戲劇。例如《萊茵的黃金》開始時，三位萊茵女兒的服裝打扮和肢體語言，讓人一看即想到康康舞女郎，她們挑逗阿貝里希，弄得他暈頭轉向後，再棄之如蔽屣的動作，讓觀者不禁同情那位只想追求一點愛情的可憐侏儒。阿貝里希搶奪黃金後，並未下場，而是留在台上，沈浸於自己戰利品的燦爛中。諸神中，佛萊亞的造型是一名幽怨的貴婦，對先生的行爲多有不滿。巨人則由兩位孔武有力的拳擊手將歌者架在肩上，因此行動自然、進退自如，有如常人，和他們上場時神氣的動機，有紅花綠葉之效。法弗納打死法索德的過程，動作和音樂的配合有如看武俠片，雖不見血光，卻嗅得到血腥，讓人對指環的詛咒不寒而慄。除了阿貝里希和迷魅外，其他衆侏儒由小孩裝扮，提供了拜魯特地方的兒童，一個在暑假裡快樂的舞台經驗。

製作在人物造型上的大突破是火神洛格，薛侯給他的是駝背的弄臣造型。歌者柴德尼克(Heinz Zednik)的歌聲和演技，首次展示了華格納筆下的洛格特質。這位聰慧、遊戲人間、能伸能屈、視諸神的驕蠻如無物、將諸神把玩於手中的火神，在四部戲裡都有其作用，只是他具體的形象，卻僅在《萊茵的黃金》中上場。柴德尼克將這個角色無限的戲劇性，充份地展現出來，給了觀者甚多思考。柴德尼克在《齊格菲》中飾迷魅，更有絕妙的演出。

---

10 亦請參見蕭伯納(George Bernard Shaw)著，林筱青／曾文英譯，《華格納寓言—揭開《尼貝龍根指環》面紗》，台北(高談) 2000。

11 筆者以下之分析及詮釋，部份參考Jürgen Maehder, "Richard Wagners *Ring des Nibelungen* und die Entstehung des Festspielgedankens", 1986年布拉格講稿，未出版。

諸神的神殿應是什麼樣子，是每一個《萊茵的黃金》製作的大問題。在幾經嚐試後，薛侯決定讓它看來很神秘，神殿應該很高很大，高大到在舞台上看不到全部。因之，舞台上只看得到好像有門窗的樣子，卻總看不眞切。由於是神話中的建築，不應該有很明顯的建築風格，而更應該給人沒落中的王朝之感。這些構想解釋了，爲什麼這個製作中的神殿，是一個融合哥德式、文藝復興風格和浪漫時期建築而成的混合式，但從頭至尾卻是似有若無、飄飄渺渺。不僅神殿有神秘的色彩，薛侯在製作中大量使用乾冰和蒸氣，更賦予這一個身負「序夜」任務的《萊茵的黃金》，處處充滿神秘和不安的氣息，尤其在諸神進入神殿時，舞台上不僅沒有燦爛輝煌，反而因爲遠處清晰地傳來萊茵女兒的嗚咽，讓人聯想到故事日後的發展、諸神終將毀滅的結果。

《萊茵的黃金》不僅在人物的尺寸上有大、中、小之別，場景有天上的神殿和地下的侏儒窟，舞台上還有阿貝里希「變大變小變變變」的實地演出，娛樂性很高。在薛侯的手上，這些人物的恩怨情仇，脫去以往演出的拘束，活生生地以侏儒、巨人、諸神的外觀，演出人世間的形形色色。

由《萊茵的黃金》到《女武神》之間，經過了很長的時間，這一個不爭的事實，自然不會爲薛侯錯過。《萊茵的黃金》時間設定在1830年左右，《女武神》的時間則擺在1876年左右，也就是《指環》全劇首演的年代；渾丁的服裝乍看之下，頗爲眼熟，稍加細想，即可看出係以華格納的畫像、照片爲藍本，也就是在華格納創作此鉅作的年代。也因爲如此，渾丁的家不是森林中的山洞或茅屋，而是一座巨大的府邸，中間有一棵高聳的樹，樹中插了一把劍。齊格琳德的服裝則是一般人家婦女的打扮。佛旦和佛利卡的裝扮亦和《萊茵的黃金》中大不相同。這一切都呈現了時間的過去。

薛侯給歌者的肢體語言，在《女武神》中，發揮了驚人的戲劇效果。第一幕裡，雙胞胎相認、相戀，忘我地熱烈擁吻，和許多人印象華格納，1860年。

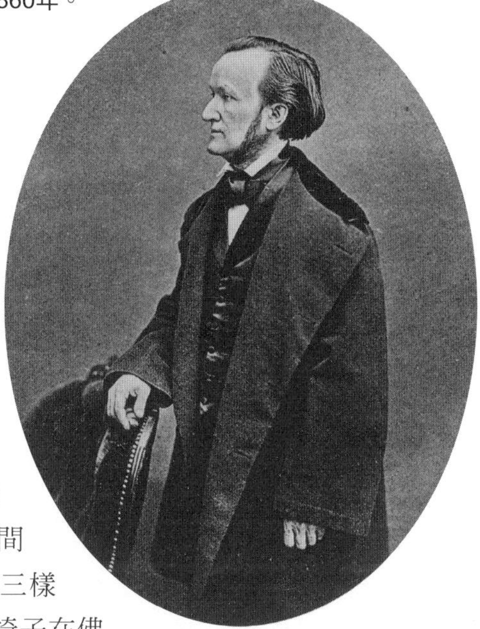

中，點到爲止的歌劇演出動作，大相逕庭。第二幕和第三幕裡，在不同的各種兩人對手戲中，人間的複雜感情，經由歌者的面部表情和身體動作，將華格納的音樂清楚自然地呈現出來。第二幕前半的佈景更是簡單，左邊一把椅子、右邊一面鏡子、中間一個時轉時停的球體，簡單的三樣東西，就是全部的舞台道具。椅子在佛旦和佛利卡爭執時，有其作用，球體則隨著人物的對話，由轉動至停止，彷彿意味著，冥冥間萬事萬物自有定數。佛旦對著布琳希德述說當年時，一人獨白的長大敘述，是對導演的一大挑戰，在此，舞台側面的鏡子發揮了很高的戲劇效果，映照著佛旦的內心世界，再加上佛旦大衣的穿穿脫脫，將這主要由敘述和對話構成的一段劇情，其中所蘊含的戲劇轉捩點所在，清晰地呈現出來，是讓人一看再看，益發雋永、回味無窮的一景。

布琳希德和齊格蒙對話，至齊格蒙被渾丁刺死的一段，舞台的佈景亦很簡單，只有一些樹做背景，和華格納音樂的素淨正好相稱。齊格蒙簡單清楚堅決地，決定和齊格琳德同生共死，無須吶喊、無須激動，愛就是這麼簡單清楚，無怪乎布琳希德會被感動。齊格蒙在佛旦懷中逝去的安排，生父在前不相認，並且佛旦必須手刃親子的不得已，其複雜感人，頓時顯現。世界彷彿應該在那一刻停止運轉，可是華格納卻讓它繼續下去。

第三幕的佈景也很簡單。明顯地，薛侯不以複雜浩大的佈景取勝，而將重點擺在歌者的肢體語言和互動上，將華格納這一部外觀爲神話，實質爲人間故事的作品特質，詮釋出來。能夠做到這一點，除了薛侯的構思和導演手法外，當時與他合作的歌者，能歌擅演，亦是另一個重要的因素。飾唱布琳希德的瓊斯(Gwyneth Jones)，對國人來說或許陌生，卻是廿世紀後卅年裡，走紅國際舞台的戲劇女高音，除了聲樂技巧和她的特殊音質外，她的身材、身段和演技，亦是在戲劇女高音中不可多得的。《女武神》裡，布琳希德在第二幕初次上場，是位和父親嘻戲的嬌生女兒；不久之後，她被齊格蒙的人間情愛感動，不惜違抗父親的命令；第三幕裡，她由慌張求援，到欣然受罰，但堅持要一位勇敢的人間男子爲夫，才陷入長眠。短短兩幕裡，這個角色有很多的內心戲，瓊斯演來自然感人，充份展現了，今日的歌劇歌者僅有好嗓子是不夠的，還必得有相當的戲劇修養。飾唱齊格蒙的霍夫曼(Peter Hofmann)外型英俊，聲音本質很好，演戲技巧亦佳，七〇年代中至八〇年代裡，曾經是拜魯特音樂節以及國際歌劇舞台上，演出華格納男高音的炙手人物；許多女性觀衆對他的傾倒著迷，其場面及熱情絕不弱於流行音樂歌者。可惜的是，霍夫曼崛起很快，但在歌唱技巧上不求精進，又同時腳跨古典、流行音樂界，因之，嗓音磨損很快，十幾年間，即自燦爛至殞落，成爲歌劇舞台的昨日黃花。百年指環於1980年錄影時，霍夫曼正處於巔峰時期，藉著錄影，可讓後人一睹其當年風采。

相較於《萊茵的黃金》的可愛，《女武神》中滿溢的人間情感，指出了華格納作品較少爲一般人知的一面。

華格納曾經希望《齊格菲》成爲他最風行的作品，雖然並未能如願，但是，《齊格菲》爲《指環》中最活潑熱鬧的一部，是無庸置疑地。齊格菲在全劇中火爆小子的個性，亦使得他在不同導演的手下，有著各式各樣的不同造型。薛侯對這個角色，更有他個人的看法。他詮釋的重點在於齊格菲的悲劇性，這是一個生也糊塗、死也糊塗的悲劇英雄，一生都活在他人的掌握中。因此，薛侯的《齊格菲》雖然依然有可愛的場面，卻總脫不了一絲灰黯。最讓人至今爭論不休的，是第二幕，整個森林中的場景都沒有清爽感，反而讓人覺得很沈重。更特別的是，和齊格菲對話的小鳥，竟然是隻籠中鳥，使得一個原本很歡欣可愛、很有童話世界氣氛的場景，罩上一層陰影，但是，這又何嘗不反映出齊格菲的一生，其實也就像這隻籠中鳥，一直想展翅高飛，末了，卻仍脫不出這一份桎梏。薛侯的製作裡，原本飾唱齊格菲的歌者為柯樓(René Kollo)。[12]不巧的是，錄影當年，改由容格(Manfred Jung)飾唱，雖然歌聲、演技都略遜一籌，但在錄影裡看來，也還算有不錯的表現。

薛侯在《萊茵的黃金》中塑造了一個特殊的洛格，在《齊格菲》中，亦經由同一位歌者柴德尼克，展示了一個老奸巨滑、不值得人同情的迷魅。他的自恃聰明、隨機應變，卻也不低估齊格菲的個性，經柴德尼克的詮釋，可說唯妙唯肖、栩栩如生。第一幕結束時，齊格菲為劍即將鑄成而高興，迷魅則為自己洞燭機先，得以採取行動，先下手為強而得意。華格納狀似歡欣的音樂中，隱含的滾滾暗潮，因有了這麼一位迷魅，而能突顯出來。薛侯的洛格和迷魅，將《指環》中這兩個角色的詮釋，帶入一個戲劇的新境界，這一個詮釋得以奏功，歌者柴德尼克功不可沒。

第三幕第一景中，大地之母艾兒妲的打扮雖和《萊茵的黃金》相同，但是她的肢體語言，更進一步顯示出，艾兒妲和在《諸神的黃昏》才出場的命運之女，還有布琳希德之間的親密關係。

在齊格菲找到布琳希德時，由好奇到發現眼前的這位，竟是個自

12 柯樓的造型和精采的肢體語言，可在Boulez 1980一書中看到。該書192頁中，尚有一「歷史」照片：薛侯親身上場演齊格菲。1977年，《指環》第三次演出時，柯樓腿傷，行動不便，為了不影響演出，依慣例，柯樓坐在舞台前方唱，薛侯興起，親自上場代演，讓現場觀眾大開眼界，看到導演理想中最正宗的齊格菲肢體語言。

己毫無概念的「女人」，而張皇失措地不知如何是好，最後很本能地吻她一下，又被她的反應驚嚇到，薛侯給歌者的肢體語言不慍不火，卻很傳神。布琳希德醒後，由見齊格菲的歡喜，到意識到自己已非神族，只是一個普通的女人，令人擺佈，這一番內心掙扎，瓊斯有相當深刻的刻劃，亦再一次展現了她的演技。薛侯讓演員只著白色長衫，毫無當初女武神打扮的任何痕跡，而有更強的戲劇說服力。

薛侯的《齊格菲》雖然少了一份熱鬧，但是和他的《諸神的黃昏》相連，前後呼應，看了《諸神的黃昏》之後，會對他的《齊格菲》有更進一步的體會。

以時空定位串接《指環》的構想，在《諸神的黃昏》中繼續延續。很明顯地，時間已經到了廿世紀初，季比宏大廳、昆特三兄妹的穿著舉止、族裡衆人的服裝，明顯地呈現出這個構想，尤其是衆人在第二幕中上場時的工廠警衛裝扮，和舞台右側象徵工業革命後的工廠建築，互相呼應。

如同華格納的劇本一再地預示諸神的毀滅一般，薛侯在《諸神的黃昏》裡，亦有不少和前面三晚先後呼應的手法。序幕中三位命運之女的裝扮，讓人想到她們的母親艾兒妲，她在《萊茵的黃金》和《齊格菲》中的造型。萊茵的女兒在第三幕上場時，場景雖與《萊茵的黃金》相同，卻少了水氣瀰漫的景象，有的只是一片枯竭。《齊格菲》第二幕中，籠中鳥帶來的不愉快氣氛，在《諸神的黃昏》裡也繼續下去，以齊格菲腳邊死去的鳥的姿態，更清楚地預告了，不久之後，齊格菲也將死亡。

在很多地方，薛侯都將《齊格菲》與《諸神的黃昏》做連結處理。布琳希德在兩劇裡的造型，以及與她相關的佈景，都有精心的設計。《齊格菲》第三幕，布琳希德長睡處，亦即是齊格菲找到她的地方，場景的設計是個廢墟，其舞台構圖係以柏克林(Arnold Böcklin)的畫作《死亡島》(*Die Toteninsel*) 爲藍本；草木不生的荒涼景象，指出這一切已經過了許多年。布琳希德在此的簡單白袍，呈現她如今的凡夫俗子身份，這襲白衫，在《諸神的黃昏》裡，透過薛侯設計的肢體語言，有著震憾的效果。第二幕裡，昆特將萬念俱灰的布琳希德帶上場，她彎身的動作、沈重的腳步，讓碩大的白袍飄揚起，像一隻受傷的信天翁。這個動人心弦的造型的藍本，是法國十九世紀詩人波特萊爾(Charles Baudelaire)的詩作《信天翁》(*L'Albatros*)。明白詩作的觀衆，會感受到更多震憾。[13]

齊格菲更自是《齊格菲》和《諸神的黃昏》的重心。薛侯質疑著他的自由，認爲那只是皮相，是無知的自由。在劇情熱鬧的表相下，可以看出，齊格菲的誕生並不爲世間所容，他不知道自己的身世，斬殺法弗納後，才知道世上除了他和養大他的迷魅外，還有其他的男人和女人。他不知道什麼是「怕」，但知道自己缺少了什麼，不是個完全的人。由他出生到死，從來沒有人明白告訴他，關於指環的邪惡，唯一曾經提醒他的，是被他殺死的法弗納，在臨死前所說的話：「注意這個結局！看看我！」(Merk, wie's endet! Acht auf mich!) 但是當時的齊格菲忙於知道自己的身世，忙於學習什麼是「怕」，沒有注意到這個警告。薛侯認爲，《諸神的黃昏》裡的藥酒只是催化劑，重要的是，齊格菲從未做過自己，他的誕生是個沒有經過設計的設計。佛旦本來根本不要他，後來爲了自己的目的，反而現身推動一切，但是卻讓齊格菲在茫然無知下，以他具有的力量來爲佛旦做事。因此，薛侯的製作中，齊格菲一直沒有成熟，他和布琳希德的愛原是孩子之間的愛，後來才成熟。齊格菲糊裡糊塗地來到世間，又糊裡糊塗地離去。火爆浪子的齊格菲，在薛侯的詮釋裡，總帶有一份莫名的憂傷氣息，原因正在此。

《指環》全劇裡，只有《諸神的黃昏》中才有衆人出現的事實，在薛侯的製作裡，自有特殊的設計。在此，他們的作用不僅是陪襯、

13 請參考羅基敏／梅樂亙，《愛之死》2003。

充場面，在很多時候，他們才是主角，隨著劇情的進行，他們逐漸成爲舞台的中心所在。例如齊格菲死後的《送葬進行曲》，舞台上沒有浩大的場面，相反地，薛侯讓齊格菲的屍體，躺在關攏的幕前面，衆人則逐漸聚集在屍體旁邊，終至將屍體完全遮蓋到看不見。如此地幾乎不做處理的處理，讓音樂本身的戲劇性，得以完全突顯出來，氣氛更形凝重，壓得人心頭透不過氣來。全劇結束時亦然，主角們一個個先後自舞台上消失，在煙霧火光中，衆人漸漸成爲舞台上的主角，彷彿暗示著，在諸神毀滅之後，「人」開始成爲世界舞台的新重心。在錄影中，藉著鏡頭逐漸地轉到一個小男孩和小女孩身上，使得這一個處理顯得更清楚，這也是在現場觀看的人們，未必能完全體會到的。

薛侯以一個基本的構想貫穿四部作品，突顯它們其實是一部作品的原作構想，又在每一部作品中賦予其各自不同的特色，更掌握了華格納以神話爲素材，呈現人類省思的精神，完成了拜魯特音樂節百年慶製作的重任。這個製作雖然離今天已有卅年，但是，薛侯的許多處理手法，立下了里程碑，對日後諸多的《指環》新製作，無論是否在拜魯特，皆有著明顯的直接、間接影響，堪稱「世紀之作」而無愧。

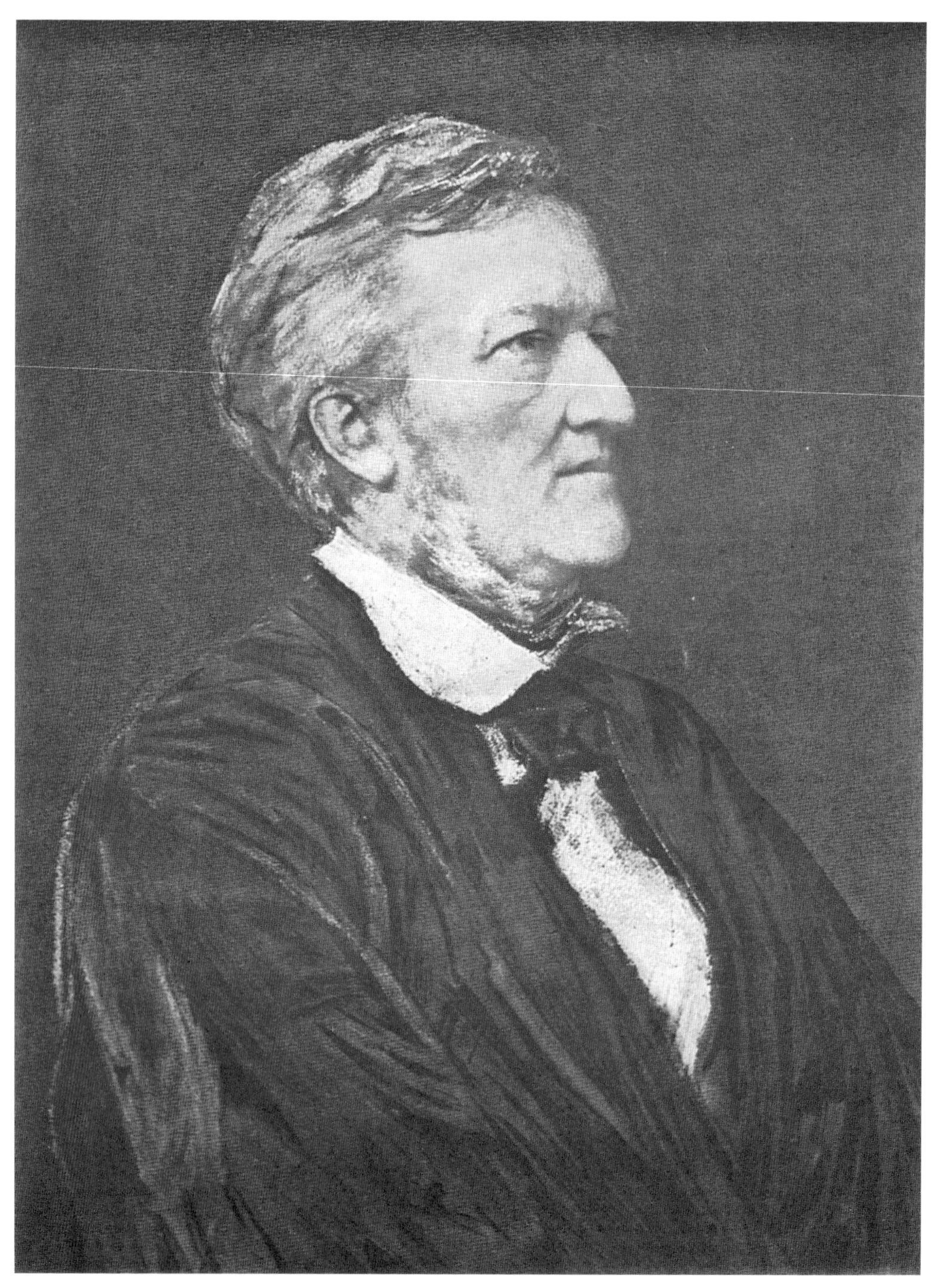

華格納，1877年，倫敦，膠彩畫，黑科莫(Hubert von Herkomer)繪。

華格納歌劇作品簡表

羅基敏 製表

歌劇名稱	創作時間	首演地點、時間
《仙女》 (*Die Feen*)	劇本：1833年一月至二月 音樂：1833年二月至1834年一月	慕尼黑(München)， 1888年六月廿九日
《禁止戀愛》 (*Das Liebesverbot*)	劇本：1834年六月至十二月 音樂：1835年一月至十二月	馬格德堡(Magdeburg)， 1836年三月廿九日
《黎恩濟》 (*Rienzi*)	劇本：1837年六月至1838年八月 音樂：1838年八月至1840年九月	德勒斯登(Dresden)， 1842年十月廿日
《飛行的荷蘭人》 (*Der fliegende Holländer*)	劇本：1840年五月至1841年五月 音樂：1841年七月至十一月	德勒斯登(Dresden)， 1843年一月二日
《唐懷瑟》 (*Tannhäuser*)	【首版】 劇本：1842年六月至1843年四月 音樂：1843年七月至1845年四月 【二版】 劇本：1847年初 音樂：1845年十月至1847年五月 【三版】 劇本：1859年九月至1861年三月 音樂：1860年八月至1861年三月 【四版】 劇本：1861年八月至1865年初 音樂：1861年秋天至1867年夏天	【首版】 德勒斯登(Dresden)， 1845年十月十九日 【二版】 德勒斯登(Dresden)， 1847年八月一日 【三版】 巴黎(Paris)， 1861年三月十三日 【四版】 慕尼黑(München)， 1867年八月一日
《羅恩格林》 (*Lohengrin*)	劇本：1845年八月至十一月 音樂：1846年五月至1848年四月	威瑪(Weimar)， 1850年八月廿八日
《崔斯坦與伊索德》 (*Tristan und Isolde*)	劇本：1854年秋天至1857年九月 音樂：1857年十月至1859年八月	慕尼黑(München)， 1865年六月十日
《紐倫堡的名歌手》 (*Die Meistersinger von Nürnberg*)	劇本：1861年十一月至1862年一月 音樂：1862年四月至1867年十月	慕尼黑(München)， 1868年六月廿一日
《尼貝龍根的指環》 (*Der Ring des Nibelungen*)	劇本：見以下四部之內容 音樂：見以下四部之內容	拜魯特(Bayreuth) 1876年八月十三、 十四、十六、十七日

《萊茵的黃金》 (*Das Rheingold*)	劇本：1851年十月至1852年十一月 音樂：1853年十一月至1854年九月	慕尼黑(München)， 1869年九月廿二日
《女武神》 (*Die Walküre*)	劇本：1851年十一月至1852年七月 音樂：1854年六月至1856年三月	慕尼黑(München)， 1870年六月廿六日
《齊格菲》 (*Siegfried*)	劇本：1851年五月至1852年十二月；1856年改寫 音樂：1856年九月至1871年二月	拜魯特(Bayreuth) 1876年八月十六日
《諸神的黃昏》 (*Götterdämmerung*)	劇本：1848年十月至1852年十二月 音樂：1869年十月至1874年十一月	拜魯特(Bayreuth) 1876年八月十七日
《帕西法爾》 (*Parsifal*)	劇本： 1857年四月至1877年四月 音樂：1877年九月至1881年十二月	拜魯特(Bayreuth) 1882年七月廿六日

176

華格納《尼貝龍根的指環》創作至首演年表

羅基敏 製表

縮寫說明：

B&H: Breitkopf & Härtel，德國重要之音樂出版公司

G:《諸神的黃昏》

H:《飛行的荷蘭人》

L:《羅恩格林》

M:《紐倫堡的名歌手》

P:《帕西法爾》

R:《萊茵的黃金》

S:《齊格菲》

Ta:《唐懷瑟》

Tr:《崔斯坦與伊索德》

W:《女武神》

時間	《尼貝龍根的指環》	其他作品	其他
1848年夏天	寫作*Die Wiblungen/ Weltgeschichte aus der Sage*。		
1848年10月4日	寫作*Der Nibelungen-Mythus*。		
1848年10月20日	《齊格菲之死》(*Siegfrieds Tod*)散文草稿故事完成。		
1848年11月12日至28日	《齊格菲之死》第一版本劇本完成，無神殿起火情節。		
1849年5月9日			華格納因同情革命，離開德勒斯登，開始漫長的流亡生涯。
1849年5月16日			德勒斯登發佈通緝令，追緝華格納。
1850年6月	《齊格菲之死》劇本準備付印，未成。		
1850年8月12日	《齊格菲之死》譜曲開始，但隨即中斷。		
1850年8月28日		L於威瑪首演。	
1850年秋天	打算演出《齊格菲之死》。		
1851年5月3日至10日	《年輕的齊格菲》劇情草稿。		
1851年5月24日至6月1日	《年輕的齊格菲》散文草稿完成。		
1851年6月3日至24日	《年輕的齊格菲》劇本完成，即《齊格菲》前身。		
1851年7月23日	〈女武神的騎行〉主題。		
1851年8月	《尼貝龍根的指環》爲三晚加前夕的作品；要以一個特別的音樂節演出此作品。		
1851年11月3日至11日	R劇本草稿。		
1851年11月11日至20日	W劇本草稿。		
1852年3月23日至31日	R散文草稿完成		
1852年2月			於蘇黎世結識奧圖與瑪蒂德・魏森董克夫婦。
1852年5月17日至26日	W散文草稿完成。		
1852年6月1日至7月1日	W劇本完成。		
1852年7月2日	兩個「齊格菲」必須改寫。		
1852年9月15日至11月3日	R劇本完成。		
1852年12月15日	S劇本改寫完成；1856年定名《齊格菲》。 G劇本改寫完成；1856年定名《諸神的黃昏》；加入諸神的毀滅、神殿起火等情節。		

時間	《尼貝龍根的指環》	其他作品	其他
1853年2月中	華格納自費印刷五十本《指環》劇本，分送友人。		
1853年5月18, 20, 22日			魏森董克資助華格納在蘇黎世演出三場以華格納作品為主之音樂會。
1853年9月5日	R以降E大調和絃開始。		
1853年11月	R譜曲構思開始。		
1854年1月14日	R譜曲構思完成。		
1854年1月20日			給友人信中提到與瑪蒂德．魏森董克的感情。
1854年2月1日至5月28日	R譜曲初稿完成。		
1854年2月15日	R修改工作同時進行。		
1854年6月28日至7月	W第一幕譜曲構思。		
1854年7月26日			魏森董克寫信給友人，難過地表示，他已看清楚，無法將資助華格納的錢給他本人，只能給他妻子。
1854年8月3日至9月1日	W第一幕譜曲構思完成。		
1854年9月4日至11月18日	W第二幕譜曲構思。		
1854年9月26日	R總譜謄寫完成。		
1854年10月底		首度構思Tr。	
1854年11月20日至12月27日	W第三幕譜曲構思。		
1854年12月30日			叔本華在給友人的信中，提到接到華格納送給他自費印的《指環》劇本，叔本華對劇本很欣賞，但認為華格納沒有必要將它寫成音樂。
1855年1月17日		《浮士德序曲》完成。	
1855年1月至4月	W第一幕總譜開始至完成。		
1855年2月底至6月			華格納於倫敦指揮演出八場音樂會，由給友人的信件中，可看出他對個人處境的絕望。他閱讀但丁《神曲》，並自比處境有如〈煉獄〉篇。
1855年4月7日	W第二幕總譜開始。		

時間	《尼貝龍根的指環》	其他作品	其他
1855年5月			華格納由其妻閔娜的信中察覺她對瑪蒂德的懷疑。
1855年8月18日至9月20日	W第二幕總譜完成。		
1855年10月8日	W第三幕總譜開始。		
1855年12月		Tr構思益見成形，三幕架構粗具規模。	
1856年3月20日	W第三幕總譜完成。		
1856年3月23日	W全劇總譜謄寫完成。		
1856年9月至10月	S第一幕構思開始。		
1856年12月1日	S第一幕構思繼續。		
1856年12月19日		Tr第二幕愛情場景之初步構思及寫作，半音進行之音樂主題亦成形。華格納認爲Tr容易譜寫，並可以很快爲其帶來收入。	
1857年1月20日	S第一幕構思完成。	繼續構思Tr。	魏森董克於其蘇黎世新居旁造一棟房子，擬供華格納居住。
1857年2月5日	S第一幕配器構思完成。		
1857年3月31日	S第一幕總譜初稿完成。		
1857年4月10日			受難日，華格納首次造訪魏森董克新居以及爲他建造的房子。整個氣氛讓他想到渥夫藍的詩，而起了寫作《帕西法爾》的念頭。
1857年4月28日			華格納與閔娜搬入位於「綠丘」之魏森董克新家旁邊之新居，並將其命名爲「避難居」。
1857年5月8日			華格納寫信給李斯特，敘述搬家的情形，並對新居大表滿意。
1857年5月12日	S第一幕總譜謄寫開始。		
1857年5月22日	S第二幕構思開始。		
1857年6月18日	S第二幕配器構思開始。	華格納在S第二幕譜曲草稿上寫著「崔斯坦已決定」。	
1857年6月27日	S譜曲工作中斷。		
1857年6月28日		華格納告知李斯特，暫停S譜曲，決定寫作Tr，並預期這將是部小規模作品，很快就可以寫完。	

時間	《尼貝龍根的指環》	其他作品	其他
1857年6月30日至7月1日		卡斯魯劇院總監德弗里安(Eduard Devrient)訪蘇黎世，與華格納友人共訪華格納，建議在卡斯魯演出Tr。	
1857年7月至8月		Tr一些樂思，劇本草稿開始。	
1857年7月30日	S第二幕構思完成。		
1857年8月9日	S第二幕配器構思完成，譜曲工作卻也從此處完全中斷。		
1857年8月18日			畢羅與柯西瑪於柏林結婚。
1857年8月20日		Tr劇本散文稿開始，並進入劇本詩文寫作。	
1857年8月22日			魏森董克搬入新居與華格納爲鄰。
1857年9月5日			畢羅夫婦蜜月旅行至蘇黎世。華格納生命裡三位重要女人：閔娜、瑪蒂德、柯西瑪首次同桌。
1857年9月18日		完成Tr劇本原始版本。	
1857年9月28日			畢羅夫婦啓程回柏林，帶走一份Tr劇本手抄本。
1857年10月1日		Tr譜曲開始。	
1857年11月30日		開始譜寫《魏森董克之歌》。	
1857年12月23日		早上，華格納將《魏森董克之歌》中，〈夢〉的管絃樂版總譜帶至魏森董克家，做爲瑪蒂德的生日之歌。	
1857年12月31日		Tr第一幕構思完成，並將草稿獻給瑪蒂德，「將他提升到高處的『天使』」。	
1858年1月14日			魏森董克家發生家庭糾紛，並且瑪蒂德與閔娜之間亦產生衝突。華格納決定暫時離開「避難居」。
1858年1月中至2月初			華格納赴巴黎後，再回蘇黎世。
1858年2月6日		再度進行譜寫Tr第一幕。	
1858年2月27日		與B&H 簽約，由該公司出版Tr；第一幕第一部份總譜寄給該公司。	
1858年4月3日		Tr第一幕後半總譜寄給B&H。	

時間	《尼貝龍根的指環》	其他作品	其他
1858年4月7日			閔娜攔截了華格納給瑪蒂德的信，將信打開，並要求魏森董克家做解釋，幾乎釀成大醜聞。
1858年4月15日			華格納送閔娜去療養。
1858年4月23日			面對魏森董克責怪華格納，未對閔娜說明他和瑪蒂德的純潔友情，華格納寫信給閔娜，希望她忘記那些她無法理解的事情。
1858年5月1日		《魏森董克之歌》，完成〈在溫室裡〉,其中含有Tr第三幕的音樂。	
1858年5月4日		Tr第二幕構思。	
1858年5月21日		完成《魏森董克之歌》。	
1858年5月底			閔娜回蘇黎世小住，被離婚的想法嚇到。
1858年6月			華格納嚐試暫時停止與魏森董克家來往。
1858年7月1日		Tr第二幕構思結束。	
1858年7月5日		Tr第二幕管絃樂構思開始。	
1858年7月15日			華格納接閔娜回蘇黎世，準備搬離「避難居」。
1858年8月16日			畢羅陪華格納去向瑪蒂德告別，之後，畢羅與柯西瑪亦向華格納告別。
1858年8月17日			華格納離開「避難居」，取道日內瓦赴威尼斯。
1858年8月30日		威尼斯運河擺渡船夫的吆喝聲，給予華格納Tr第三幕牧人悲傷小曲的靈感。	華格納搬入位於威尼斯大運河邊的居斯蒂尼安尼宮。
1858年10月19日		華格納寫信給李斯特，告知Tr第一幕完成，並且總譜已由B&H刻印製版。	
1859年1月24日至3月18日		Tr第二幕總譜完成，寄給B&H；並請B&H負責相關演出事宜。	
1859年2月1日			華格納被限期離開威尼斯。
1859年3月24日			華格納不得再停留於威尼斯。取道米蘭赴琉森。
1859年4月2日			華格納赴蘇黎世一天，拜訪魏森董克家人。
1859年4月10日至8月7日		Tr第三幕譜曲完成，總譜寄給B&H。	
1859年8月6日		德勒斯登首次演出L。	下午四點半，華格納完成Tr全劇，並等待魏森董克夫婦的來訪。

時間	《尼貝龍根的指環》	其他作品	其他
1859年8月10日			收到B&H寄來的稿費。
1859年9月6日			華格納在魏森董克家渡過愉快的三天。為了赴巴黎定居，華格納將《指環》之出版權以六千法郎賣給魏森董克。
1859年9月10日			華格納抵巴黎，期待Ta能在此上演。
1859年10月		因為沒有男高音敢唱崔斯坦，Tr原計劃於卡斯魯的首演確定不成。	
1859年11月17日			華格納再度嚐試拯救他的婚姻。閔娜來到巴黎，兩人之間的冷戰和衝突再度開始。
1859年12月	出版商蕭特(Schott)以一萬法郎買下《萊茵的黃金》，由於華格納已將出版權賣給魏森董克，後者必須同意才行，魏森董克同意了。	完成Tr前奏曲的音樂會結尾版本。	經由友人介紹，華格納結識了巴黎一些有影響的人士。
1860年1月		改寫H序曲結尾。	畢羅幫忙華格納準備巴黎的音樂會。
1860年1月21日			華格納送白遼士一份印行的Tr總譜。
1860年1月25日、2月1日、2月8日			華格納三場巴黎音樂會，吸引巴黎重量級藝文人士聆賞，反應甚佳。
1860年3月中		拿破崙三世批准Ta於巴黎演出。	
1860年5月30日		完成Ta巴黎版狂歡場景之散文說明。	
1860年6月17日			華格納無法如期償還向魏森董克借的六千法郎，於是將尚未譜寫的《諸神的黃昏》做抵押。
1860年7月15日			華格納獲有條件赦免，他可以回德國，但不得進入薩克森境內。
1860年8月12日			自1849年5月以來，華格納首次再入德國境內。
1860年8月19日			華格納回到巴黎。
1860年9月21日			叔本華逝於法蘭克福。
1860年9月24日		巴黎開始排演Ta。	
1860年10月18日至1861年1月28日		完成Ta巴黎版狂歡場景。	

時間	《尼貝龍根的指環》	其他作品	其他
1861年3月13日		排練164次後，Ta終於在巴黎演出，卻是一場大騷動。3月18日及3月25日的演出亦然，華格納撤回總譜，波特萊爾爲文大表遺憾。	
1861年5月		維也納同意安排Tr在維也納首演。	
1861年7月11日			華格納搬出巴黎住所，四處旅行。
1861年9月		Tr在維也納的首演，亦很可能因爲男高音的問題而不成。	
1861年11月		寫作M。完成散文草稿。	
1861年12月底		開始寫作M劇本。	經由友人，尼采接觸了Tr的鋼琴譜。
1862年1月		完成M劇本初稿。	
1862年2月至3月			華格納暫居於畢布里希，再次嚐試與閔娜一起生活，兩人依舊衝突不斷。
1862年3月28日			華格納獲得完全赦免，包括薩克森。但他並未因此回德勒斯登。
1862年3月底		開始寫作M前奏曲。	
1862年4月13日至20日		M前奏曲管絃樂譜草稿。	
1862年5月22日		M第三幕前奏構思。	華格納四十九歲生日。
1862年5月26日至28日			赴卡斯魯，觀賞L，並結識飾唱主角的歌者施諾爾，華格納甚爲欣賞此位男高音。
1862年6月3日		M前奏曲配器開始。	
1862年6月			閔娜拒絕離婚。
1862年7月初		在畢羅的協助下，華格納和施諾爾夫婦(路德維希與馬維娜)開始排練Tr。	畢羅夫婦至畢布里希拜訪華格納。
1862年8月			畢羅夫婦取道法蘭克福回柏林，華格納送行至法蘭克福。畢羅首次感覺到妻子與華格納之間隱約的情愫。
1862年10月			蕭特不願繼續預付M的酬勞，華格納苦求亦無用。
1862年11月1日		華格納於萊比錫指揮M前奏曲首演。畢羅夫婦亦在場。	
1862年11月3日至7日			華格納赴德勒斯登，最後一次和閔娜相處，並向她告別。
1862年11月13日			搬離畢布里希。

時間	《尼貝龍根的指環》	其他作品	其他
1862年年底	決定將《指環》劇本出版，並寫了很長的前言，說明他對該作品和已構思成形的音樂節理念。		
1863年2月至4月17日			華格納於布拉格、聖彼得堡及莫斯科開音樂會。
1863年4月下旬至5月初			華格納取道柏林回維也納，以最近的收入於維也納租屋定居。
1863年5月12日			搬入維也納新居。
1863年6月中		完成M第一幕第一景總譜。	
1863年11月28日			在數月之各地音樂會旅行後，華格納抵柏林拜訪畢羅夫婦。當天下午，華格納與柯西瑪共乘馬車出遊，兩人互相承諾相屬對方。之後，兩人一同聆賞畢羅的音樂會。次日華格納即離開柏林，另赴他處。
1864年1月至2月			華格納財務狀況日益困窘，無人伸出援手。
1864年3月10日			路德維希二世以十八歲之齡繼承巴伐利亞王位。
1864年3月		Tr在維也納的首演確定無望。	
1864年3月23日			華格納負債太多，逃離維也納。
1864年3月25日			華格納途經慕尼黑，於櫥窗中看到路德維希二世的畫像，爲其俊美動容。
1864年4月28日			華格納流浪至斯圖佳特。
1864年5月3日			路德維希二世特使由維也納開始，一路訪尋，終於在斯圖佳特找到華格納，交給他國王本人照片、一只戒指及國王口信，向華格納表示欽慕之意。兩人於當晚啓程，搭火車赴慕尼黑。
1864年5月4日			路德維希二世於早上接見華格納。
1864年5月至6月			華格納定居慕尼黑近郊史塔貝克湖畔。以路德維希二世資助的錢，華格納還清維也納的債務。
1864年6月29日			柯西瑪應華格納之邀，帶著兩個女兒赴慕尼黑。兩人感情更趨穩固。

時間	《尼貝龍根的指環》	其他作品	其他
1864年7月7日至1864年9月3日		七、八月間，寫作《路德維希二世頌》。	畢羅到訪，於九月三日離開。期間多次重病，幾至全身癱瘓。
1864年9月26日	決定繼續寫作《指環》。		
1864年9月27日	S第一幕第二景總譜謄寫。		華格納於慕尼黑城內租屋，並於10月15日搬入。
1864年10月5日		於國王御前首演《路德維希二世頌》。	
1864年10月18日			將《指環》賣給路德維希二世。爲感謝他的大力資助，華格納幾乎將所有的作品和重要手稿送給國王。
1864年11月20日			畢羅搬至慕尼黑。稍晚，畢羅接下王室指揮一職。
1864年11月26日			路德維希二世下令在慕尼黑建造一慶典劇院，以演出《指環》全劇。
1864年12月4日		華格納於慕尼黑指揮演出H，國王亦在座。	
1864年12月22日	S第二幕總譜初稿開始。		
1864年12月29日			路德維希二世接見華格納推薦的森柏(Gottfried Semper)，委託他負責建造慶典劇院。
1865年2月至3月			路德維希二世身邊臣子政爭，華格納亦是因素之一，而暫時不得與國王見面。
1865年4月10日		畢羅開始指揮樂團排練Tr。	華格納與柯西瑪的第一個孩子伊索德出生。
1865年5月11日		Tr總彩排。首演卻因諸多原因被迫延期。	
1865年6月10日		Tr於慕尼黑首演，路德維希二世亦在座觀賞。	
1865年6月13日、19日及7月1日		Tr第二次至第四次演出。	布魯克納觀賞6月19日的T演出。首演男高音施諾爾於7月21日逝於德勒斯登。
1865年7月17日			華格納開始口述自傳(*Mein Leben*)，由柯西瑪抄寫。
1865年12月2日	S第二幕總譜初稿完成。		
1865年12月6日			路德維希二世身邊臣子政爭，華格納亦被捲入，人民革命情緒一觸即發。爲息事寧人，國王要求華格納離開巴伐利亞。華格納於12月10日啓程，前往瑞士。暫時定居日內瓦。

時間	《尼貝龍根的指環》	其他作品	其他
1866年1月12日		M第一幕譜曲。	
1866年1月25日			閔娜逝於德勒斯登。
1866年2月21日		M第一幕總譜草稿。	
1866年3月8日			柯西瑪來到日內瓦，與華格納會合，繼續爲他的自傳工作。
1866年3月23日		M第一幕總譜完成。	
1866年4月15日			華格納搬入琉森崔布珣(Tribschen)定居，路德維希二世爲他付房租。
1866年5月12日			柯西瑪帶著三個女兒來到崔布珣。
1866年5月15日		M第二幕譜曲開始。	路德維希二世電報華格納，告知打算退位，華格納勸他要忍耐。
1866年5月22日			華格納五十三歲生日，路德維希二世密訪崔布珣，二天後回慕尼黑。
1866年6月6日			畢羅於慕尼黑提出辭呈。
1866年6月8日		M第二幕總譜開始。	
1866年6月10日			畢羅來到崔布珣。
1866年7月21日			路德維希二世寫信給柯西瑪，打算退位，華格納勸他要忍耐。
1866年9月1日			柯西瑪與畢羅去慕尼黑。畢羅於月中搬至巴塞爾(Basel)。
1866年9月6日		M第二幕草稿完成。	
1866年9月23日		M第二幕總譜草稿完成。	
1866年9月28日			柯西瑪回到崔布珣。
1866年10月2日		M第三幕譜曲開始。	
1866年10月8日		M第三幕總譜草稿開始。	
1866年10月30日			李希特(Hans Richter)開始爲華格納做秘書的工作，包括抄譜等事。
1866年12月31日			畢羅來到崔布珣，表示想回慕尼黑。
1867年2月7日		M第三幕草稿完成。	
1867年2月17日			華格納與柯西瑪的第二個孩子夏娃出生。畢羅當天下午來到崔布珣。
1867年3月5日		M第三幕總譜草稿完成。	
1867年3月22日		M第二幕總譜開始。	
1867年4月4日至4月7日			華格納赴慕尼黑，覲見路德維希二世，畢羅將是宮廷樂長兼未來王室音樂學校校長。華格納於七日轉赴巴塞爾，告知畢羅此消息。
1867年6月22日		M第二幕總譜完成。	

時間	《尼貝龍根的指環》	其他作品	其他
1867年6月26日		M第三幕總譜開始。	
1867年9月16日			柯西瑪帶著女兒赴慕尼黑，與畢羅會合，準備十月初迎接父親李斯特的到訪。
1867年10月9日至10月10日			李斯特來到崔布珣，試圖說服女兒改變心意。華格納彈M給李斯特聽。
1867年10月24日		M全部完成。	
1867年12月1日			李希特赴慕尼黑，於月底接任宮廷劇院之鋼琴排練工作。
1867年底至1868年3月16日			華格納與路德維希二世之間產生誤解。路德維希二世與森柏之間亦有誤解。建造劇院的計劃確定中止。
1868年4月4日		布魯克納獲得華格納同意，於林茲(Linz)首演M結束之合唱場景。	
1868年5月中至5月20日			柯西瑪回崔布珣，五月廿日回慕尼黑。華格納於次日亦赴慕尼黑，參與M之排練。華格納住在畢羅家。
1868年5月22日			華格納五十五歲生日，與路德維希二世共渡。
1868年6月19日		M總彩排。	
1868年6月21日		畢羅指揮M首演。華格納在場。路德維希二世在座。	
1868年6月24日	S第三幕樂思。		
1868年10月3日			在與華格納共赴義大利旅行途中，柯西瑪寫信給畢羅，決定永遠留在華格納身邊。
1868年11月8日			華格納與尼采於德勒斯登首次見面。
1868年年底	S第一幕總譜謄寫完成。		
1869年2月10日	路德維希二世告知華格納，將在慕尼黑首演《萊茵的黃金》，後者大表反對。		
1869年2月23日	S第二幕總譜完成。		
1869年3月1日至6月14日	S第三幕構思開始與完成。		
1869年5月17日			尼采來到琉森，並至崔布珣拜訪華格納。

時間	《尼貝龍根的指環》	其他作品	其他
1869年5月22日			華格納五十六歲生日，尼采以信件道賀，並表示自己的名字能與華格納連結，是一生最大的榮幸。 李希特來訪。
1869年6月6日			華格納與柯西瑪的第三個孩子齊格菲出生。
1869年6月15日			柯西瑪寫信給畢羅，請他同意離婚，並且將兩個女兒交給她撫養。兩天後，畢羅同意了。
1869年6月25日至8月5日	S第三幕配器構思。		
1869年8月25日	S第三幕總譜開始。		
1869年8月27日	R在慕尼黑總綵排，問題叢生。在華格納勸說下，李希特推掉指揮工作。		
1869年9月1日	華格納赴慕尼黑，嚐試阻止R演出無效，於次日返琉森。		
1869年9月22日	R 在慕尼黑首演。華格納缺席表示抗議。		R首演舞台操作師布蘭德的技術，讓華格納欣賞，邀請他參與W的演出準備工作。稍晚，布蘭德亦參與了拜魯特慶典劇院的建造工作。
1869年10月2日	G「命運之女」譜曲開始。		
1870年1月9日至1月11日	G序幕及配器。		
1870年3月5日	想在拜魯特當地劇院演出《指環》全劇。		
1870年6月5日	G第一幕構思完成。		
1870年6月26日	W在慕尼黑首演，非常成功。		
1870年7月	R與W一起在慕尼黑演出三次，許多重要音樂人士如布拉姆斯、姚阿幸和李斯特均到場觀賞。		
1870年7月2日	G第一幕配器構思完成。		
1870年7月18日			柯西瑪與畢羅於柏林正式離婚。
1870年8月25日			華格納與柯西瑪於琉森結婚。
1870年12月4日		《齊格菲牧歌》曲及總譜完成。	

時間	《尼貝龍根的指環》	其他作品	其他
1870年12月24日			華格納自傳第一冊出版。
1870年12月25日			柯西瑪生日，華格納獻上《齊格菲牧歌》為禮物，並演出該曲。尼采亦在座。
1871年2月5日	S第三幕總譜完成，全劇完成。		
1871年4月15日至4月19日	華格納、柯西瑪與李希特抵拜魯特，發現當地劇院舞臺過小，但深為當地環境所喜，決定定居當地，並另行蓋一劇院，以舉行以《指環》為中心之音樂節。		
1871年5月12日	華格納於萊比錫宣佈，拜魯特音樂節將於1873年揭幕。		
1871年5月13日	華格納在達姆城與布蘭德詳談，請他參與慶典劇院的建造工作。		
1871年6月24日至10月25日	G第二幕構思。		
1871年7月5日至11月19日	G第二幕總譜構思。		
1871年8月至9月28日	G第三幕〈送葬進行曲〉。		
1871年11月1日	華格納告知拜魯特人士，打算在該地蓋慶典劇院。	L在波隆那(Bologna)演出，為華格納作品在義大利的首演。	
1871年11月7日	拜魯特決定提供華格納一塊地蓋劇院。		
1871年12月20日			第一個「華格納協會」(Richard-Wagner-Verein)在曼海姆(Mannheim)成立，華格納本人亦在場。
1872年1月4日至4月10日	G第三幕構思。		
1872年1月8日			拜魯特人士至琉森，告知華格納，原擬撥用的土地有困難，已另買一塊地給華格納用。
1872年2月1日			華格納於拜魯特購得自宅用地。音樂節委員會成立。
1872年2月5日	G第三幕構思繼續。		
1872年2月9日至7月23日	G第三幕配器構思完成。		

時間	《尼貝龍根的指環》	其他作品	其他
1872年5月22日			華格納五十九歲生日；拜魯特慶典劇院破土。
1872年6月15日至7月22日	G第三幕總譜草稿繼續並完成。		
1872年9月2日至9月6日			華格納與柯西瑪赴威瑪拜訪李斯特。之前，華格納邀請李斯特至拜魯特參加劇院破土典禮，李斯特僅發賀函，並未參加。
1872年9月底			華格納遷居拜魯特。
1872年10月15日至10月21日			李斯特至拜魯特拜訪，提起畢羅之事。華格納家庭氣氛受到影響。
1872年11月10日至12月15日			華格納與柯西瑪於德國四處募款。
1873年5月3日	G第一幕總譜開始。		
1873年8月2日			拜魯特慶典劇院上樑典禮。李斯特亦在場。
1873年8月30日			在一篇文章裡，華格納承認，音樂節在1875年夏天以前，不可能舉行。
1873年11月20日			華格納赴慕尼黑，尋求路德維希二世資助音樂節，無功而返。
1873年11月28日	與布蘭德等人討論《指環》首演佈景等事宜。		
1873年12月24日	G第一幕總譜完成。		
1874年1月			音樂節向各地國王求助均遭回絕。
1874年1月25日			路德維希二世決定協助面臨財政危機的拜魯特音樂節籌備工作。
1874年2月3日			華格納回信感激路德維希二世，稱他是德國精神唯一的希望。
1874年4月28日			華格納搬入拜魯特自家住所「癲寧居」(Villa Wahnfried)。
1874年5月20日			李希特抵拜魯特。於接下去的兩週裡，他受華格納之託，至德國各劇院尋找人才。
1874年6月26日	G第二幕總譜完成。		
1874年6月27日	《指環》歌者排練開始。		
1874年7月10日	G第三幕總譜開始。		
1874年11月21日	G第三幕總譜完成；全劇完成。		
1875年1月至5月			爲募款，華格納與柯西瑪旅行各地，開音樂會。

時間	《尼貝龍根的指環》	其他作品	其他
1875年7月1日	拜魯特排練開始。		
1875年7月17日	李希特抵拜魯特排練。他此時爲維也納皇家劇院首席常任指揮。		
1875年8月1日	樂團及總排練開始，準備1876年的演出。		
1875年11月1日至12月15日			華格納與柯西瑪赴維也納，與李希特合作演出T與L。
1876年2月		美國費城邀請華格納爲美國獨立一百週年寫首大進行曲，華格納答應了，並於二月中完成曲子。	
1876年2月9日		P第二幕花之女旋律。	
1876年3月20日		Tr於柏林首次演出，華格納在場。威廉一世下令，將演出收入捐給拜魯特基金會。	
1876年6月3日至7月12日	拜魯特音樂節排練。		
1876年7月24日			尼采來到拜魯特，精神體力都出狀況。
1876年8月1日			李斯特來到拜魯特。
1876年8月6日至8月10日			路德維希二世來到拜魯特參觀《指環》全劇綵排。
1876年8月12日			威廉一世來到拜魯特觀賞首演。
1876年8月13日	拜魯特音樂節揭幕。指揮爲李希特。 R首次於拜魯特演出。		
1876年8月14日	W首次於拜魯特演出。		
1876年8月16日	S首演。		
1876年8月17日	G首演。		
1876年8月13日至8月17日	《指環》全劇於拜魯特首演。		

華格納《尼貝龍根的指環》研究資料小集

梅樂亙(Jürgen Maehder) 整理

Peter Ackermann, Richard Wagners *»Ring des Nibelungen« und die Dialektik der Aufklärung*, Tutzing (Schneider) 1981.

Theodor W. Adorno, *Versuch über Wagner*, »Gesammelte Schriften«, vol. 13, Frankfurt (Suhrkamp) 1971; 英譯：*In Search of Wagner*, trans. Rodney Livingstone, Manchester (NLB) 1981.

Theodor W. Adorno, *Ästhetische Theorie*, eds. Gretel Adorno/Rolf Tiedemann, GS, vol. 7, Frankfurt (Suhrkamp) 1970, 英譯：*Aesthetic Theory*, trans. C. Lenhardt, London (Routledge & Kegan Paul) 1984.

Adolphe Appia, *Die Musik und die Inscenierung*, München (Bruckmann) 1899.

Adolphe Appia, *Œuvres complètes*, ed. Marie Louise Bablet-Hahn, Lausanne (Office du Livre) 1983 sqq.

Carolyn Abbate, *Unsung Voices: Opera and Musical Narrative in the Nineteenth Century*, Princeton (Princeton University Press) 1991.

Robert Bailey, "Wagner's Musical Sketches for Siegfrieds Tod", in: Harold Powers (ed.), *Studies in Music History: Essays for Oliver Strunk*, Princeton (Princeton University Press) 1968, 459-494.

Evan Baker, "Richard Wagner and His Search for the Ideal Theatrical Space", in: Mark A. Radice (ed.), *Opera in Context. Essays on Historical Staging from the Late Renaissance to the Time of Puccini*, Portland/OR (Amadeus Press) 1998,

241-278.

Herbert Barth (ed.), *Bayreuther Dramaturgie. Der Ring des Nibelungen*, Stuttgart/Zürich (Belser) 1980. [Barth 1980]

Hella Bartnig, *Das Musikdrama im Spiegel des bürgerlichen Sprach- und Geschichtsbewußtseins. Untersuchungen zum Verhältnis von Dichtung und Musik in den Musikdramen Richard Wagners in Bezug auf die deutsche Wissenschaftsbewegung zu Beginn des 19. Jahrhunderts*, Diss. Leipzig 1986, 打字版。

Oswald Georg Bauer, *Richard Wagner. Die Bühnenwerke von der Uraufführung bis heute*, Frankfurt/Berlin/Wien (Propyläen Verlag) 1982; 法譯本 Fribourg/CH (Office du Livre) 1982; 英譯本1983.

Carl Friedrich Baumann, *Bühnentechnik im Festspielhaus Bayreuth*, München (Prestel) 1980.

Carl Friedrich Baumann, *Licht im Theater. Von der Argand-Lampe bis zum Glühlampen-Scheinwerfer*, Stuttgart (Steiner) 1988.

Richard Benz, *Zeitstrukturen in Richard Wagners »Ring des Nibelungen«*, Frankfurt/Bern (Peter Lang) 1994.

Udo Bermbach (ed.), *In den Trümmern der eignen Welt. Richard Wagners »Der Ring des Nibelungen«*, Berlin (Reimer) 1989.

Udo Bermbach, *Der Wahn des Gesamtkunstwerks. Richard Wagners politisch-ästhetische Utopie*, Frankfurt (Fischer) 1994.

Udo Bermbach/Dieter Borchmeyer (eds.), *Richard Wagner?— »Der Ring des Nibelungen«. Ansichten des Mythos*, Stuttgart/Weimar (Metzler) 1995.

Udo Bermbach/Hermann Schreiber (eds.), *Götterdämmerung. Der neue Bayreuther Ring*, Berlin (Propyläen Verlag) 2000.

Udo Bermbach (ed.), *»Alles ist nach seiner Art«. Figuren in Richard Wagners »Ring des Nibelungen«*, Stuttgart/Weimar (Metzler) 2001.

Dieter Borchmeyer, *Das Theater Richard Wagners*, Stuttgart (Reclam) 1982; 英

譯：*Richard Wagner: Theory and Theatre*, trans. Stewart Spencer, Oxford (Clarendon) 1991.

Dieter Borchmeyer (ed.), *Wege des Mythos in der Moderne. Richard Wagners »Der Ring des Nibelungen«*, München (dtv) 1987.

Dieter Borchmeyer, "Wagnerliteratur — Eine deutsche Misere. Neue Ansichten zum »Fall Wagner«", in: *Internationales Archiv für Sozialgeschichte der deutschen Literatur*, 3. Sonderheft, Tübingen 1993, 1-62.

Dieter Borchmeyer/Jörg Salaquarda (eds.), *Nietzsche und Wagner. Stationen einer epochalen Begegnung*, 2 vols., Frankfurt (Insel) 1994.

Dieter Borchmeyer, *Richard Wagner. Ahasvers Wandlungen*, Frankfurt/Leipzig (Insel) 2002.

Pierre Boulez et al. (eds.), *Historie d'un »Ring«. »Der Ring des Nibelungen« (L'Anneau du Nibelung) de Richard Wagner, Bayreuth 1976-1980*, Paris (Robert Laffont) 1980; 德文版: *Der »Ring«. Bayreuth 1976-1980*, Berlin/Hamburg (Kristall Verlag) 1980.

Reinhold Brinkmann, "Szenische Epik. Marginalien zu Wagners Dramenkonzeption im *Ring des Nibelungen*", in: Dahlhaus 1971, 85-96.

Reinhold Brinkmann, "»Drei der Fragen stell' ich mir frei«. Zur Wanderer-Szene im I. Akt von Wagners *Siegfried", in: Jahrbuch des Staatlichen Institus für Musikforschung Preußischer Kulturbesitz 1972*, Berlin (Merseburger) 1973, 120-162.

Reinhold Brinkmann, "Mythos—Geschichte—Natur. Zeitkonstellationen im *Ring*", in: Kunze 1978, 61-77.

Reinhold Brinkmann, "Richard Wagner, *Der Ring des Nibelungen*", in: Carl Dahlhaus/Sieghart Döhring (eds.), *Pipers Enzyklopädie des Musiktheaters*, vol. 6, München/Zürich (Piper) 1997, pp. 590-616.

Deryck Cooke, *I Saw the World End*, Oxford (Oxford University Press) 1979.

Sandra Corse, *Wagner and the New Consciousness: Language and Love in the »Ring«*, Rutherford/NJ (Fairleigh Dickinson University Press) 1990.

Carl Dahlhaus, "Wagners Begriff der dichterisch-musikalischen Periode", in: Walter Salmen (ed.), *Beiträge zur Geschichte der Musikanschauung im 19. Jahrhundert*, Regensburg (Bosse) 1965, 179-194.

Carl Dahlhaus, "Formprinzipien in Wagners *Ring des Nibelungen*", in: Heinz Becker (ed.), *Beiträge zur Geschichte der Oper*, Regensburg (Bosse) 1969, 95-130.

Carl Dahlhaus, *Die Bedeutung des Gestischen im Musikdrama Richard Wagners*, München (Bayerische Akademie der Wissenschaften) 1970.

Carl Dahlhaus (ed.), *Das Drama Richard Wagners als musikalisches Kunstwerk*, Regensburg (Bosse) 1970; [Dahlhaus 1970]其中含 Carl Dahlhaus, "Zur Geschichte der Leitmotivtechnik bei Wagner", ibid., 17-36.

Carl Dahlhaus, *Richard Wagners Musikdramen*, Velber (Friedrich Verlag) 1971; [2]München/Kassel (dtv/Bärenreiter) 1990; 英譯：*Richard Wagner's Music Dramas*, trans. Mary Whittall, Cambridge (Cambridge University Press) 1979.

Carl Dahlhaus (ed.), *Richard Wagner — Werk und Wirkung*, Regensburg (Bosse) 1971. [Dahlhaus 1971]

Carl Dahlhaus, "Wagners dramatisch-musikalischen Formbegriff", in: *Analecta musicologica* 11/1972, 290-303.

Carl Dahlhaus, *Wagners Konzeption des musikalischen Dramas*, Regensburg (Bosse) 1971.

Carl Dahlhaus, "Tonalität und Form in Wagners *Ring des Nibelungen*", in: *Archiv für Musikwissenschaft* 40/1983, 165-173.

Carl Dahlhaus, *Vom Musikdrama zur Literaturoper*, München/Salzburg (Katzbichler) 1983, [2]München (Piper) 1989.

Carl Dahlhaus/John Deathridge, T*he New Grove: Wagner*, New York (Norton) 1984.

Carl Dahlhaus/Egon Voss (eds.), *Wagnerliteratur — Wagnerforschung*, Mainz (Schott) 1985.

Warren Darcy, "»Creatio ex nihilo«: The Genesis, Structure and Meaning of the *Rheingold* Prelude", in: *19th-Century Music* 13/1989, 79-100.

Warren Darcy, *Wagner's »Das Rheingold«*, Oxford (Clarendon) 1993.

John Deathridge/Martin Geck/Egon Voss, *Verzeichnis der musikalischen Werke Richard Wagners* (WWV), Mainz (Schott) 1986.

John Deathridge, "Wagner and the Post-modern", in: *Cambridge Opera Journal* 4/1992, 143-161.

Robert Donington, *Wagner's »Ring« and its Symbols*, London (Faber & Faber) 1963.

Michael Ewans, *Wagner and Aeschylus. The »Ring« and the »Oresteia«*, London(Faber&Faber) 1982.

Annegret Fauser/Manuela Schwartz (eds.), *Von Wagner zum Wagnérisme. Musik—Literatur—Kunst—Politik*, Leipzig (Universitätsverlag) 1999. [Fauser/Schwartz 1999]

Rainer Franke, *Richard Wagners Züricher Kunstschriften*, Hamburg (Wagner) 1983.

Sven Friedrich, *Das auratische Kunstwerk. Zur Ästhetik von Richard Wagners Musiktheater-Utopie*, Tübingen (Niemeyer) 1996.

Wolfgang Golther, *Die sagengeschichtlichen Grundlagen der Ringdichtung Richard Wagners*, Berlin-Charlottenburg (Verlag der Allgemeinen Musikzeitung) 1902.

Martin Gregor-Dellin, *Richard Wagner: Sein Leben, Sein Werk, Sein Jahrhundert*, München (Piper) 1980; 英譯 *Richard Wagner: His Life, His Work, His Century*, trans. J. Maxwell Brownjohn, New York (Harcourt Brace Jovanovich) 1983.

Thomas S. Grey, *Richard Wagner and the Aesthetics of Musical Form in the Mid-Nineteenth Century* (1840-60), Ph. D. dissertation, University of California/Berkeley 1988.

Thomas S. Grey, *Wagner's musical prose. Texts and contents*, Cambridge (CUP) 1995.

Heinrich Habel, *Festspielhaus und Wahnfried. Geplante und ausgeführte Bauten Richard Wagners*, München (Prestel) 1985.

Wolf-Daniel Hartwich, *»Deutsche Mythologie«. Die Erfindung einer nationalen Kunstreligion*, Berlin/Wien (Philo) 2000.

Stanley R. Hauer, "Wagner and the *Völospá"*, in: *19th-Century Music* 15/1991/92, 52-63.

Edward R. Haymes, "Richard Wagner and the »Altgermanisten«: *»Die Wibelungen«* and Franz Mone", in: Reinhold Grimm/Jost Hermand (eds.), *Re-Reading Wagner*, Madison/WI (University of Wisconsin Press) 1993, 23-58.

Joachim Heinzle / Klaus Klein / Ute Obhof (eds.), *Die Nibelungen. Sage — Epos — Mythe*, Wiesbaden (Reichert) 2003.

Kurt Hübner, *Die Wahrheit des Mythos*, München (C. H. Beck) 1985.

Anette Ingenhoff, *Drama oder Epos? Richard Wagners Gattungstheorie des musikalischen Dramas*, Tübingen (Niemeyer) 1987.

Jean Louis Jam/Gérard Loubinoux, "D'une Walkyrie à l'autre... Querelles des traductions", in: Fauser/Schwartz 1999, 401-430.

Tobias Janz, *Klangdramaturgie. Studien zur theatralen Orchesterkompositon in Richard Wagners »Ring des Nibelungen«*, Diss. Humboldt Universität Berlin, 2005.

Klaus Günter Just, "Richard Wagner — ein Dichter? Marginalien zum Opernlibretto des 19. Jahrhunderts", in: Kunze 1978, 79-94.

James H. Keays, *An Investigation into the Origins of the Wagner Tuba*, Diss. University of Illinois/Urbana 1977.

Richard Klein, "Farbe versus Faktur. Kritische Anmerkungen zu einer These Adornos über die Kompositionstechnik Richard Wagners", *Archiv für Musikwissenschaft* 48/1991, 87-109.

Richard Klein, *Solidarität mit Metaphysik? Ein Versuch über die musikphilosophische Problematik der Wagner-Kritik Theodor W. Adornos*, Würzburg (Königshausen & Neumann) 1991.

J. Merrill Knapp, "The Instrumentation Draft of Wagner's *Rheingold", Journal of American Musicological Society* 30/1977, 272-295.

Martin Knust, *Sprachvertonung und Gestik in den Werken Richard Wagners,* Diss. Greifswald 2006.

Ernst Koch, *Richard Wagners Bühnenfestspiel »Der Ring des Nibelungen« in seinem Verhältnis zur alten Sage wie zur modernen Nibelungendichtung betrachtet*, Leipzig (C. F. Kahnt) 1875.

Lutz Köpnick, *Nothungs Modernität. Wagners »Ring« und die Poesie der Macht*, München (Fink) 1994.

Erwin Koppen, *Dekadenter Wagnerismus*, Berlin/New York (de Gruyter) 1973.

Erwin Koppen, "Wagner und die Folgen. Der Wagnerismus — Begriff und Phänonen", in: Ulrich Müller/Peter Wapnewski (eds.), *Richard-Wagner-Handbuch*, Stuttgart (Kröner) 1986, 609-624.

Friedrich Kranich d. J., *Bühnentechnik der Gegenwart*, 2 vols., München/Berlin 1929/1933.

Manfred Kreckel, *Richard Wagner und die französischen Frühsozialisten*, Bern/Frankfurt (Peter Lang) 1986.

Klaus Kropfinger, *Wagner und Beethoven: Studien zur Beethoven-Rezeption Richard Wagners*, Regensburg (Bosse) 1974; 英譯：*Wagner and Beethoven: Richard Wagner's Reception of Beethoven*, trans. Peter Palmer, Cambridge (Cambridge University Press) 1991.

Jürgen Kühnel, *Richard Wagners »Ring des Nibelungen«. Stoffgeschichtliche Grundlagen, Dramaturgische Konzeption, Szenische Realisierung*, Siegen (Univ. Siegen)1991.

Stefan Kunze, "Über Melodiebegriff und musikalischen Bau in Wagners Musikdrama, dargestellt an Beispielen aus *Holländer* und *Ring*", in: Dahlhaus

1970, 111-144.

Stefan Kunze, "Richard Wagners Idee des »Gesamtkunstwerks«", in: Helmut Koopmann/J. Adolf Schmoll gen. Eisenwerth (eds.), *Beiträge zur Theorie der Künste im 19. Jahrhundert*, Frankfurt (Vittorio Klostermann) 1972, 196-229.

Stefan Kunze (ed.), *Richard Wagner. Von der Oper zum Musikdrama*, Bern/München (Francke) 1978. [Kunze 1978]

Stefan Kunze, "Naturszenen in Wagner Musikdrama", in: Barth 1980, 299-308.

Stefan Kunze, *Der Kunstbegriff Richard Wagners*, Regensburg (Bosse) 1983.

Stefan Kunze, "Richard Wagners imaginäre Szene. Gedanken zu Musik und Regie im Musikdrama", in: Hans Jürg Lüthi (ed.), *Dramatisches Werk und Theaterwirklichkeit*, »Berner Universitätsschriften«, vol. 28, Bern (Paul Haupt) 1983, 35-44.

Stefan Kunze, "Szenische Vision und musikalische Struktur in Wagners Musikdrama", in: Stefan Kunze, *De Musica*, eds. Rudolf Bockholdt/Erika Kunze, Tutzing (Schneider) 1998, 441-452.

Karl Lachmann (ed.), *Der Nibelungen Noth und die Klage*, Berlin (G. Reimer) 1826.

Philippe Lacoue-Labarthe, *Musica ficta (Figures de Wagner)*, Paris (Christian Bourgois) 1991.

David C. Large/William Weber (eds.), *Wagnerism in European Culture and Politics*, Ithaca/London (Cornell University Press) 1984.

Claude Lévi-Strauss, "Wagner — Vater der strukturalen Analyse der Mythen", in: Barth 1980, 289-198.

Michael Lewin, *Der »Ring« — Bayreuth 1988-1992*, Hamburg (Europäische Verlagsanstalt) 1991.

Alfred Lorenz, *Das Geheimnis der Form bei Richard Wagner*, 4 vols., Berlin (Max Hesse) 1924-1933, Reprint Tutzing (Schneider) 1966.

Dietrich Mack, *Der Bayreuther Inszenierungsstil*, München (Prestel) 1976.

Dietrich Mack (ed.), *Theaterarbeit an Wagners Ring*, München/Zürich (Piper) 1978.

Dietrich Mack (ed.), *Richard Wagner. Das Betroffensein der Nachwelt. Beiträge zur Wirkungsgeschichte*, Darmstadt (Wissenschaftliche Buchgesellschaft) 1984.

Timothy Martin, *Joyce and Wagner. A Study of Influence*, Cambridge (CUP) 1991.

Jürgen Maehder, "Studien zur Sprachvertonung in Wagners *Ring des Nibelungen*", *Programmhefte der Bayreuther Festspiele 1983: Programmheft »Walküre«*, 1-26 & *»Siegfried«* 1-27; 義譯："Studi sul rapporto testo-musica nell'Anello del Nibelungo di Richard Wagner", in: *Nuova Rivista Musicale Italiana* 21/1987, 43-66 (vol. 1); 255-282 (vol. 2).

Jürgen Maehder, "Formen des Wagnerismus in der italienischen Oper des Fin de siècle", in: Fauser/Schwartz 1999, 449-485.

Jürgen Maehder, "Shinwa, Monogatarikouzou, Neirokousei: Wagner Kenkyu no Paradaimutenkan", (= "Mythos, Erzählstruktur, Klangfarbenkonstruktion — Zum Paradigmenwechsel der Wagnerforschung"), in: Tomoyoshi Takatsuji et al. (eds.), *Das Wagner Lexikon*, Tokyo (Tokyo Shoseki Co.) 2002, 835-842; 中譯：〈神話、敘事結構、音響色澤結構：談華格納研究的樣式轉換〉，羅基敏／梅樂亙編著，《愛之死－華格納的《崔斯坦與伊索德》》，台北(高談) 2003, 245-258。

Jürgen Maehder, "Giacomo Meyerbeer und Richard Wagner — Zur Europäisierung der Opernkomposition um die Mitte des 19. Jahrhunderts", in: Thomas Betzwieser et al. (eds.), *Bühnenklänge. Festschrift für Sieghart Döhring zum 65. Geburtstag*, München (Ricordi) 2005, 205-225.

Jürgen Maehder, "Le strutture drammatico-musicali del dramma wagneriano e alcuni fenomeni del wagnerismo italiano", in: Maurizio Padoan (ed.), *Affetti musicali. Studi in onore di Sergio Martinotti*, Milano (Vita & Pensiero) 2005, 199-217.

Elizabeth Magee, *Richard Wagner and the Nibelungs*, Oxford (Clarendon Press) 1991.

Claus-Steffen Mahnkopf (ed.), *Richard Wagner. Konstrukteur der Moderne*, Stuttgart (Klett-Cotta) 1999.

Patrick McCreless, *Wagner's »Siegfried«: Its Drama, History, and Music*, Ann Arbor (UMI Research Press) 1982.

Patrick McCreless, "Schenker and the Norns", in: Carolyn Abbate/Roger Parker (eds.), *Analyzing Opera. Verdi and Wagner*, Berkeley/Los Angeles/London (Univ. of California Press) 1989, [Abbate/Parker 1989] 276-297.

Volker Mertens, "Die Grimms, Wagner und Wir", in: Volker Mertens (ed.), *Die Grimms, die Germanistik und die Gegenwart*, Wien (Fassbaender Verlag Ernst Becvar) 1988, 113-132.

Volker Mertens, "Richard Wagner und das Mittelalter", in: Müller/ Müller 1989, 9-84.

Volker Mertens/Ulrich Müller (eds.), *Epische Stoffe des Mittelalters*, Stuttgart 1984.

Volker Mertens, "Das »*Nibelungenlied*«, Richard Wagner und kein Ende", in: Joachim Heinzle / Klaus Klein / Ute Obhof (eds.), *Die Nibelungen. Sage — Epos — Mythe*, Wiesbaden (Reichert) 2003, 459-496.

Reinhard Meyer-Kalkus, "Richard Wagners Theorie der Wort-Ton-Sprache in *Oper und Drama und Der Ring des Nibelungen*", in: *Athenäum* 6/1996, 153-195.

Barry Millington, *Wagner*, Princeton (Princeton University Press) 1992.

Barry Millington, (ed.), *The Wagner Compendium*, London (Thames and Hudson)/New York (Schirmer Books) 1992.

Barry Millington/Stewart Spencer (eds.), *Wagner in Performance*, New Haven/CT (Yale Univ. Press) 1992.

Ulrich Müller/Peter Wapnewski (eds.), *Wagner Handbuch*, Stuttgart (Kröner) 1986; 英譯：*Wagner Handbook*, trans. and ed. John Deathridge, Cambridge/MA (Harvard University Press) 1992.

Ulrich Müller/Ursula Müller (eds.), *Richard Wagner und sein Mittelalter*, Anif/Salzburg (Müller-Speiser) 1989. [Müller/ Müller 1989]

Ulrich Müller/Oswald Panagl, *Ring und Graal. Texte, Kommentare und Interpretationen zu Richard Wagners »Der Ring des Nibelungen «, »Tristan und Isolde «, »Die Meistersinger von Nürnberg « und »Parsifal «*, Würzburg (Königshausen & Neumann) 2002.

Jean Jacques Nattiez, *Tétralogies. Wagner, Boulez, Chéreau*, Paris (Bourgois) 1983.

Jean-Jacques Nattiez, *Wagner androgyne*, Paris (Bourgois) 1990; 英譯：Stewart Spencer, *Wagner androgyne*, Princeton (Princeton University Press) 1993.

Jean-Jacques Nattiez, "Les Nornes et la »petite madeleine«. Les esquisses de Richard Wagner pour *La mort de Siegfried*", in: *Revue de Musicologie* 81/1995, 191-213; vol. 82/1996, 39-122.

Anthony Newcomb, "The Birth of Music out of the Spirit of Drama: An Essay in Wagnerian Formal Analysis", in: *19th-Century Music* 5/1981, 38-66.

Anthony Newcomb, "Ritornello ritornato: A Variety of Wagnerian Refrain Form", in: Abbate/ Parker 1989, 202-221.

Francesco Orlando, "Proposte per una semantica del Leit-motiv nell'*Anello del Nibelungo*", in: *Nuova Rivista Musicale Italiana* 9/1975, 3-20.

Francesco Orlando, "La fine della preistoria nella musica del Ring", in: *Nuova Rivista Musicale Italiana* 30/1996, 663-679.

Wolfgang Osthoff, "Richard Wagners Buddha-Projekt *Die Sieger*. Seine ideellen und strukturellen Spuren in *Ring* und *Parsifal*", in: *Archiv für Musikwissenschaft* 40/1983, 189-211.

Peter Peil, *Die Krise des neuzeitlichen Menschen im Werk Richard Wagners*, Köln (Böhlau) 1990.

Michael Petzet/Ditta Petzet, *Die Richard Wagner-Bühne König Ludwigs II.*, München (Prestel) 1970.

Heinrich Poos, "Struktur und Prozeß in der »unendlichen Melodie« Wagners. Fasolts Mahnrede aus der 2. *Rheingold*-Szene und ihre Folgen für das musikalische Drama", in: Peter Ackermann/Ulrike Kienzle/Adolf Nowak (eds.), *Festschrift für Winfried Kirsch zum 65. Geburtstag,* Tutzing (Schneider) 1996, 311-340.

Alexander Reck, "Friedrich Theodor Vischer und Wagner", in: *Euphorion* 92/1998, 375-393.

Erich Walter Schäfer, *Wieland Wagner*, Tübingen (Wunderlich) 1970.

Viola Schmid, *Studien zu Wieland Wagners Regiekonzeption und zu seiner Regiepraxis*, Diss. München 1973.

Wolf-Gerhard Schmidt, "Der ungenannte Quellentext. Zur Wirkung von Fouqués *Held des Nordens* auf Wagners Ring-Tetralogie", in: *Athenäum* 11/2001, 159-191.

Andrea Schneider, *Die parodierten Musikdramen Richard Wagners. Geschichte und Dokumentation Wagnerscher Opernparodien im deutschsprachigen Raum von der Mitte des 19. Jahrhunderts bis zum Ende des Ersten Weltkriegs*, Anif/Salzburg (Müller-Speiser) 1996.

Geoffrey Skelton, *Wagner in Thought and Practice*, Portland/OR (Amadeus) 1992.

George Bernhard Shaw, *The Perfecte Wagnerite*, London (Constable & Co.) 1898, Reprint New York (Dover) 1967；中譯：蕭伯納著，林筱青／曾文英譯，《華格納寓言一揭開《尼貝龍根指環》面紗》，台北(高談) 2000。

Martina Srocke, *Richard Wagner als Regisseur*, München/Salzburg (Katzbichler) 1988.

Thomas Steiert (ed.), *»Der Fall Wagner«. Ursprünge und Folgen von Nietzsches Wagner-Kritik*, Laaber (Laaber) 1991.

Jack M. Stein, *Richard Wagner and the Synthesis of the Arts*, Detroit (Wayne State University Press) 1960.

Rudolph Stephan, "Gibt es ein Geheimnis der Form bei Richard Wagner?", in: Dahlhaus 1970, 9-16.

Otto Strobel, *Skizzen und Entwürfe zur Ring-Dichtung*, München (Bruckmann) 1930.

Otto Strobel (ed.), *König Ludwig II. und Richard Wagner. Briefwechsel mit vielen anderen Urkunden in vier Bänden herausgegeben vom Wittelsbacher-Ausgleichsfonds und von Winifred Wagner. Nachtagsband: Neue Urkunden zur Lebensgeschichte Richard Wagners 1864-1882*, 4 vols., Karlsruhe (G. Braun) 1936-1939.

Hans Rudolf Vaget, "Thomas Mann und Wagner. Zur Funktion des Leitmotivs in *Der Ring des Nibelungen* und *Buddenbrooks*", in: Steven Paul Scher (ed.), *Literatur und Musik. Ein Handbuch zur Theorie und Praxis eines komparatistischen Grenzgebietes*, Berlin (Erich Schmidt) 1984, 326-347.

Egon Voss, *Über die Anwendung der Instrumentation auf das Drama bei Wagner*, in: Dahlhaus 1970, 169-182.

Egon Voss, *Studien zur Instrumentation Richard Wagners*, Regensburg (Bosse) 1970.

Egon Voss, *»Wagner und kein Ende«. Betrachtungen und Studien*, Zürich/Mainz (Atlantis) 1996.

Cosima Wagner, *Die Tagebücher*, eds. Martin Gregor-Dellin/Dietrich Mack, München/Zürich (Piper) 1978; 英譯：Geoffrey Skelton(ed.), *Cosima Wagner's Diaries*, New York/London (Harcourt Brace Jovanovich) 1978-1980.

Richard Wagner, *Sämtliche Schriften und Dichtungen*, 16 vols., ed. Richard Sternfeld, Leipzig (Breitkopf und Härtel/C.F.W.Siegel) 1911-1916.

Richard Wagner, *Richard Wagner's Prose Works*, trans. William Ashton Ellis, 8 vols., London (Routledge & Kegan Paul) 1892-1899.

Richard Wagner, *Mein Leben*, ed. Martin Gregor-Dellin, [2]München (List) 1976, 英譯：Richard Wagner, *My Life*, trans. by Andrew Gray, ed. Mary Whittall, Cambridge (CUP) 1983.

Wieland Wagner (ed.), *Richard Wagner und das Neue Bayreuth*, München (List) 1962.

Peter Wapnewski, *Der traurige Gott. Richard Wagner in seinen Helden*, München (C. H. Beck) 1978.

Peter Wapnewski, *Richard Wagner. Die Szene und ihr Meister*, München (C. H. Beck) 1978.

Peter Wapnewski, *Tristan der Held Richard Wagners*, Berlin (Quadriga) 1981.

Peter Wapnewski, *Liebestod und Götternot. Zum »Tristan« und zum »Ring des Nibelungen«*, Berlin (Corso/Siedler) 1988.

Peter Wapnewski, "Siegfried singt sein letztes Lied. Zur zweiten Szene des dritten Aufzugs der *Götterdämmerung*", in: Harald Haferland/Michael Mecklenburg (eds.), *Erzählungen in Erzählungen. Phänomene der Narration in Mittelalter und Früher Neuzeit*, München (Fink) 1997, 445-454.

Curt von Westernhagen, *Richard Wagners Dresdener Bibliothek 1842-1849*, Wiesbaden (Breitkopf & Härtel) 1966.

Curt von Westernhagen, *Die Entstehung des Ring. Dargestellt an den Kompositionsskizzen Richard Wagners*, Zürich/Freiburg (Atlantis) 1973 ; eng. translation: *The Forging of the »Ring«: Richard Wagner's Compositional Sketches for »Der Ring des Nibelungen«*, trans. Arnold and Mary Whittall, Cambridge (CUP) 1976.

Petra-Hildegard Wilberg, *Richard Wagners mythische Welt. Versuche wider den Historismus*, Freiburg (Rombach) 1996.

Christopher Wintle, "The Numinous in *Götterdämmerung*", in: Arthur Gross/Roger Parker (eds.), *Reading Opera*, Princeton (PUP) 1988, 200-234.

Arnold Whittall, "Wagner's Great Transition?: from *Lohengrin* to *Das Rheingold*", in: *Music Analysis* 2/1983, 269-280.

Hans von Wolzogen, *Der Ring des Nibelungen. Thematischer Leitfaden durch Dichtung und Musik*, Leipzig (G. Esseger) 1911.

Hartmut Zelinsky, *Richard Wagner — ein deutsches Thema. Eine Dokumentation zur Wirkungsgeschichte Richard Wagners 1876-1976*, Berlin/Wien (Medusa) 1983.

Sabine Zurmühl, *Leuchtende Liebe?— Lachender Tod. Zum Tochter-Mythos Brünnhilde*, München (Frauenbuchverlag) 1984.

本書重要譯名對照表

黃于真 製表

一、《指環》及神話相關譯名
二、人名
三、作品名
四、其他

一、《指環》及神話相關譯名

( )：其他用名

Alberich	阿貝里希
Brünnhilde	布琳希德
Donner	咚內(雷神)
Erda (Wala)	艾兒妲 (瓦拉)
Fafner	法弗納
Fafnir	法夫尼爾
Fasolt	法索德
Floßhilde	弗洛絲希德
Freia (Holda)	佛萊亞 (荷兒妲)
Fricka	佛莉卡
Froh	佛洛 (彩虹神)
Gibichung	季比宏族
Gnita (Neid)	尼塔(奈得)
Grane	葛蘭妮
Gunther	昆特
Gutrune (Kriemhild)	古德倫 (克琳姆希德)
Hagen	哈根
Hunding	渾丁
Loge (Loki)	洛格 (洛吉)
Mime (Reigin, Eugel)	迷魅 (萊金、奧依格)
Neiding	倪丁族
Nibelheim (Nebelheim)	尼貝之家 (尼貝海姆)
Nibelungen	尼貝龍根

Nibelungenhort	尼貝龍根寶藏
Nornen	命運之女
Nothung (Balmung)	諾盾劍 (霸而猛)
Rheingold	萊茵黃金
Rheintöchter (Wasserfrauen)	萊茵的女兒 (水女)
Siegfried (Sigurd)	齊格菲 (齊古兒)
Sieglinde	齊格琳德
Siegmund	齊格蒙
Tarnhelm	許願盔
Walhalla	瓦哈拉神殿
Walküre	女武神
Wälsung (Wölsung, Völsung)	威松族 (佛松)
Waltraute	瓦特勞特
Wanderer	流浪者
Wellgunde	魏兒昆德
Woglinde	渥格琳德
Wölfing	佛分
Wotan (Odin)	佛旦 (歐丁)

二、人名

Adorno, Theodor W.	阿多諾
Baudelaire, Charles	波特萊爾
Baumann, Carl Friedrich	鮑曼
Beethoven, Ludwig van	貝多芬

Bergman, Ingmar	柏格曼
Berlioz, Hector	白遼士
Böcklin, Arnold	柏克林
Boito, Arrigo	柏依鐸
Boulez, Pierre	布列茲
Brandt, Carl	布蘭德
Brioschi, Carlo	布里歐斯基
Brook, Peter	布魯克
Brückner, Max	布里克納
Bülow, Cosima von (Wagner, Cosima)	柯西瑪・畢羅 （柯西瑪・華格納）
Bülow, Hans von	畢羅
Bussière, Gaston	標西埃
Chéreau, Patrice	薛侯
Corinth, Lovis	柯林特
d'Agoult, Marie Comtesse	達古夫人
Dahlhaus, Carl	達爾豪斯
Davy, Humphrey	戴維
Devrient, Eduard	德弗里安
Doepler, Karl Emil	都普勒
Ensor, James	恩索
Fantin-Latour, Jean Thèodore	方登拉度兒
Faust	浮士德
Feustel, Friedrich	佛依斯特
Fortuny i Madrazo, Mariano	佛突尼
Fouqué, Friedrich de la Motte	福克
Franchetti, Alberto	弗藍凱第
Gevaert, F.-A.	爵瓦爾
Geyer, Ludwig	蓋爾

Gheduzzi, Ugo	給杜齊
Goethe, Johann Wolfgang von	歌德
Hanslick, Eduard	漢斯力克
Hebbel, Christian Friedrich	黑伯
Heine, Heinrich	海涅
Hitler, Adolf	希特勒
Hoffmann, Ernst Theodor Amadeus	霍夫曼
Hoffmann, Josef	霍夫曼
Illica, Luigi	易利卡
Jank, Christian	楊克
Jones, Gwyneth	瓊斯
Jung, Manfred	容格
Just, Klaus Günther	尤斯特
Kietz, Ernst Benedikt	濟慈
Kollo, René	柯樓
Lenbach, Franz von	稜巴何
Liszt, Franz	李斯特
Ludwig II, König von Bayern	路德維希二世
Makart, Hans	馬卡特
Meyerbeer, Giacomo	麥耶貝爾
Monteverdi, Claudio	蒙台威爾第
Oertel	鄂爾投
Piave, Francesco Maria	比亞維
Ponnelle, Jean-Pierre	彭內爾
Pusinelli, Anton	浦西內利
Redon, Odilon	雷冬
Reimann, Aribert	萊曼
Richter, Hans	李希特

Ricordi, Giulio	黎柯笛
Sax, Adolphe	薩克斯
Schiller, Friedrich	席勒
Schopenhauer, Arthur	叔本華
Schröder-Devrient, Wilhelmine	施若德一德芙莉安
Schumann, Robert	舒曼
Semper, Gottfried	森柏
Siemens, Werner von	西門子
Stein, Peter	史坦
Strauss, Richard	理查・史特勞斯
Sturluson, Snorri	斯諾利
Toscanini, Arturo	托斯卡尼尼
Uhland, Ludwig	烏蘭
Verdi, Giuseppe	威爾第
Wagner, Eva	夏娃・華格納
Wagner, Isolde	伊索德・華格納
Wagner, Minna	閔娜・華格納
Wagner, Richard	理查・華格納
Wagner, Siegfried	齊格菲・華格納
Wagner, Wieland	魏蘭德・華格納
Wagner, Winifred	溫妮弗瑞德・華格納
Wagner, Wolfgang	渥夫崗・華格納
Weber, Carl Maria von	韋伯
Weber, Johann Jakob	韋伯
Wesendonck, Mathilde	瑪蒂德・魏森董克
Wesendonck, Otto	奧圖・魏森董克
Zednik, Heinz	柴德尼克
Zuccarelli, Giovanni	祖卡瑞利

三、作品名

L'Adieu	《告別》
L'Albatros	《信天翁》
An die Freude	《歡樂頌》
Beethoven	《貝多芬》
Beethoven's »heroische Symphonie«	《貝多芬的《英雄交響曲》》
Beethoven's Ouvertüre zu »Coriolan«	《貝多芬的《柯里奧蘭序曲》》
Brunnhilde	《布琳希德》
Cristoforo Colombo	《哥倫布》
Deutsche Kunst und Deutsche Politik	《德國藝術與德國政治》
Deutsche Mythology	《德國神話》
Ein deutscher Musiker in Paris	《一位德國樂人在巴黎》
Edda	《艾妲》
Ein Ende in Paris	《終站巴黎》
Faust	《浮士德》
Die Feen	《仙女》
Fidelio	《費黛里歐》
Les Filles du Rhin	《萊茵的女兒》
Finale de la Valkyrie	《女武神終景》
Der fliegende Holländer	《飛行的荷蘭人》
Der Freischütz	《魔彈射手》
Götterdämmerung	《諸神的黃昏》
Der Held des Nordens	《北方英雄》
Der junge Siegfried	《年輕的齊格菲》
Der Kuß der Walküre	《女武神之吻》
Lear	《李爾王》

Das Liebesverbot	《禁止戀愛》
Lied von Siegfrieds Schwert	《齊格菲寶劍之歌》
Lohengrin	《羅恩格林》
Macbeth	《馬克白》
The Making of the Ring	《指環的製作》
Die Meistersinger von Nürnberg	《紐倫堡的名歌手》
Eine Mitteilung an meine Freunde	《告知諸友》
Die Nibelungen	《尼貝龍根》
Das Nibelungenlied	《尼貝龍根之歌》
Der Nibelungen-Mythus	《尼貝龍根神話》
Oper und Drama	《歌劇與戲劇》
L'Orfeo	《奧菲歐》
Otello	《奧泰羅》
Parsifal	《帕西法爾》
Eine Pilgerfahrt zu Beethoven	《貝多芬朝聖之旅》
Le prophète	《先知》
Das Rheingold	《萊茵的黃金》
Das Rheingold - Erste Szene	《萊茵的黃金，第一景》
Rienzi	《黎恩濟》
Der Ring des Nibelungen	《尼貝龍根的指環》
Scéne premiére du Rheingold	《萊茵的黃金第一景》
Siegfried	《齊格菲》
Siegfrieds Tod	《齊格菲之死》
Sigmund e Siglinde	《齊格蒙與齊格琳德》
Sigurd	《齊古兒》
Tannhäuser	《唐懷瑟》
Die Toteninsel	《死亡島》
Tristan und Isolde	《崔斯坦與伊索德》

Versuch über Wagner 《試論華格納》

Völsungasaga 《佛松傳奇》

Zum Vortrag der neunten Symphonie Beethoven's 《談演奏貝多芬第九號交響曲》

Die Walküre 《女武神》

Walkürenrit 《女武神的騎行》

Wesendonck-Lieder 《魏森董克之歌》

Die Wiblungen, Weltgeschichte aus der Sage 《維布龍根，傳奇的世界史》

Wotan che colpisce la roccia 《佛旦重擊巖壁》

四、 其他

allwissendes Orchester 無所不知的樂團

(das wissende Orchester) (全知樂團)

Amphitheater 古希臘圓形劇場

das "Asyl" 「避難居」

die barocke Illusionsbühne 巴洛克繪景舞台

Basel 巴塞爾

Bayern 巴伐利亞

Bayreuth 拜魯特

Bayreuther Festspiele 拜魯特音樂節

Bühnenfestspiel 舞台慶典劇

Credo 信經

Davidsbündler 大衛同盟

Dramaturgie	戲劇質素
Dresden	德勒斯登
Erinnerungsmotiv	回憶動機
Erlösungsmotiv	解脫動機
Festspielhaus	慶典劇院
Flug-Korsett	吊具
Gesamtkunstwerk	總體藝術
Gesellschaft der Freunde von Bayreuth	拜魯特之友協會
Grand Opéra	大歌劇
Handlung	情節
Hofkapellmeister	皇家常任指揮
Kassel	卡賽爾
Kulissenbühne	景片舞台
Kunst des Übergangs	過程的藝術
Kunstwerk der Zukunft	未來的藝術作品
Leipzig	萊比錫
Leitmotiv	主導動機
Lichtbogen	弧光
Linz	林茲
Luzern	琉森
Magdeburg	馬格德堡
Mannheim	曼海姆
Markgräfliches Opernhaus	領主夫人劇院
Matterhorn	馬特洪峰
Milano	米蘭
München	慕尼黑
Musikdrama	樂劇
Neubayreuth	新拜魯特

number opera, Nummernoper	編號歌劇
Paris	巴黎
Princeton University	普林斯頓大學
Repertoire	劇目
Richard-Wagner-Verein	華格納協會
rideau de manœvre	中隔幕
romantische Oper	浪漫歌劇
Rundhorizont	弧形天幕
Sachsen	薩克森
Saxtuba	薩克斯土巴
Scheide Library	夏德圖書館
Schwimmwagen	游泳車
Soffitten	沿幕
Teatro alla Scala	斯卡拉劇院
Torino	圖林
Tribschen	崔布珣
Trilogy	三部曲
Victoria-Theater	維多利亞劇院
Villa Wahnfried	「癲寧居」
Vorspiel	序幕
Wagner-Tuba	華格納土巴
Walhall-Motiv	神殿動機
Wandeldekoration	可更換之佈景道具
Weimar	威瑪
Wort-Ton-Drama	「文字聲音戲劇」
Zur Tat gewordene Musik	「化爲動作的音樂」
Zürich	蘇黎世

國家圖書館出版品預行編目資料

華格納・《指環》・拜魯特/ 羅基敏、梅樂亙（Jürgen Maehder）著. -- 初版. --台北市：高談文化, 2006【民95】

272面；16.5×21.5 公分

ISBN:978-986-7101-33-4（平裝）

1.華格納（Wagner, Richard, 1913-1883）
- 作品評論 2.歌劇 - 評論

915.2 95014007

華格納・《指環》・拜魯特

作　者：羅基敏、梅樂亙(Jürgen Maehder)著

發行人：賴任辰

總編輯：許麗雯

主　編：劉綺文

校　對：羅基敏、黃于眞

美　編：陳玉芳、謝孃瑩

行銷總監：黃莉貞

行銷企劃：黃馨慧

行　政：楊伯江

出　版：高談文化事業有限公司

地　址：台北市信義路六段76巷2弄24號1樓

電　話：（02）2726-0677

傳　眞：（02）2759-4681

製版印刷：卡樂彩色製版印刷 （02）2883-4213

http://www.cultuspeak.com.tw

E-Mail：cultuspeak@cultuspeak.com.tw

劃撥帳號：19884182高咏文化行銷事業有限公司

行政院新聞局出版事業登記證局版臺省業字第890號

2006年8月初版一刷

定價：新台幣350元整